**초고령사회,
노인돌봄대란에 답하다**

초고령사회,
노인돌봄대란에 답하다

초판 1쇄 인쇄 2025년 8월 19일
초판 1쇄 발행 2025년 8월 31일

지은이 | (사)행복한출생 든든한미래

발행인 | 감경철
발행처 | (주)기독교텔레비전
주　소 | 서울특별시 동작구 노량진로 100 (노량진동)
홈페이지 | www.happyfuture/kr

ISBN 979-11-85765-38-9　93330
값 26,000원

* 이 책은 신저작권법에 의하여 국내에서 보호를 받는 저작물입니다.
　출판사와 협의 없는 무단 전재와 무단 복제를 엄격히 금합니다.
* 잘못된 책은 서점에서 교환하여 드립니다.
* 책값은 뒤표지에 있습니다.

초고령사회,
노인돌봄대란에
답하다

(사)행복한출생 든든한미래

| 목차 |

발간사 • 7

1부
국내편 노인돌봄의 길을 열며

제1장
한국의 고령화 현황
1. 고령화 사회의 정의와 특징 • 15
2. 한국의 인구 구조 변화 • 18
3. 고령화가 사회에 미치는 영향 • 21

제2장
한국의 노인돌봄 정책
1. 노인돌봄 정책의 역사 • 24
2. 주요 법령 개정 • 33
3. 노인돌봄 서비스 유형 • 36
4. 돌봄 인프라 및 인력 현황 • 48
5. 디지털 돌봄 서비스 • 53
6. 노인복지 정책의 통합적 접근과 지속성 • 55

제3장
종교단체와 정부의 협력이 미치는 긍정적인 영향과 사례
1. 온누리사랑채노인종합복지센터 • 69
2. 구세군과천양로원 • 72
3. 은빛사랑채 영락노인주간보호센터 • 75
4. 성공회행복노인복지센터 • 78
5. 한국노인복지선교협의회 • 81
6. '카리타스 코리아' • 84
7. 도솔 노인복지센터 • 89

제4장
한국 교회의 역할과 돌봄시설

1. 노인돌봄에 있어 한국교회의 사회적 책임 • 92
2. 지역사회와 교회의 협력 방안 • 95

2부
해외편

아시아
일본

1. 일본의 노인돌봄 정책의 역사와 발전 • 103
2. 일본의 노인장기요양보험(LTCI) 시스템의 구조와 운영 • 105
3. 지역포괄케어 시스템의 개념과 도입 배경 • 108
4. 고령화 대응책으로 디지털 기술과 혁신 • 110
5. 유형별로 본 노인돌봄 성공사례 • 120

중국

1. 중국의 노인돌봄 시설 확충 과정과 2025년 현황 • 140
2. 중국의 돌봄 모델 • 143

싱가포르

1. 싱가포르의 노인인구 증가 추세와 현황 • 159
2. 노인돌봄 정책 역사와 모델 • 160
3. 디지털 기반 돌봄 모델 • 178
4. 세대간 돌봄 모델 • 181

북미

미국
1. 미국의 고령화 추세와 현황 • 183
2. 노인돌봄 정책의 변화 • 185
3. 노인돌봄 시설의 유형과 특징 • 189
4. 종교단체가 운영하는 노인돌봄 시설 • 197

캐나다
1. 캐나다의 고령화 추세와 당면 문제 • 205
2. 캐나다 노인정책의 역사와 현황 • 207
3. 종교단체가 운영하는 노인돌봄 시설 • 210

유럽

독일
1. 독일의 고령화 현황 • 215
2. 독일의 노인돌봄 정책의 역사와 배경 • 217
3. 독일 돌봄 서비스의 종류와 특성 • 224
4. 치매 돌봄 전략국가, 독일 • 242
5. 종교기관이 운영하는 돌봄시설 • 250
6. 세대간 돌봄 모델, 메어게네라치오넨호이저 • 260

스웨덴
1. 스웨덴의 고령화 현황과 정책변화 • 263
2. 공공-민간 협력의 글로벌 모델 • 266
3. 공공-민간 협력의 성공사례 • 269

네덜란드
1. 네덜란드의 노인인구 현황 • 284
2. 노인돌봄 정책의 역사와 현황 • 285
3. 장기요양제도의 개요와 주요 법률 (WLZ, WMO, ZVW) • 288
4. 성과로 증명된 돌봄 정책의 혁신 사례 • 290

미래 노인돌봄을 위한 제언
1. 정부 기업 민간 종교단체의 협력 • 306
2. 기술과 돌봄의 융합 방안 • 308
3. 교회의 역할과 정부의 협력 제안 • 317

발간사

"아프리카에서는 한 노인이 죽는 것은 도서관 하나가 불타는 것과 같다고 말합니다."

말리 출신 작가 아마두 함파테 바가 유네스코 연설에서 했던 이 말은 노인의 삶과 경험, 지식과 가치가 얼마나 귀중한지를 일깨워줍니다. 노인은 단지 돌봄의 대상이 아닙니다. 그들의 지혜와 이야기는 우리 사회가 간직해야 할 소중한 자산입니다. 따라서 우리는 노인돌봄의 방안을 모색하는 동시에, 그들의 경험과 지혜를 사회의 미래를 위한 밑거름으로 삼아야 합니다.

행복한 출생 든든한 미래는 2024년, 『저출생과의 전쟁』 국내편과 해외편을 출간했습니다. 2025년, 『저출생과의 전쟁-유럽편』이 뒤를 이었습니다. 이번엔 『초고령사회, 노인돌봄대란에 답하다』를 출간하게 되었습니다. 저출생과 고령화는 서로 분리된 문제가 아니라, 동전의 양면처럼 긴밀히 연결된 사회적 현상입니다. 이 책은 이러한 도전과 기회를 직시하며, 고령화 사회에서의 노인돌봄에 대한 새로운 비전과 실천 방안을 제시하고자 합니다.

고령화는 단순히 해결해야 할 문제가 아닙니다. 그것은 도전이자 기회입니다. 저출생이 미래 세대의 감소를 의미한다면, 고령화는 현재 세대의 축적을 의미합니다. 노인을 이해하고 그들의 삶을 존중하며 돌보는 일은 곧 다음 세대를 위한 더 나은 미래를 준비하는 일입니다. 고령화 사회라는 거대한 도전 앞에서 우리는 그 끝을 두려워하기보다, 새로운 가능성을 발견하고 이를 통해 더 나은 공동체를 만들어가야 합니다.

교회는 이러한 변화의 중심에서 중요한 역할을 감당해야 합니다. 교회는 단순히 예배의 공간을 넘어 갓난아이부터 노년에 이르기까지 모든 세대가 함께 어우러져 축복을 나누고 누리는 공동체가 되어야 합니다. "요람에서 무덤까지"라는 말처럼 인생의 모든 단계에서 교회는 신앙과 사랑으로 사람들을 품고, 세대 간의 조화를 이루며 하나님의 은혜를 실현하는 공간이 되어야 합니다.

돌봄은 세대와 세대를 잇는 다리이며, 삶과 삶을 연결하는 사랑의 실천입니다. 이제 한국 교회는 지역사회의 중심에서 돌봄의 핵심 역할을 감당해야 합니다. 나무가 튼튼한 뿌리를 내려야 열매를 맺을 수 있듯, 교회는 지역사회의 뿌리가 되어야 합니다. 그래야만 세대 간 화합의 열매가 맺히고 지속 가능한 공동체가 형성될 것입니다.

특히 2026년 3월 27일부터 시행될 예정인 의료 요양 등 지역 돌봄의 통합 지원에 관한 법률(약칭: 돌봄통합지원법)은 이러한 변화의 중요한 전환점이 될 것입니다. 이 법은 많은 이들의 기도와 헌신, 그리고 '행복한 출생 든든한 미래' 캠페인에 동참한 성도들의 노력으로 이루어진 결실입니다. 이제 교회는 이 법을 기반으로 지역사회의 영육의 요람으로서 진정한 돌봄을 실천하며, 치매 예방을 위한 문화 활동, 세대 통합형 프로그램, 그리고 지역 주민 모두가 참여하는 공동체 활동을 이끌어가야 합니다.

우리는 끝없이 듣고 배우며 성장해야 합니다. 일본, 독일, 스웨덴, 네덜란드 등 고령 사회를 먼저 경험한 나라들과, 중국, 싱가포르, 미국, 캐나다 등 고령화 문제를 겪고 있는 국가들의 사례에서 많은 것을 배울 수 있습니다. 그러나 단순히 따라가는 것을 넘어 우리만의 독창적인 돌봄 모델을 만들어야 합니다. 한국 교회는 이러한 도전 속에서 돌봄의 새로운 기준을 세우고, 세대가 함께 어우러지는 지속 가능한 공동체를 만들어갈 것입니다.

고령화는 위기가 아닙니다. 그것은 우리가 더 나은 공동체를 꿈꿀 수 있는 기회입니다. 교회는 급속한 시대적 변화 속에서 돌봄센터를 통해 새로운 희망을 제시하며, 세대 간의 화합과 사랑을 실현하는 공간이 되어야 합니다. 이제는 더 이상 기다릴 시간이 없습니다. 지금이야말로 행동해야 할 순간입니다.

우리에게 감당하지 못할 시험을 허락하지 않으시며, 이를 이겨낼 힘과 지혜를 주시는 하나님께 감사드립니다. 이 책이 고령화 사회라는 새로운 시작의 마중물이 되기를 기도합니다. 지금이야말로 우리 모두가 낡은 책장에서 미래를 꺼내야 할 때입니다.

감경철
CTS 회장, 사단법인 행복한 출생 든든한 미래 이사장

1부
국내편

노인돌봄의 길을 열며

생명은 태어나 자라고, 언젠가는 쇠퇴해가는 것이 자연의 이치입니다. 따라서 고령화를 단순히 극복해야 할 문제로만 여기는 것은 우리의 시야를 제한하는 것입니다. 고령화는 우리에게 새로운 가능성을 발견하고, 더 나은 공동체를 만들어갈 수 있는 소중한 기회가 될 수 있습니다. 이를 위해 고령화 사회라는 시대적 도전에 직면한 한국과 세계 각국의 노인돌봄 정책과 사례를 체계적으로 분석하고, 이를 바탕으로 미래를 위한 실천적 제언을 이 책에 담았습니다.

1부에서는 한국의 고령화 현황과 노인돌봄 정책을 중심으로, 다양한 돌봄 서비스와 지역사회 및 교회의 역할을 심도 있게 다루었습니다. 지역별 성공 사례를 통해 한국형 돌봄 모델의 가능성을 탐구했으며, 종교단체와 정부의 협력 사례를 통해 돌봄의 사회적 책임과 가능성을 조명했습니다.

2부에서는 일본, 중국, 싱가포르, 미국, 캐나다, 독일, 스웨덴, 네덜란드 등 해외 국가들의 고령화 대응 정책과 혁신적인 돌봄 모델을 다루었습니다. 예컨대 일본의 지역포괄케어 시스템, 중국의 '의양결합(医养

結合)' 모델, 싱가포르의 커뮤니티 기반 돌봄 모델, 네덜란드의 호그벡 치매마을과 뷔르트조르흐 재가 돌봄 모델 등은 각국의 문화와 환경에 맞춘 창의적인 접근법 소개했습니다.

마지막으로, 미래 노인돌봄을 위한 제언에서는 정부, 기업, 민간, 종교단체 간의 협력과 기술 융합을 통한 돌봄의 혁신적 방향을 제시했습니다. AI 기반 노인돌봄 서비스, IoT 및 디지털 헬스케어 기술, 국내 통신사의 AI 돌봄 서비스 등 기술과 돌봄의 융합은 고령화 사회의 새로운 돌파구가 될 것입니다. 또한, 교회의 역할과 정부와의 협력 방안을 구체적으로 제안하며, 교회가 지역사회의 중심에서 돌봄의 허브로 기능할 수 있는 가능성을 모색했습니다. 특히, 세대 간 돌봄은 고령화 사회의 도전에 대응할 수 있는 강력한 대안으로 강조했습니다.

이 책의 목적은 단순히 특정 집단을 위한 자료가 아니라, 정책 입안자, 연구자, 지역사회, 종교단체, 그리고 일반 독자를 포함한 모든 사람들에게 실질적인 도움과 영감을 주는 것입니다. 고령화 사회라는 도전 앞에서 움추려들기 보다는 더 나은 미래를 향한 도약을 꿈꾸기를 바랍니다.

제1장 한국의 고령화 현황

1. 고령화 사회의 정의와 특징

고령화 사회는 인구 구조의 변화로 인해 65세 이상의 노인 인구 비율이 점차 증가하는 사회를 의미한다. 국제연합(UN)의 기준에 따르면, 65세 이상 인구가 전체 인구의 7%를 넘으면 '고령화 사회', 14%를 넘으면 '고령 사회', 20%를 넘으면 '초고령 사회'로 구분된다. 이러한 변화는 출산율 감소와 평균 수명 증가라는 두 가지 요인이 맞물려 나타나며, 경제 발전과 의료 기술의 발달로 기대 수명이 늘어나면서 고령 인구의 비율이 꾸준히 상승하고 있다.

통계청의 2024년 인구동향 보고서에 따르면, 한국은 전체 인구 중 65세 이상 노인 인구 비율이 20%를 넘어 초고령 사회로 진입했다. 이는 2000년 고령화 사회(7% 이상), 2018년 고령 사회(14% 이상)를 거쳐 단 25년 만에 이루어진 변화로, 세계적으로도 유례없는 빠른 속도다. 특히 한국의 출산율은 2024년 기준 0.7명대로 세계 최저 수준을 기록하며, 고령화 속도를 더욱 가속화시키는 주요 원인으로 작용하고 있다. 반면,

평균 수명은 83세로 세계 평균인 73세를 크게 웃돌아 고령화 현상을 더욱 두드러지게 하고 있다.

세계적으로 고령화는 지역마다 다른 양상을 보인다. 일본은 65세 이상 인구 비율이 약 29%로 세계에서 가장 높은 수준을 기록하고 있으며, 유럽 국가들 역시 평균적으로 20% 이상의 고령화율을 보이고 있다. 반면, 아프리카와 남아시아 지역은 여전히 젊은 인구 구조를 유지하며 고령화 속도가 느린 편이다. 그러나 중국과 같은 신흥 경제국은 급속한 경제 성장과 함께 고령화가 빠르게 진행되고 있어, 한국과 유사한 문제를 겪을 가능성이 높아지고 있다.

한국의 출산율은 세계 최저 수준에 머물러 있으며, 이 현상이 고령화와 맞물려 이중적인 위기를 초래하고 있다. 특히 베이비붐 세대(1955~1963년 출생)의 고령화가 두드러진 가운데 정치, 경제, 사회 전반에 걸쳐 막대한 변화가 일어나고 있다.

고령 인구의 비율이 높아지면 노동력 부족과 생산성 저하를 초래할 수 있으며, 연금, 의료 및 복지 비용이 증가하여 국가 재정에 부담을 줄 수 있다. 생산 가능 인구(15세에서 64세)의 감소는 경제 성장률에 부정적인 영향을 미칠 수 있다. 한국의 경우, 생산 가능 인구가 2060년까지 전체 인구의 49.7%로 감소할 것으로 예상되고 있다. 또한, 고령화 사회에서는 치매와 같은 노인성 질환의 증가가 우려되며, 이는 의료 시스템에 추가적인 부담을 주고 있다. 마지막으로, 노인 인구의 증가와 함께 고독과 사회적 고립 문제도 심각해질 수 있으며, 이는 노인의 정신적, 정서적 건강에 부정적인 영향을 미칠 수 있다.

고령화 속도를 국제적으로 비교해 보면, 각국의 인구 구조 변화와 정책적 대응의 차이가 여실히 드러난다. 프랑스와 미국은 고령화가 점진적으로 진행되었기에 충분한 대비 기간을 가질 수 있었고, 이를 통해 연금 제도와 복지 체계를 안정적으로 구축할 수 있었다. 반면, 한국은 고령화가 "초고속"으로 진행되고 있어, 연금 개혁, 노인 복지, 의료 체계 개선 등에서 시급한 대책이 요구되고 있다. 이는 단순히 정책적 대응의 문제를 넘어, 사회 전반의 구조적 변화를 요구하는 과제로 떠오르고 있다.

2020년에는 65세 이상 고령 인구가 8,108,000명으로 전체 인구의 15.7%를 차지했으며, 2025년에는 10,522,000명으로 증가하여 20.3%에 이를 것으로 예상된다. 2030년에는 12,971,000명으로 전체 인구의 25.9%를 차지할 것으로 보인다. 한국의 고령화율은 OECD 국가 중 가장 빠르게 증가하고 있으며, 지난 10년간 매년 4.4%의 증가율을 기록하고 있다. 2023년 기준으로 65세 이상 노인 인구는 950만 명으로 전체 인구의 18.4%를 차지하고 있으며, 2025년에는 이 비율이 20.6%로 증가할 것으로 전망된다. 이러한 고령화 현상은 베이비붐 세대가 60대에 접어들면서 더욱 가속화되고 있으며, 저출산 문제와 맞물려 인구 구조의 급격한 변화를 초래하고 있다. 70대 이상의 인구는 631만 9천402명으로, 20대 인구(619만 7천486명)를 처음으로 초과하였다.[1]

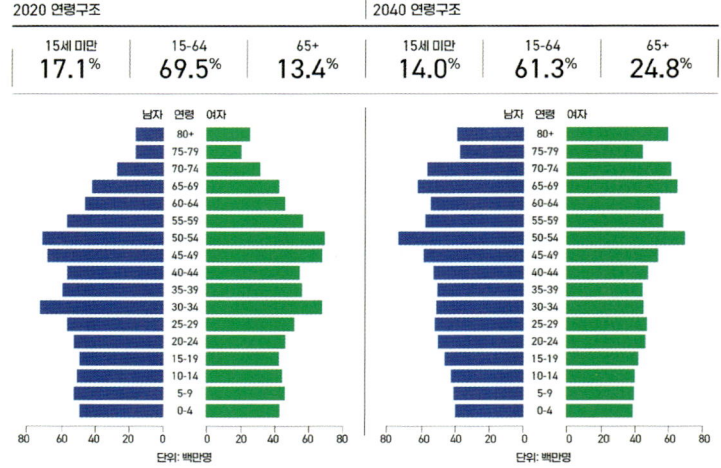

그림 1 외신 속의 한국 - [글로벌 이슈 브리프 3호] 고령화 - 인구구조의 변화 | 국제문화홍보정책실 (https://www.kocis.go.kr/press/view.do?seq=1038377&RN=1)

2. 한국의 인구 구조 변화

한국의 인구 구조 변화는 현재와 미래 사회에 중대한 영향을 미치고 있으며, 특히 고령화 사회의 도래는 여러 경제적, 사회적 문제를 야기하고 있다. 고령화는 단순히 인구의 평균 연령이 높아지는 현상에 그치지 않고, 생산가능인구의 감소와 이에 따른 경제 성장률의 하락을 초래한다. 이는 가계의 가처분 소득 감소와 저축 축소로 이어져 소비 감소를 유발하며, 결국 경제 성장의 잠재력을 저해하는 악순환을 만들어낸다.

고령화가 진행됨에 따라 노인돌봄의 필요성이 점점 더 커지고 있다.

한국은 세계에서 가장 빠르게 고령화가 진행되는 국가 중 하나이다. 이러한 변화는 단순한 인구 통계의 변화가 아니라, 사회 전반에 걸쳐 심각한 영향을 미치고 있다. 노인들은 신체적, 정신적 건강 문제를 겪을 가능성이 높아지며, 이에 따라 적절한 돌봄 서비스와 정책이 필요하다.

한국 정부는 노인 맞춤 돌봄 서비스와 같은 다양한 프로그램을 통해 노인의 삶의 질을 향상시키기 위한 노력을 기울이고 있다. 그러나 이러한 서비스가 충분히 제공되지 않거나 접근성이 떨어질 경우, 노인들은 사회적 고립과 빈곤의 위험에 처할 수 있다. 이는 단순히 개인의 문제가 아니라 사회 전체의 문제로 확산될 수 있으며, 고령화 사회에서의 돌봄 문제는 더욱 심각해질 것이다.

노인돌봄 서비스의 필요성은 여러 가지 요인에 의해 증가하고 있다. 노인 인구의 증가로 인해 돌봄 서비스에 대한 수요가 급증하고 있다. 통계에 따르면, 2020년 기준으로 장기요양 서비스의 수요는 연평균 15% 이상 증가하고 있으며, 이는 앞으로도 지속될 것으로 보인다. 가족의 돌봄 능력이 감소하고 있다는 점이다. 맞벌이 가구와 1인 가구의 증가로 인해 가족이 직접 돌봄을 제공하기 어려운 상황이 많아지고 있다. 이러한 변화는 가족 돌봄의 질을 낮추고, 노인들이 필요한 지원을 받지 못하게 할 위험이 있다.

노인들은 만성 질환을 앓고 있는 경우가 많아 전문적인 돌봄이 필요하다. 노인의 건강을 유지하고 삶의 질을 향상시키기 위해서는 전문적인 돌봄 서비스가 필수적이다. 그러나 현재의 돌봄 서비스는 수요에 비해 공급이 부족한 상황이다. 이는 노인들이 필요한 서비스를 받지 못하게 하여, 결국 사회적 고립과 빈곤으로 이어질 수 있다.

이러한 문제를 해결하기 위해서는 정부와 사회가 함께 노력해야 한다. 우선, 노인돌봄 서비스의 접근성을 높이고, 서비스의 질을 개선하는 것이 중요하다. 이를 위해 정부는 재정 지원을 확대하고, 민간 부문과의 협력을 통해 다양한 돌봄 서비스를 제공해야 한다. 또한, 노인돌봄에 대한 전문 인력을 양성하고, 돌봄 제공자에 대한 지원을 강화하여 돌봄의 질을 높여야 한다.(KDI 정책연구 시리즈 "고령화시대에 노인돌봄을 위한 가족과 정부의 역할분담", 2020.12.31참고)

또한, 한국의 고령화는 지역 사회에도 큰 영향을 미친다. 많은 지역에서 인구가 감소하고 있으며, 이는 지역 경제의 쇠퇴로 이어질 수 있다. 특히 농촌 지역에서는 젊은 인구의 유출이 심각하여, 고령 인구가 증가하면서 지역 사회의 활력이 떨어지고 있다.

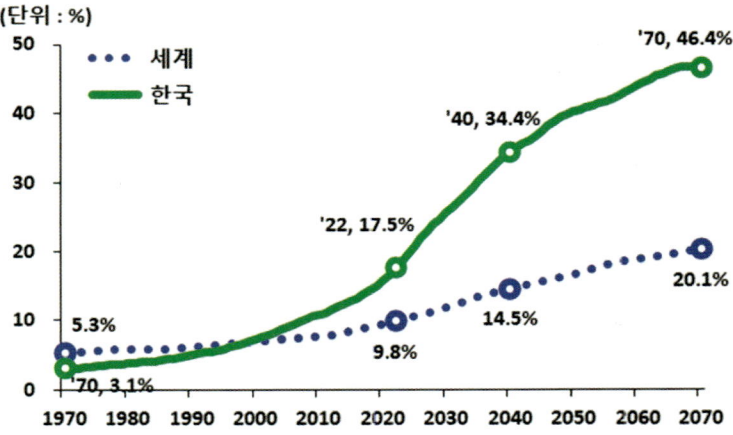

그림 2 한국, 세계에서 가장 늙은 나라 된다
2070년 고령층 인구 비중 세계 1위 전망 (경향신문 2022.09.05.)

3. 고령화가 사회에 미치는 영향

고령화는 현대 사회에서 피할 수 없는 현실로, 인구 구조의 변화가 가져오는 다양한 영향을 이해하는 것은 매우 중요하다. 한국을 포함한 많은 국가들이 빠르게 고령화되고 있으며, 이는 단순히 노인 인구의 증가를 넘어 사회 전반에 걸쳐 깊은 영향을 미치고 있다. 고령화는 경제 성장에 중대한 도전을 안긴다. 생산가능인구의 감소는 노동력 부족을 초래하고, 이는 곧 경제 성장률의 둔화로 이어진다. 예를 들어, 한국의 경우, 2050년까지 생산가능인구가 현재보다 약 34% 감소할 것으로 예상되며, 이는 GDP의 약 28% 감소를 의미한다.[2] 이러한 변화는 마치 한 배에 여러 명이 타고 있는 상황에서, 점점 더 많은 사람들이 물속으로 빠져나가면서 남은 사람들에게 더 큰 짐을 지우는 것과 같다. 젊은 세대는 노인을 부양해야 하는 부담이 가중되며, 이는 세대 간의 갈등을 심화시키는 원인이 된다.

이러한 변화는 세대 간의 갈등을 유발하고, 젊은 세대가 노인을 부양해야 하는 부담을 가중시킨다. 이러한 변화는 젊은 세대가 노인을 부양해야 하는 부담을 가중시키고, 세대 간의 갈등을 유발하고 있다. 노동력 부족은 경제 성장률의 둔화로 이어지며, 이는 국가의 복지 수요 증가와 함께 젊은 세대의 세금 부담을 더욱 가중시킨다. 노동력 부족은 경제 성장률의 둔화로 이어지며, 이는 마치 기계의 부품이 하나씩 고장 나면서 전체 시스템의 효율이 떨어지는 것과 같다. 이러한 상황은 국가의 복지 수요 증가와 함께 젊은 세대의 세금 부담을 더욱 가중시킨다. 결국, 젊은 세대는 자신들의 미래를 위해 일해야 하는 동시에, 노인 세대를 부양하기 위해 더 많은 세금을 내야 하는 이중의 부담을 지게 된다. 이처럼 고령화 사회가 가져오는 경제적 압박은 단순한 숫자의 변화가 아니라, 사회 전반에 걸쳐 깊은 영향을 미치는 복합적인 문제임을 보여준다.

고령화는 노인의 사회적 고립 문제를 심화시킨다. 독거노인의 수가 증가하면서, 이들은 정서적 지지와 사회적 상호작용의 부족으로 인해 우울증과 같은 정신 건강 문제에 시달리기 쉽다. 2023년 기준으로, 한국의 독거노인 수는 213만 명에 달하며, [3]이들은 가족과 사회로부터 단절된 채 외롭게 생활하고 있다. 이러한 고립은 단순히 개인의 문제가 아니라, 사회 전체의 건강과 안전에도 영향을 미친다.

사회적 고립 문제는 고령화의 또 다른 심각한 측면이다. 독거노인의 수가 증가하면서, 이들은 가족과 사회로부터 단절된 채 외롭게 생활하고 있다. 이러한 고립은 개인의 문제를 넘어 사회 전체의 건강과 안전에 부정적인 영향을 미친다. 이러한 상황이 지속된다면 노인들은 더욱 큰 위험에 처할 수 있다.

문화적으로도 고령화는 변화를 가져오고 있다. 예를 들어, 노인 인구의 증가로 인해 노인을 대상으로 한 다양한 문화 프로그램과 서비스가 필요해지고 있다. 이는 노인의 사회적 참여를 촉진하고, 고립감을 줄이는 데 기여하고 있다. 또한, 고령화 사회에서는 노인의 경험과 지혜를 존중하는 문화가 형성되고 있으며, 이는 세대 간의 소통을 증진시키는 긍정적인 효과를 가져올 수 있다.

고령화는 노인돌봄 서비스의 필요성을 더욱 부각시킨다. 노인들은 신체적, 정신적 건강 문제를 겪을 가능성이 높아지며, 이에 따라 전문적인 돌봄 서비스가 필수적이다. 한국 정부는 노인 맞춤 돌봄 서비스와 같은 다양한 프로그램을 통해 노인의 삶의 질을 향상시키기 위한 노력을 기울이고 있지만, 이러한 서비스의 접근성이 떨어질 경우 노인들은 더욱 큰 위험에 처할 수 있다.

제2장 한국의 노인돌봄 정책

1. 노인돌봄 정책의 역사[4]

60년대

한국의 초기 노인복지 정책은 1960년대 후반부터 시작되어, 사회적 변화와 경제 발전에 따라 점진적으로 발전하였다. 초기에는 노인에 대한 사회적 인식이 낮았고, 가족 중심의 돌봄이 일반적이었으나, 산업화와 도시화가 진행됨에 따라 가족 구조가 변화하고 노인의 돌봄 필요성이 증가하게 되었다.

1960년대 한국은 급속한 경제 성장을 이루었지만, 이 과정에서 전통적인 대가족 제도가 약화되고 핵가족화가 진행되었다. 이로 인해 노인을 돌보는 가족의 부담이 커지면서 노인복지에 대한 사회적 관심이 높아지기 시작하였다. 이러한 배경 속에서 정부는 노인복지 정책을 마련할 필요성을 느끼게 되었다.

한국의 노인돌봄 정책은 고령화 사회의 진전에 따라 점차 발전해왔으며, 그 과정은 여러 사회적, 경제적 변화와 밀접한 관련이 있다. 1960년대 이후 한국은 급속한 경제 성장을 경험하였으나, 노인 복지에 대한 체계적인 접근은 상대적으로 늦게 시작되었다. 한국전쟁 이후 국가의 경제와 기반 시설 재건이 최우선 과제로 여겨졌고, 노인들은 주로 가족에게 의존하여 지원과 보살핌을 받았다.

1963년 정부는 국민 노령연금제도를 도입하여 도움이 필요한 노인들에게 재정적 지원을 제공하기 시작하였다. 그러나 이 시기의 복지 정책은 매우 제한적이어서 많은 노인이 여전히 생계를 유지하기 위해 고군분투해야 했다. 노인복지에 대한 인식이 부족했던 당시 사회에서는 노인의 권리와 복지를 보장하기 위한 체계적인 정책이 부족했으며, 노인들은 여전히 가족의 지원에 크게 의존하고 있었다.

결국, 1960년대의 노인복지 정책은 초기 단계에 있었으며, 이후의 고령화 사회에 대비하기 위한 보다 포괄적이고 체계적인 접근이 필요하다는 인식이 점차 확산되었다. 이러한 변화는 1970년대 이후 노인복지법 제정과 같은 정책적 발전으로 이어지게 된다.

한국의 노인 복지 정책은 1960년대부터 본격적으로 발전하기 시작했다. 1960년대에는 한국전쟁 이후 경제와 기반 시설 재건에 집중했기 때문에 노인 복지 정책은 매우 제한적이었다. 대부분의 노인은 가족에게 의존하여 지원과 보살핌을 받았고, 정부의 지원 프로그램이나 서비스는 거의 없었다. 1963년에는 국민 노령연금제도가 도입되어 도움이 필요한 노인들에게 재정적 지원을 제공하기 시작했으며, 국민기초생활보장법도 도입되어 저소득 개인과 가족에게 기본적인 사회복지 혜택을 제공했다. 그러나 이러한 혜택은 제한적이었고 많은 노인은 여전히 생계를 유지하기 위해 고군분투했다.

70년대

1970년대에 들어서면서 한국 정부는 노인들을 위한 보다 포괄적인 복지 정책을 개발하기 시작했다. 1973년에는 자격을 갖춘 근로자에게 퇴직금을 지급하는 국민연금제도가 설립되었고, 이는 나중에 자영업자와 비정규직 근로자까지 포함하도록 확대되었다.[5] 또한, 정부는 노인들을 위한 장기 요양시설을 설립하여 간병 및 기타 돌봄 서비스를 제공하기 시작했으나, 이러한 시설들은 종종 과밀하고 인력이 부족하여 많은 노인이 여전히 가족에게 돌봄을 의존해야 했다. 1977년에는 노인들에게 주거, 의료, 교육 등 다양한 지원 서비스를 제공하는 국립 노인복지원이 설립되었다.

80년대

1980년대는 한국의 노인 복지 정책이 본격적으로 구체화되기 시작한 시기로, 여러 사회적 이슈가 중요한 역할을 했다. 이 시기에 한국 사회는 고령화 문제를 점차 인식하게 되었고, 이는 노인 인구의 증가와 함께 노인 복지에 대한 필요성이 대두되었음을 의미한다. 정부는 노인 복지의 중요성을 인식하고 이를 위한 정책 개발에 착수하게 되었다.

1981년에는 노인복지법이 제정되었고, 이는 노인 복지 정책의 기초를 마련하는 중요한 법적 장치가 되었다. 이 법은 노인에 대한 기본적인 권리와 복지 서비스를 보장하는 데 중점을 두었으며, 1982년에는 노인헌장이 제정되어 노인의 권리와 복지에 대한 사회적 인식을 높이는 데 기여하였다.

또한, 1980년대는 핵가족화가 심화되면서 노인들이 가족으로부터의 지원을 받기 어려운 상황이 증가했다. 이로 인해 많은 노인이 사회적 고립을 경험하게 되었고, 이는 노인 복지 정책의 필요성을 더욱 부각시켰다. 정부는 이러한 문제를 해결하기 위해 지역사회 기반의 복지 서비스 개발에 집중하게 되었다.

이 시기에는 국민연금법과 같은 사회보험 제도가 도입되면서 노인의 소득 보장 문제가 중요한 사회적 이슈로 떠올랐다. 이는 노인의 경제적 자립을 지원하고, 노후 생활의 안정성을 높이는 데 기여하였다.

1980년대 후반부터는 노인복지시설의 신설이 활발해지기 시작했다. 이는 노인들이 보다 나은 환경에서 생활할 수 있도록 지원하기 위한 노력의 일환으로, 노인복지시설의 수가 증가하면서 다양한 서비스가 제공되기 시작했다. 이 시기에는 노인복지시설의 형태가 양로원 중심에서 요양, 의료, 여가, 재가복지 등으로 다양화되기 시작했다.

정부는 노인들의 생활 수준 향상을 위해 다양한 정책을 추진하였고, 노인복지에 대한 사회적 관심이 높아졌다. 또한, 이 시기에는 노인 문제가 사회적 이슈로 부각되면서, 노인복지에 대한 연구와 정책 개발이 활발히 이루어졌다. 한국노인문제연구소와 같은 기관들이 설립되어 노인문제에 대한 연구가 진행되었고, 이는 정책 결정에 중요한 영향을 미쳤다.

1980년대 후반에는 노인복지에 대한 법적 기반이 강화되었고, 노인

복지 정책의 방향성이 보다 체계적으로 정립되었다. 이러한 변화는 노인들이 보다 나은 환경에서 생활할 수 있도록 하는 데 기여하였으며, 노인복지의 발전을 위한 기초를 마련하는 데 중요한 역할을 하였다.

그림 3 《경향신문》 2020.12.28. , "12월 28일 노인을 위한 나라는 있을까?"

90년대

1990년대는 한국의 노인 복지 정책에서 중요한 변화가 일어난 시기로, 정부는 지역사회 기반 서비스와 노인 지원에 중점을 두기 시작했다. 이 시기에 노인 인구의 증가와 함께 노인 복지에 대한 사회적 관심이 높아지면서, 보다 체계적이고 포괄적인 정책이 필요하다는 인식이 확산되었다. 1995년에는 노인의 삶의 질 향상과 사회 통합을 도모하기 위한 노인종합계획이 도입되었으며, 이 계획은 노인센터, 홈케어 서비스, 교통 서비스 등 다양한 지역사회 기반 서비스에 대한 조항을 포함하고 있어, 노인들이 보다 나은 환경에서 생활할 수 있도록 지원하는 데 중점을 두었다. 이러한 변화는 노인들이 지역사회에서 자립적으로 생활할 수 있는 기반을 마련하는 데 기여하였다.

또한, 1990년대에는 노인복지법의 개정과 함께 다양한 노인 복지 서비스가 확대되었으며, 이는 노인들의 건강과 복지를 증진시키는 데 중요한 역할을 했다.[6] 정부는 노인복지시설의 신설을 촉진하고, 노인들의 사회적 참여를 장려하기 위한 프로그램을 개발하였다. 이러한 정책들은 노인들이 사회에서 소외되지 않고, 보다 활발하게 참여할 수 있는 기회를 제공하는 데 기여하였다. 특히, 노인복지법의 개정은 노인복지시설의 설립 절차를 간소화하고, 새로운 시설의 설립을 촉진하는 데 중요한 역할을 했다. 이로 인해 노인복지시설의 수가 급격히 증가하였고, 다양한 서비스가 제공되기 시작했다.

1990년대 중반부터는 노인복지에 대한 사회적 인식이 변화하면서, 노인들의 권리와 복지를 보장하기 위한 다양한 정책이 추진되었다. 예를 들어, 노인복지법의 개정으로 노인들의 기본적인 생활을 보장하기 위한 기초연금 제도가 도입되었고, 이는 노인들의 경제적 안정에 기여하였다. 또한, 정부는 노인들의 건강 증진을 위한 프로그램을 개발하고, 의료 서비스 접근성을 높이기 위한 노력을 기울였다. 이러한 정책들은 노인들이 보다 건강하고 활기찬 삶을 영위할 수 있도록 지원하는 데 중점을 두었다.

1990년대의 노인 복지 정책은 노인들의 삶의 질을 향상시키고, 사회적 통합을 도모하는 데 중요한 기여를 하였다. 정부는 노인복지시설의 확충과 함께 지역사회 기반의 다양한 서비스 제공을 통해 노인들이 자립적으로 생활할 수 있는 환경을 조성하였다. 이러한 변화는 노인들이 사회에서 소외되지 않고, 보다 활발하게 참여할 수 있는 기회를 제공하는 데 기여하였다. 노인복지 정책의 발전은 앞으로도 지속적으로 이루어져야 하며, 노인들이 보다 나은 삶을 영위할 수 있도록 하는 데 중요한 역할을 할 것이다.[7]

2000년대

2000년대에 들어서면서 한국 정부는 저소득 개인 및 가족을 대상으로 사회복지 혜택을 확대하기 위해 국민기초생활보장제도를 도입했다. 이 제도는 경제적 어려움을 겪는 국민들에게 최소한의 생활을 보장하기 위한 사회안전망으로 자리 잡았다. 또한, 고령화 사회로의 진입에 대비하여 노인 인구의 삶의 질을 향상시키기 위한 정책 및 프로그램을 포함하는 고령화 사회 종합 계획을 수립했다. 이러한 계획은 노인 복지의 체계적 발전을 위한 기초를 마련하는 데 중요한 역할을 했다.

2008년에는 노인 친화 도시 프로젝트가 시작되었으며, 이는 노인들이 지역사회에서 안전하고 편리하게 생활할 수 있는 환경을 조성하기 위한 노력이었다. 같은 해, 의무적 장기 요양보험 제도가 도입되었고, 이를 통해 노인복지법이 통과되었다. 이 법은 의료, 주택, 장기 요양 서비스, 노인을 위한 사회복지 서비스 및 차별에 대한 보호 조항을 포함하고 있어 노인들의 전반적인 복지 향상에 기여했다.

2010년대에는 노인돌봄 서비스의 질을 높이고 간병인의 훈련과 고용을 촉진하기 위한 노인돌봄서비스 지원법이 도입되었다. 2011년에는 노인복지센터 사업이 시작되어 다양한 서비스를 제공하기 시작했으며, 이는 지역사회 내에서 노인들이 필요한 지원을 받을 수 있도록 돕는 중요한 역할을 했다. 2013년에는 모든 노인에게 최소한의 재정적 지원을 제공하는 기초노령연금제도가 도입되었고, 이를 통해 경제적 어려움을 겪는 노인들에게 안정적인 소득을 제공했다. 2015년에는 노인들의 삶의 질 향상과 활동적인 노후화를 목표로 하는 정책종합대책이 발표되었으며, 이는 노인 복지의 방향성을 제시하는 중요한 정책이었다.

2016년에는 저소득 노인에게 무료 치과 진료를 제공하는 시범 프로그램이 시작되었고, 이후 이 프로그램은 확대되어 더 많은 노인들이 혜택을 받을 수 있게 되었다. 이러한 정책들은 노인들의 건강과 복지를 증진시키는 데 기여했으며, 노인 복지의 중요성을 강조하는 계기가 되었다.

2020년대에 들어서면서 한국은 초고령 사회로 진입하게 되었고, 이에 따라 노인돌봄 정책의 중요성이 더욱 강조되고 있다. 최근 정부는 지역사회 통합 돌봄 정책을 채택하여 노인의 돌봄 요구를 충족시키기 위한 노력을 강화하고 있다. 이러한 정책은 노인들이 지역사회 내에서 자립적으로 생활할 수 있도록 지원하는 방향으로 나아가고 있으며, 노인 복지의 새로운 패러다임을 제시하고 있다. 2020년대 초반에는 저소득 노인에게 전기 및 가스와 같은 공과금을 충당하기 위해 보조금을 지급하는 노인 안전망 사업 계획이 발표되었고, 2021년에는 요양원 돌봄 서비스 확대 및 질적 향상 방안이 발표되었다. 2022년에는 기초노령연금이 인상되었으며, 2023년에는 기초연금 선정기준액이 변화하여 단독가구와 부부가구의 지원액이 인상되었다.

2025년 현재, 한국은 초고령 사회로의 진입이 가속화되면서 노인 복지 정책의 중요성이 더욱 부각되고 있다. 정부는 노인 빈곤 문제와 사회적 고립 문제를 해결하기 위해 다양한 정책을 추진하고 있으며, 특히 지역사회 기반의 통합 돌봄 서비스를 강화하고 있다. 또한, 디지털 기술을 활용한 노인 복지 서비스의 접근성을 높이기 위한 시도도 이루어지고 있다. 예를 들어, 노인들이 스마트 기기를 통해 복지 서비스를 신청하거나 건강 관리를 받을 수 있도록 지원하는 프로그램이 확대되고 있다. 그러나 여전히 많은 노인이 빈곤과 서비스 접근 장벽에 직면해 있는 상황이며, 이를 해결하기 위해 정부는 지속적으로 투자와 노력을 기울이고 있다. (한국 정부의 노인복지 정책 보고서 및 관련 자료 참고)

시대	정책 사례	성과 및 기여
60년대	1963년 '노인복지법' 제정	노인의 권리와 복지 증진을 위한 기초 마련, 기본적인 복지 서비스 제공
70년대	노인복지법 개정	노인복지시설 설치 및 운영 규정 강화, 노인 요양시설 설립 시작
80년대	1981년 '노인복지법' 개정	노인복지시설 종류 및 운영 기준 명확화, 지역 사회 기반 서비스 확대
90년대	1997년 '노인복지법' 개정	재정적 지원 및 서비스 질 향상, 기초생활보장제도 도입으로 저소득 노인 지원

| 2000년 이후 | 2008년 의무적 장기 요양 보험 도입
기초노령연금제도 도입 | 노인돌봄 서비스 질 향상, 다양한 서비스 제공 기반 마련
모든 노인에게 최소한의 재정적 지원 제공 |

표 1 1960~2000년대 한국의 노인돌봄 주요 정책과 성과

2. 주요 법령 개정

22025년부터 시행된 노인맞춤돌봄서비스는 중증 노인과 혼자 사는 노인을 위한 재가 돌봄 서비스를 대폭 강화하는 중요한 정책 변화로 자리 잡았다. 이 서비스는 각 노인의 개별적인 필요에 맞춰 맞춤형으로 제공되어, 노인이 자택에서 더욱 안전하고 편안하게 생활할 수 있도록 지원한다. 이러한 변화는 노인복지법 및 관련 법령의 개정과 밀접한 연관이 있다.

노인맞춤돌봄서비스의 도입을 위해 노인복지법이 개정되었다. 이 개정안은 노인의 개별적 요구를 반영한 맞춤형 돌봄 서비스를 법적으로 보장하고, 서비스 제공의 기준과 절차를 명확히 하여 서비스의 질을 높이는 데 기여하고 있다. 또한, 새로운 법령에 따라 통합재가기관과 재택의료센터가 설립되었다. 이는 의료, 요양, 돌봄 서비스를 통합적으로 제공하기 위한 법적 근거를 마련하고, 다양한 서비스가 유기적으로 연계될 수 있도록 지원한다.

법률 제정과 함께 지역사회 중심의 통합 돌봄 체계가 본격적으로 구축되었다. 이는 노인, 장애인, 취약계층을 위한 통합적인 돌봄 서비스를 제공하기 위한 법적 기반을 마련하고, 지역사회 내에서 다양한 서비스

가 연계되어 제공될 수 있도록 한다. 종교시설을 활용한 돌봄 서비스 확대를 위한 법령 개정도 이루어졌다. 이를 통해 지역사회에 널리 퍼져 있는 종교시설을 활용하여 노인돌봄시설을 설치하고, 농어촌 지역에서의 돌봄 공백을 해소하는 데 기여할 수 있는 법적 근거가 마련되었다.

법령 개정은 한국의 노인돌봄 서비스에 여러 가지 긍정적인 영향을 미쳤다. 우선, 맞춤형 돌봄 서비스의 도입은 노인들이 개인의 필요에 맞는 서비스를 받을 수 있도록 하여, 그들의 삶의 질을 크게 향상시켰다. 각 노인의 상황에 따라 제공되는 맞춤형 서비스는 노인이 자택에서 보다 안전하고 편안하게 생활할 수 있도록 지원하며, 이는 노인의 자존감과 독립성을 높이는 데 기여하고 있다.

또한, 통합재가기관과 재택의료센터의 설립은 의료와 돌봄 서비스 간의 연계를 강화하여, 노인들이 필요로 하는 다양한 서비스를 보다 효율적으로 이용할 수 있게 하였다. 이러한 통합적인 접근은 서비스 제공의 중복을 줄이고, 자원의 효율적인 활용을 가능하게 하여, 궁극적으로는 노인돌봄 서비스의 질을 높이는 데 기여하고 있다.(2025 보건복지부 자료와 2024년 한국보건사회연구원자료 참고)

지역사회 중심의 통합 돌봄 체계 구축은 노인들이 필요한 지원을 한곳에서 편리하게 받을 수 있도록 하여, 서비스 접근성을 크게 향상시켰다. 이는 특히 이동이 불편한 노인들에게 큰 도움이 되며, 지역사회 내에서의 연대감을 강화하는 데도 긍정적인 영향을 미친다. 노인들이 지역사회 내에서 다양한 서비스와 지원을 받을 수 있게 되면서, 사회적 고립을 줄이고, 지역 주민들과의 상호작용을 촉진하는 효과를 가져왔다(지역사회통합돌봄연구센터, 2023).

종교시설을 활용한 돌봄 서비스의 확대는 농어촌 지역에서의 돌봄 공백을 해소하는 데 중요한 역할을 하고 있다. 종교시설은 지역사회에 널리 퍼져 있어 접근성이 뛰어나며, 이를 통해 노인들이 보다 쉽게 돌봄 서비스를 이용할 수 있도록 하고 있다. 이러한 변화는 특히 자원이 부족한 농어촌 지역에서 노인돌봄의 질을 높이는 데 기여하고 있다(농어촌복지정책연구소, 2024).

마지막으로, 법령 개정은 돌봄 종사자의 처우 개선과 전문 인력 양성을 위한 기반을 마련함으로써, 돌봄 서비스의 질적 향상을 도모하고 있다. 정부의 지원을 통해 돌봄 종사자들이 보다 나은 근무 환경에서 일할 수 있게 되면, 이는 곧 서비스 이용자에게도 긍정적인 영향을 미치게 된다. 전문 인력의 양성은 돌봄 서비스의 전문성을 높이고, 지속 가능한 돌봄 체계를 구축하는 데 기여할 것이다.

향후 한국의 노인돌봄 서비스 정책은 여러 방향으로 개정될 필요가 있다. 우선, 디지털 돌봄 서비스의 법적 근거 마련이 중요하다. IoT와 AI 기술을 활용한 디지털 돌봄 서비스의 확대는 노인의 건강 상태를 실시간으로 모니터링하고, 필요한 경우 즉각적인 돌봄 서비스를 제공할 수 있는 기반을 마련할 것이다. 이러한 기술적 접근은 노인의 안전과 건강을 지키는 데 큰 역할을 할 것으로 기대된다.

또한, 돌봄 서비스의 질을 높이기 위해서는 돌봄 종사자의 처우 개선과 전문 인력 양성을 위한 법적 장치가 필요하다. 안정적인 인력 확보는 서비스의 질을 높이는 데 필수적이며, 전문 인력의 양성은 돌봄 서비스의 전문성을 강화하고 지속 가능한 돌봄 체계를 구축하는 데 기여할 것이다. 이를 통해 돌봄 종사자들이 보다 나은 근무 환경에서 일할 수 있도록 지원해야 한다.

3. 노인돌봄 서비스 유형

한국의 노인돌봄 시스템은 가정 돌봄, 지역사회 돌봄, 시설 돌봄 등 크게 세 가지 주요 영역으로 나눌 수 있다. 가정 돌봄은 가족이나 전문 도우미가 가정에서 노인을 돌보는 형태이며, 지역사회 돌봄은 지역 사회에서 제공되는 다양한 서비스와 프로그램을 통해 노인을 지원하는 방식이다. 시설 돌봄은 요양원이나 노인복지시설과 같은 전문 기관에서 제공되는 돌봄 서비스를 의미한다. 이러한 세 가지 영역은 노인의 다양한 필요를 충족시키기 위해 상호 보완적으로 운영된다.

1) 가정돌봄

기로국이라는 나라에서는 오래된 법이 있었다. 나이가 들어 더 이상 일을 할 수 없는 노인은 산속에 내다버려야 한다는 법이었다. 사람들은 이 법을 따르며 부모를 산에 두고 돌아오곤 했다. 그러나 한 젊은이는 그 법을 따를 수 없었다. 그는 늙은 아버지를 몰래 집 안에 숨겨두고 정성껏 봉양했다.

어느 날, 기로국에 위기가 닥쳤다. 이웃 나라에서 사신이 와서 세 가지 어려운 문제를 내놓았다. "이 문제를 풀지 못하면 너희 나라를 멸망시키겠다." 왕과 대신들은 문제를 풀기 위해 밤낮으로 고민했지만, 아무도 답을 찾지 못했다. 그때 젊은이는 아버지에게 문제를 이야기했다.

아버지는 깊은 지혜로 문제의 답을 알려주었다. 젊은이는 그 답을 왕에게 전했고, 왕은 문제를 해결한 젊은이를 크게 칭찬했다.

그러나 젊은이는 왕 앞에서 고백했다. "저는 법을 어기고 아버지를 숨겨두었습니다. 아버지의 지혜가 나라를 구했습니다." 왕은 깊은 생각에 잠겼다. 그리고 마침내 결정을 내렸다. "이 법은 잘못되었다. 노인의 지혜는 나라의 보물이다. 이제부터는 노인을 버리는 법을 폐지하겠다." 기로국은 그렇게 변화를 맞이했다.(중국 불교 경전인 잡보장경에 등장하는 이야기 참고)

이러한 설화는 노인을 돌보는 것이 단순한 책임을 넘어 인간의 도리와 사회적 윤리임을 강조하며, 가족 내 돌봄의 가치를 상징적으로 보여준다.

전통적 가족돌봄은 유교적 가치관을 바탕으로 효를 중심으로 한 도덕적 의무를 강조하며, 가족 구성원이 노인과 약자를 돌보는 것을 당연한 책임으로 여겼다. 가족 간의 정서적 유대와 상호 의존은 돌봄의 핵심 정신으로 자리 잡았으며, 이를 통해 가족은 경제적, 정서적 지원을 제공하는 중요한 역할을 수행했다. 농경사회에서는 대가족 구조가 일반적이었고, 가족 구성원들이 협력하여 생산 활동을 이어갔다. 특히 여성은 자녀 양육과 노인돌봄을 담당하며 가족 내 돌봄의 중심에 있었다. 이러한 돌봄은 비공식적이고 자연스러운 형태로 이루어졌으며, 가족이 돌봄의 전적인 책임을 지는 것이 일반적이었다.

현대 복지제도 하의 가족돌봄은 돌봄을 개인의 책임에서 사회적 책임으로 확장하며, 돌봄 노동의 가치를 인정하고 돌봄 제공자와 수혜자의 존엄성을 보장하는 데 초점을 맞추고 있다. 산업화와 도시화로 인해 핵가족화가 진행되면서 가족 구성원 간의 물리적 분리가 발생했고, 여성의 경제활동 참여 증가와 저출산으로 인해 가족 내 돌봄의 부담이 커졌다. 이에 따라 정부는 공적 돌봄 서비스를 확대하며 돌봄의 공백을 해결하고자 노력하고 있다. 노인장기요양보험과 커뮤니티케어 같은 공식 돌봄 체계가 도입되면서 가족 돌봄은 여전히 중요한 역할을 하지만, 전문 인력과 시설 돌봄의 비중이 점차 증가하고 있다.

가정돌봄은 가족 구성원이 직접 돌봄을 제공하거나, 정부 및 사회적 지원을 통해 이루어지는 방식으로 나뉜다. 가족 구성원이 직접 돌봄을 제공하는 방식은 가장 전통적인 형태로, 돌봄 대상자의 생활습관과 선호를 잘 이해하고 있다는 것이 장점이다. 또한 외부 서비스 이용 비용을 줄일 수 있다. 그러나 이러한 돌봄 형태는 특정 가족 구성원(특히 여성)에게 과도하게 집중되면서 신체적, 심리적, 경제적 부담이 가중될 수 있다는 것이 큰 단점이다. 만일 돌봄 제공자의 건강이 악화되거나 경제적 부담이 커질 경우 사회적 단절로 이어질 위험이 있다.

이러한 변화는 시대적 흐름과 밀접하게 연결되어 있다. 과거에는 가족이 돌봄의 전적인 책임을 지며, 노인돌봄은 주로 자녀, 특히 여성(딸, 며느리)이 담당했다. 그러나 현대 사회에서는 돌봄의 공백을 해결하기 위해 정부가 적극적으로 개입하며 공적 돌봄 서비스를 확대하고 있다. 이는 돌봄의 주체를 가족에서 사회로 확장하는 과정으로, 돌봄 노동의 가치를 인정하고 가족의 부담을 경감하는 방향으로 나아가고 있다. 가족 돌봄은 여전히 중요한 역할을 하지만, 사회적 돌봄 체계의 도입으로 돌봄의 형태와 주체가 점차 다원화되고 있다.

현대 사회에서는 가족 돌봄의 한계를 보완하기 위해 정부와 사회적 지원이 확대되고 있다. 재가 돌봄 서비스는 방문 요양, 가사 지원, 신체 수발, 식사 준비, 외출 동행 등 다양한 일상생활 지원을 포함하며, 독거노인, 장애인, 또는 돌봄이 필요한 가족 구성원을 대상으로 한다. 소득 수준에 따라 본인 부담 비율이 차등 적용되며, 기초수급자는 면제된다. 특화 돌봄 서비스는 심리 지원, 병원 동행, 영양 관리, 휴식 지원 등 돌봄 대상자의 개별적 요구를 반영한 맞춤형 서비스를 제공하며, 지역사회 중심의 돌봄 인프라를 통해 지속 가능한 돌봄 환경을 조성하고 민간-공공 협력체계를 확립한다. 가족을 돌보는 청년에게는 경제적 지원, 심리 상담, 교육 프로그램 등을 제공하여 돌봄 부담을 완화한다.

	전통적 가족돌봄	복지제도 하의 가족돌봄
돌봄 형태	비공식적, 가족 중심	공식적, 사회적 돌봄과 가족 돌봄 병행
돌봄 주체	가족 구성원 (주로 여성)	가족, 전문 인력, 공공기관
돌봄 장소	가정 내	가정, 요양시설, 지역사회 돌봄 인프라
돌봄의 부담	가족 내 집중화(가족 내 돌봄 부담이 특정 구성원에게 과도하게 집중되는 현상)	사회적 분담 및 지원 확대

표 2 가족 돌봄의 변화

2025년 노인돌봄 지원 정책은 가정돌봄과 관련하여 돌봄통합지원법 제정과 함께 노인맞춤돌봄서비스를 확대했다. 돌봄통합지원법은 돌봄 서비스를 통합적으로 제공하여 지역사회 중심의 지속 가능한 돌봄 체계를 구축하는 것을 목표로 한다. 이 법은 보건의료, 장기요양, 일상생활 돌봄 등 다양한 서비스를 연계하여 제공하며, 지방자치단체가 돌봄 책임을 강화하고 지역별 맞춤형 돌봄 정책을 시행하도록 한다. 이를 통해 돌봄 서비스의 분산 문제를 해결하고, 취약계층뿐만 아니라 일반 가구도 쉽게 접근할 수 있도록 개선하고 있다. 이 법은 2026년 본격 시행을 앞두고 있으며, 현재 시범사업과 관련된 준비가 진행 중이다.[8]

노인맞춤돌봄서비스는 만 65세 이상의 독거노인, 조손가구 등 돌봄이 필요한 노인을 대상으로 확대되고 있다. 이 서비스는 안전 확인, 정서 지원, 일상생활 지원(식사 준비, 청소 등), 건강관리, 사회참여 프로그램을 제공하며, 방문형 의료 서비스와 재가 돌봄을 강화하여 병원 중심의 고비용 돌봄 체계를 개편하고 있다. 2025년에는 서비스 횟수와 범위가 확대되었으며, 지역사회 기반의 돌봄 모델이 도입되었다.

방문돌봄

우리나라 방문 돌봄 서비스는 다양한 형태로 제공된다. 방문 돌봄 서비스는 노인, 장애인, 아동 등 다양한 계층을 대상으로 하며, 가정에서 직접 돌봄을 제공하는 방식으로 운영된다. 주요 서비스로는 노인맞춤돌봄서비스, 긴급돌봄서비스, 일상돌봄서비스 등이 있다.

노인맞춤돌봄서비스는 2020년 1월 1일에 시행되었다. 기존의 6개 노인돌봄사업(노인돌봄기본서비스, 노인돌봄종합서비스, 단기가사서비스 등)을 통합하여 보다 체계적이고 효율적인 돌봄을 제공하기 위해 도입되었다. 기존 서비스는 전달체계가 분절적이고 복잡하며, 저소득층 독거노인 중심으로 제한적이었다는 문제점이 있었다. 이를 개선하기 위해 노인의 다양한 욕구를 포괄적으로 충족할 수 있는 통합적 돌봄서비스가 필요했다.

2025년 현재, 노인맞춤돌봄서비스는 초고령사회 진입에 따른 돌봄 수요 증가에 대응하여 더욱 확대되고 체계적으로 운영되고 있다. 65세 이상 국민기초생활수급자, 차상위계층, 기초연금수급자 중 돌봄이 필요한 노인을 대상으로 하며, 사회적 고립과 우울 위험이 높은 은둔형 우울형 노인에게 특화서비스를 제공한다. 안전확인, 가사 및 활동지원, 생활교육, 사회참여 프로그램, 민간 자원 연계 등 다양한 서비스를 제공하며, 특화서비스를 통해 정신건강 상담, 집단활동, 지역사회 자원 연계를 지원한다. 지방자치단체가 권역을 설정하고 수행기관이 책임을 지는 방식으로 운영되며, 지역 내 자원을 활용한 맞춤형 돌봄이 강조된다. 소득 수준에 따라 본인 부담 비율을 차등 부과한다. 돌봄 제공 인력의 직무역량 강화를 위한 교육과 지원이 이루어지고 있으느.

긴급돌봄서비스[9]

노인긴급돌봄서비스는 질병, 부상, 주돌봄자의 갑작스러운 부재 등으로 인해 돌봄 공백이 발생한 상황에서 긴급하게 돌봄이 필요한 노인을 대상으로 제공되는 한시적 가정 방문형 서비스다. 이 서비스는 기존의 장기적인 돌봄 지원과 달리, 단기적으로 돌봄 공백을 해소하고 빠른 일상 복귀를 지원하기 위해 설계되었다.

서비스는 최대 30일 동안 월 72시간 이내로 제공되며, 하루 최대 8시간까지 이용할 수 있다. 요양보호사 등 전문 인력이 대상자의 가정을 방문하여 신체 활동 지원, 가사 지원, 이동 지원 등의 기본 돌봄 서비스를 제공한다. 서비스 이용 대상은 소득 수준에 관계없이 긴급한 돌봄이 필요한 모든 국민으로, 소득에 따라 본인 부담 비율이 차등 부과된다. 예를 들어, 기준 중위소득 120% 이하인 경우 본인 부담이 면제되며, 160% 초과 시에는 서비스 비용의 100%를 부담해야 한다.

주민등록상 주소지의 읍 면 동 행정복지센터를 통해 서비스 신청을 할 수 있다. 신청 후 현장 방문 및 돌봄 필요도 확인을 거쳐 대상자로 선정된다. 긴급성, 돌봄 필요성, 보충성이라는 세 가지 기준을 충족해야 서비스 이용이 가능하다. 예를 들어, 주돌봄자의 갑작스러운 부재로 돌봄 공백이 발생하거나 기존의 공적 돌봄 서비스를 이용할 수 없는 경우가 이에 해당한다.

서비스 제공 과정은 신청 및 접수, 현장 확인, 제공 계획 수립, 서비스 제공 및 모니터링, 종료 및 정산의 절차로 이루어진다. 서비스 제공 기관은 지역별로 지정되며, 지자체와 사회서비스원이 협력하여 운영한다. 또한, 병원 내 퇴원지원실이나 시군구의 복지지원단을 통해 추천서를 제출하면 별도의 현장 확인 없이 서비스를 이용할 수 있다.

일상돌봄서비스[10]

노인일상돌봄서비스는 일상생활에 어려움을 겪는 노인을 대상으로 가사 지원, 식사 준비, 이동 지원 등 다양한 돌봄 서비스를 제공하여 안정적인 생활을 돕는 복지 제도다. 이 서비스는 특히 혼자 생활하거나 돌봄 공백이 발생한 노인들에게 유용하며, 돌봄이 필요한 중장년, 청년, 가족 돌봄이 필요한 대상자에게도 확대 적용된다. 이를 통해 재가 돌봄과 가사 서비스를 제공하며, 이용자의 일상생활을 지원한다.

서비스는 기본 서비스와 특화 서비스로 나뉘며, 이용자는 월 12시간에서 최대 72시간까지 서비스를 받을 수 있다. 기본 서비스는 가정방문을 통해 식사 도움, 신체 청결, 안전 관리 등을 제공하며, 특화 서비스는 대상자의 개별적인 필요에 맞춘 추가적인 지원을 포함한다. 예를 들어, A형 서비스는 월 36시간 동안 기본 돌봄 및 가사 지원과 특화 서비스 1개를 제공하며, 비용은 648,000원이다. B형 서비스는 가사 지원만 제공하며, 월 12시간(B-1형) 또는 24시간(B-2형)으로 선택할 수 있다. B-1형의 비용은 216,000원, B-2형의 비용은 432,000원이다. C형 서비스는 월 72시간 동안 돌봄 및 가사 지원을 제공하며, 비용은 1,296,000원이다. 특화 서비스만 제공하는 D형은 별도로 신청 가능하며, 특화 서비스 2개를 제공한다.

서비스 비용은 소득 수준에 따라 본인 부담 비율이 달라진다. 기준 중위소득 120% 이하인 경우 본인 부담이 면제되며, 기준 중위소득 120160%인 경우 본인 부담 비율은 1020%로 설정된다. 반면, 소득이 기준 중위소득 160%를 초과하면 서비스 비용의 100%를 부담해야 한다. 예를 들어, A형 서비스의 경우 기준 중위소득 120% 이하인 이용자는 본인 부담금이 없지만, 기준 중위소득 120~160%인 경우 본인 부담금은 64,800원, 기준 중위소득 160% 초과인 경우 본인 부담금은 648,000원이다.

서비스 신청과 제공과정은 앞서 설명한 긴급돌봄 서비스와 같다.

2) 지역사회 돌봄[11]

지역사회 돌봄은 노인이 자신이 살던 지역에서 안정적이고 건강한 삶을 유지할 수 있도록 다양한 복지 서비스를 제공하는 체계이다. 노인의 주거, 보건의료, 요양, 일상생활 지원 등을 포함하며, 돌봄이 필요한 노인이 시설에 입소하지 않고 지역사회에서 생활할 수 있도록 돕는다. 특히 지역 내 자원을 활용하여 돌봄의 효과를 극대화한다.

지역사회 돌봄은 2019년부터 보건복지부가 추진한 지역사회 통합돌봄 선도사업을 통해 본격적으로 도입되었다. 이 사업은 노인뿐만 아니라 장애인, 정신질환자, 노숙인 등 다양한 계층을 대상으로 하며, 지역사회 기반의 통합적 돌봄 체계를 구축하는 데 중점을 두었다. 선도사업은 16개 기초자치단체에서 시작되었으며, 각 지역이 자체적으로 돌봄 모델을 개발하고 운영하도록 설계되었다.

지역사회 돌봄의 주요 서비스는 크게 일상생활 지원, 건강 의료 서비스, 주거 지원, 돌봄 요양 서비스로 나뉜다. 일상생활 지원은 식사 준비, 청소, 외출 동행 등 노인의 일상생활을 돕는 서비스를 포함하며, 건강 의료 서비스는 건강관리, 재활 치료, 약물 복용 관리 등을 제공한다.

2025년 기준, 지역사회 통합 돌봄의 일환으로 전국적으로 약 1,000개의 돌봄 시범마을이 조성되었다. 돌봄 서비스는 크게 주거 지원, 건강 의료 지원, 요양 돌봄 서비스, 서비스 통합 제공으로 구성된다. 주거 지원에서는 어르신 맞춤형 케어안심주택을 제공하며, 낙상 예방을 위한 집수리 사업도 시행된다. 예를 들어, 2025년까지 약 24만 세대의 재가 어르신이 집수리 지원을 받았다. 건강 의료 지원에서는 주민건강센터와 병원-지역 연계실을 통해 퇴원 후 재가생활을 지원하며, 재활의료기관도 150개소로 확충되었다. 요양 돌봄 서비스는 장기요양보험 수급자를 확대하고, 재가서비스 이용률을 80%까지 높이는 것을 목표로 한다. 서비스 통합 제공은 종합재가센터를 통해 이루어지며, 식사 배달, 이동 지원, 안전 확인 등 다양한 서비스가 있다.

최근 지역사회 돌봄에서는 빅데이터를 활용하여 돌봄이 필요한 대상자를 발굴하고, 이들의 건강 상태와 돌봄 욕구를 분석하여 적합한 서비스를 제공하는 방식이 도입되고 있다. 국민건강보험공단은 건강보험 청구자료, 노인장기요양보험 자료, 건강검진 자료 등을 종합적으로 활용하여 건강 위험군을 식별하고, 이들에게 통합적인 돌봄 관리 서비스를 시행하고 있다. 이러한 접근은 돌봄의 사각지대를 줄이고, 보다 효과적인 돌봄 서비스를 제공하는 데 기여하고 있다.

빅데이터를 활용한 돌봄 관리의 대표적인 사례로는 보건복지부가 추진하는 집중형 건강관리모형 실증사업이 있다. 이 사업은 건강한 노화와 삶의 질 향상을 목표로, 건강관리가 필요한 대상자를 과학적으로 발굴하고 지역사회의 보건의료 및 복지 서비스를 효과적으로 제공하기 위해 설계되었다. 노인형 모형에서는 대상자를 건강증진 기능유지군, 만성질환군, 퇴원하는 이행기 환자군, 요양병원 장기입원군, 입원치료 반복군 등 5가지 유형으로 분류하여 맞춤형 서비스를 제공한다. 장애인형 모형에서는 만성질환관리군, 평가 검진필요군, 생애주기 건강관리 필요군, 재활 중점 필요군 등 7가지 유형으로 나뉘어 서비스를 제공한다.

국민건강보험공단은 빅데이터를 활용하여 돌봄 대상자를 발굴하는 과정에서 개인정보 보호를 철저히 준수하고 있다. 대상자의 개인정보 및 서비스 제공에 대한 동의를 받은 후, 선도사업 지역에 명단을 제공하여 사업을 진행한다. 이를 통해 돌봄이 필요한 주민들이 살던 집이나 지역에서 필요한 복지 서비스를 받을 수 있도록 지원하며, 병원이나 시설 중심의 돌봄에서 벗어나 지역사회 기반의 돌봄 체계를 구축하고 있다.

2025년 현재, 지역사회 돌봄은 돌봄통합지원법의 제정을 통해 법적 기반을 강화하고 있으며, 빅데이터를 활용한 돌봄 관리가 점차 확대되고 있다.

3) 시설돌봄

시설 돌봄은 요양원, 노인복지관, 재가노인복지센터 등에서 제공되는 서비스로, 전문 인력이 상주하여 노인을 돌보는 형태이다. 이러한 시설은 노인이 필요로 하는 다양한 지원을 제공하는 중요한 역할을 하고 있으며, 특히 중증 노인이나 독거노인이 주로 이용한다. 시설 돌봄은 의료적 지원과 함께 일상 생활 지원을 제공하여, 노인이 보다 안전하고 편안한 환경에서 생활할 수 있도록 돕는다. 예를 들어, 요양원에서는 전문 간호사와 요양보호사가 상주하여 노인의 건강 상태를 지속적으로 모니터링하고, 필요한 경우 즉각적인 의료 서비스를 제공한다. 또한, 일상 생활 지원으로는 식사 준비, 개인 위생 관리, 이동 지원 등이 포함되어, 노인이 자립적으로 생활하기 어려운 부분을 보완해준다.

이러한 시설은 노인이 필요한 다양한 서비스를 통합적으로 제공할 수 있는 장점을 가지고 있다. 즉, 의료, 요양, 돌봄 서비스가 한 곳에서 이루어지므로, 노인은 여러 가지 서비스를 이용하기 위해 이동할 필요가 없고, 전문 인력의 지속적인 관리와 지원을 받을 수 있다. 이는 노인의 건강과 안전을 보장하는 데 큰 도움이 된다. 그러나 시설 돌봄은 몇 가지 문제점도 안고 있다. 우선, 대기 시간이 길어지는 것은 많은 노인이 즉각적인 돌봄 서비스를 받지 못하게 하여, 이로 인해 건강 상태가 악화될 수 있는 위험이 있다. 대기 시간이 길어지는 이유는 시설의 수용 능력과 인력 부족, 그리고 수요에 비해 공급이 부족하기 때문이다. 이러한 상황은 특히 긴급한 돌봄이 필요한 노인에게 심각한 문제로 작용할 수 있다.

또한, 서비스의 질이 지역에 따라 차이가 나는 것도 큰 문제이다. 일부 지역에서는 시설의 서비스 질이 높고, 전문 인력이 충분히 배치되어 있어 노인들이 만족스럽게 이용할 수 있지만, 다른 지역에서는 인력 부족이나 시설의 노후화로 인해 서비스의 질이 떨어지는 경우가 많다. 이는 노인의 건강과 안전에 직접적인 영향을 미치며, 노인이 필요한 지원을 받지 못하는 상황을 초래할 수 있다.

특히, 시설에 대한 사회적 인식이 부정적일 수 있어, 노인들이 시설에 입소하는 것을 꺼리는 경우도 많다. 이러한 인식은 노인이 시설에서 생활하는 것에 대한 두려움이나 부정적인 이미지에서 비롯되며, 이는 결국 노인의 선택권을 제한하는 결과를 초래할 수 있다. 많은 노인들은 시설에 입소하는 것이 자신의 자존심을 상실하는 것이라고 느끼거나, 가족과의 분리를 두려워하는 경향이 있다. 이러한 심리적 장벽은 노인이 필요한 돌봄 서비스를 받지 못하게 하여, 결국 그들의 삶의 질을 저하시킬 수 있다.

4. 돌봄 인프라 및 인력 현황

돌봄 인프라는 노인과 취약계층의 신체적, 정서적, 사회적 요구를 충족하기 위해 필요한 모든 자원과 서비스를 포함하는 체계이다. 이는 물리적 시설, 전문 인력, 최신 기술이 유기적으로 결합되어 운영되는 구조를 의미하며, 노인의 전반적인 복지와 삶의 질을 지원하는 데 핵심적인 역할을 한다. 고령화 사회에서 돌봄 인프라는 노인의 안전하고 건강한 생활을 보장하기 위해 필수적이며, 사회적 책임을 다하는 중요한 요소로 자리잡고 있다.

돌봄 인프라는 크게 물리적 시설, 전문 인력, 기술 기반 서비스로 나눌 수 있다. 물리적 시설에는 요양원, 노인복지관, 재가노인복지센터 등이 포함된다. 전문 인력은 요양보호사, 간호사, 사회복지사 등으로 구성되어 있으며, 이들은 돌봄 서비스를 제공하는 데 필수적인 역할을 한다. 기술 기반 서비스는 디지털 돌봄 서비스, 스마트 홈 기술, 원격의료 서비스 등 최신 기술을 활용하여 노인의 건강 관리와 안전 모니터링을 지원한다.

돌봄 시설은 고령화 사회에서 노인의 다양한 돌봄 요구를 충족시키기 위해 중요한 역할을 한다. 대표적인 돌봄 시설로는 요양원, 노인복지관, 재가노인복지센터가 있다. 이들 시설은 노인의 신체적, 정서적, 사회적 요구를 충족시키며, 고령화 사회에서 필수적인 복지 인프라로 자리 잡고 있다.

요양원은 신체적, 정신적 건강 상태가 좋지 않아 일상생활에서 도움이 필요한 노인들을 위한 시설로, 전문 간호사와 요양보호사가 상주하며 의료적 지원과 일상생활 지원을 제공한다. 요양원의 수는 고령화가 심화됨에 따라 꾸준히 증가하고 있으나, 지역별로 시설의 분포가 불균형한 문제가 있다.

대도시와 수도권 지역에는 비교적 많은 요양원이 위치해 있지만, 농촌이나 도서 지역에서는 시설 접근성이 낮아 노인들이 서비스를 이용하기 어려운 상황이다. 2025년 기준, 한국에는 약 1,800개의 요양원이 운영되고 있으며, 이들 요양원은 주로 대도시와 중소도시에 집중되어 있다. 예를 들어, 서울특별시에는 약 400개의 요양원이 있으며, 이는 전체 요양원의 약 22%에 해당한다.[12]

요양원의 유형은 크게 노인요양시설과 치매전담형 요양시설로 나눌 수 있다. 치매전담형 요양시설은 노인의 치매 증상을 전문적으로 관리하기 위해 설계된 시설로, 현재 약 300개소가 운영되고 있다. 이러한 시설은 전문 인력을 배치하여 치매 노인의 안전과 건강을 최우선으로 고려하고 있다.

노인복지관은 노인의 사회적 참여와 여가 활동을 지원하는 시설로, 다양한 프로그램과 서비스를 제공한다. 노인복지관은 주로 도시 지역에 집중되어 있으며, 노인의 정서적 안정과 사회적 고립 해소에 기여하고 있다.

2025년 현재, 한국에는 약 1,200개의 노인복지관이 운영되고 있으며, 이들은 노인의 사회적 참여와 복지 증진을 위한 다양한 프로그램을 제공하고 있다. 예를 들어, 서울특별시에는 약 150개의 노인복지관이 있으며, 이들 복지관에서는 건강 관리 프로그램, 여가 활동, 교육 프로그램 등을 통해 노인의 사회적 참여를 촉진하고 있다.

그러나 일부 지역에서는 복지관의 수가 부족하거나, 시설이 노후화되어 서비스의 질이 떨어지는 경우도 있다. 이를 해결하기 위해 정부와 지방자치단체는 복지관의 확충과 시설 개선을 위한 노력을 기울이고 있다.

재가노인복지센터는 노인이 자택에서 생활하면서 필요한 돌봄 서비스를 받을 수 있도록 지원하는 시설이다. 방문 돌봄, 가사 지원, 건강관리 등의 서비스를 제공하며, 노인의 자립적인 생활을 돕는다.

2025년 기준, 한국에는 약 900개의 재가노인복지센터가 운영되고 있다.[13] 이들 센터는 노인의 자택과 가까운 곳에 위치해야 효과적으로 서비스를 제공할 수 있으나, 일부 지역에서는 센터의 수가 부족하여 서비스 제공에 어려움을 겪고 있다.[14]

특히 독거노인이나 취약계층 노인에게 중요한 역할을 하고 있으며, 대도시에서는 서비스 접근성이 높고 다양한 프로그램이 운영되는 반면, 농촌 지역에서는 서비스 접근성이 낮아 돌봄 공백이 발생하는 경우가 많다. 이를 해결하기 위해 정부와 지방자치단체는 이동 서비스와 방문 돌봄 서비스를 확대하고 있으며, 지역사회 통합 돌봄 체계를 발전시키기 위해 노력하고 있다.

전문 인력은 노인의 돌봄 서비스를 제공하는 데 있어 핵심적인 요소로, 이들은 노인의 신체적, 정서적, 사회적 요구를 충족시키기 위해 필요한 다양한 서비스를 제공한다. 전문 인력의 역할은 노인의 안전과 건강을 지키는 데 매우 중요하며, 이들은 교육과 훈련을 통해 전문성을 갖추고 있다.

전문 인력에는 요양보호사, 간호사, 사회복지사 등이 포함되며, 이들은 각기 다른 분야에서 노인에게 필요한 돌봄 서비스를 제공한다. 예를 들어, 요양보호사는 일상생활에서의 신체적 돌봄을 담당하고, 간호사는 건강 관리와 관련된 전문적인 서비스를 제공한다. 사회복지사는 노인의 정서적 지원과 사회적 참여를 촉진하는 역할을 한다. 이러한 전문 인력은 노인이 자립적으로 생활할 수 있도록 돕고, 지역사회 내에서 안전하고 편안하게 생활할 수 있도록 지원한다.

전문 인력의 서비스 접근성은 돌봄 서비스의 효과를 결정짓는 중요한 요소이다. 대도시 지역에서는 다양한 전문 인력이 잘 갖추어져 있어 노인들이 쉽게 접근할 수 있는 반면, 농촌 지역이나 도서 지역에서는 전문 인력의 부족으로 인해 돌봄 공백이 발생하는 경우가 많다. 이러한 지역적 격차를 해소하기 위해 정부와 지방자치단체는 전문 인력의 교육 및 훈련을 강화하고, 이동 서비스, 방문 돌봄 서비스 등을 확대하고 있으나, 여전히 개선이 필요한 상황이다.

전문 인력의 통합적인 돌봄 서비스 제공은 노인, 장애인, 취약계층을 위한 통합적인 돌봄 체계를 발전시키는 데 기여하고 있다. 의료, 요양, 돌봄 서비스가 연계되어 제공되며, 노인이 필요한 지원을 한 곳에서 받을 수 있도록 하는 시스템은 서비스 이용의 편리성을 높이고, 노인의 다양한 필요를 충족시키는 데 효과적이다.

전문 돌봄 인력은 고령화 사회에서 필수적인 역할을 수행하며, 노인 및 장애인을 포함한 다양한 돌봄 필요를 충족시키기 위해 전문적인 교육과 훈련을 받은 인력이다. 이들은 요양보호사, 간호사, 사회복지사 등으로 구성되며, 이들의 처우와 교육, 인력 부족 문제는 사회적으로 중요한 이슈로 대두되고 있다.

자원봉사자는 돌봄 서비스의 중요한 보조 역할을 수행하지만, 최근 몇 년간 자원봉사자의 수가 감소하고 있다. 특히 10대 자원봉사자는 5년 사이에 6분의 1로 줄어들어, 전체 자원봉사자 중 17.6%에 불과하다.[15] 이러한 감소는 돌봄 서비스의 질과 양에 부정적인 영향을 미치고 있으며, 자원봉사자들이 제공하는 서비스의 지속 가능성에 대한 우려를 낳고 있다.

전문 돌봄 인력의 교육과 훈련은 이들의 전문성을 높이고, 서비스의 질을 보장하는 데 필수적이다. 예를 들어, 서울시는 요양보호사와 간호사 등 장기요양요원의 처우 개선과 지위 향상을 위해 3년마다 종합계획을 수립하고 있다.[16] 이 계획에는 적절한 보상체계와 직무 향상 교육이 포함되어 있으며, 신규 요양보호사에 대한 현장 적응 교육도 제공된다. 이러한 교육 프로그램은 돌봄 인력의 전문성을 높이고, 이들이 안정적으로 근무할 수 있는 환경을 조성하는 데 기여하고 있다.

전문 돌봄 인력의 처우는 여전히 열악한 상황이다. 많은 요양보호사들이 경력에 비해 최저임금 수준의 급여를 받고 있으며, 평균 월급은 87만 원에서 200만 원 사이로 나타난다.[17] 이러한 처우는 인력의 이직률을 높이고, 돌봄 서비스의 질을 저하시킬 수 있는 요인으로 작용하고 있다. 따라서, 정부와 관련 기관은 처우 개선을 위한 정책을 마련하고, 장기근속 장려금 제도를 개선하는 등의 노력이 필요하다.

전문 돌봄 인력의 부족 문제는 심각한 상황이다. 2025년에는 초고령사회에 진입할 것으로 예상되며, 이에 따라 요양보호사의 수요는 더욱 증가할 것이다. 그러나 현재 요양보호사 자격증을 취득한 인원은 280만 명에 달하지만, 실제로 일하는 인원은 68만 명에 불과하다.[18] 이는 열악한 근무 환경과 처우로 인해 젊은 인력들이 돌봄 분야에 진입하지 않기 때문이다. 따라서, 돌봄 인력 부족 문제를 해결하기 위해서는 근무 조건을 개선하고, 외국인 노동자 도입과 같은 다양한 방안을 모색중이다.

5. 디지털 돌봄 서비스

디지털 돌봄 서비스는 고령화 사회에서 노인 및 돌봄이 필요한 사람들에게 제공되는 서비스로, 정보통신기술(ICT)과 인공지능(AI) 등의 디지털 기술을 활용하여 개인 맞춤형 돌봄을 지원하는 시스템을 의미한다. 이러한 서비스는 노인의 건강 관리, 안전 모니터링, 사회적 상호작용 증진 등을 목표로 하며, 특히 고립된 노인들에게 큰 도움이 된다.

디지털 돌봄 서비스는 전통적인 돌봄 방식에 디지털 기술을 접목하여 보다 효율적이고 접근성 높은 돌봄을 제공하는 것을 목표로 한다. 이 서비스는 접근성 향상, 개인 맞춤형 서비스 제공, 사회적 상호작용 증진 등의 중요성을 지니고 있다. 디지털 기술을 통해 노인들은 언제 어디서나 필요한 돌봄 서비스를 받을 수 있으며, AI와 데이터 분석 기술을 활용하여 각 개인의 건강 상태와 필요에 맞춘 맞춤형 돌봄 서비스를 제공할 수 있다. 또한, 디지털 플랫폼을 통해 노인들은 가족 및 친구들과의 소통을 유지할 수 있어 고립감을 줄이고 정서적 안정을 도모하는 데 도움이 된다.

최근 몇 년간 디지털 기술의 발전은 돌봄 서비스의 방식에 큰 변화를 가져왔다. 특히 AI, IoT(사물인터넷), 빅데이터 등의 기술이 통합되면서 AI 기반 돌봄 로봇이 노인의 일상생활을 지원하고 정서적 지지를 제공하는 역할을 하게 되었다. IoT 센서를 통해 노인의 건강 상태를 실시간으로 모니터링할 수 있으며, 데이터 관리 시스템이 발전하고 있다.[19] 이러한 시스템은 돌봄 제공자의 업무 부담을 줄이고 서비스의 품질을 향상시킨다.

디지털 돌봄 서비스는 정보통신기술(ICT)을 활용하여 노인의 건강과 안전을 관리하는 서비스이다. 예를 들어, 스마트폰 애플리케이션이나 웨어러블 기기를 통해 노인의 건강 상태를 모니터링하고, 이상 징후가 감지되면 가족이나 의료진에게 즉시 알리는 시스템이 있다. 이러한 기술은 노인의 자립성을 유지하면서도 안전을 보장한다.

스마트 홈 기술은 노인의 생활 환경을 개선하는 데 활용되고 있다. 음성 인식 기술을 통해 조명을 켜거나 가전제품을 제어할 수 있는 시스템이 개발되어 노인의 편리한 생활을 지원하고 있다. 또한, 낙상 감지 센서나 응급 호출 버튼과 같은 기술은 노인의 안전을 보장하는 데 중요한 역할을 한다.

그림 4 Goover(디지털 기술을 통해 교육과 돌봄 서비스의 혁신을 추구하는 플랫폼)의 "AI의 혁신적 통합: 디지털 에이징과 노인복지사업의 미래 비즈니스 모델" 리포트, 2025.01.26.

원격 의료 서비스는 의료 접근성이 낮은 지역의 노인들에게 큰 도움을 주고 있다. 화상 통화나 온라인 플랫폼을 통해 의사와 상담하거나 건강 상태를 점검받을 수 있는 서비스로, 특히 만성 질환을 가진 노인들에게 유용하다. 이는 병원 방문이 어려운 노인들에게 의료 서비스를 제공함으로써 건강 관리의 사각지대를 줄이는 데 기여하고 있다.

인공지능(AI)과 로봇 기술은 돌봄 서비스의 효율성을 높이는 데 활용되고 있다. AI 기반의 대화형 로봇은 노인과의 대화를 통해 정서적 지지를 제공하고, 약물 복용 시간이나 일정을 알림으로써 노인의 일상생활을 지원한다. 또한, 돌봄 로봇은 신체적 지원이 필요한 노인을 돕는 데 사용되며, 이는 돌봄 인력의 부담을 줄이는 데 기여하고 있다.

디지털 돌봄 서비스는 정보통신기술(ICT)을 활용하여 노인의 건강과 안전을 관리하는 서비스이다. 예를 들어, 스마트폰 애플리케이션이나 웨어러블 기기를 통해 노인의 건강 상태를 모니터링하고, 이상 징후가 감지되면 가족이나 의료진에게 즉시 알리는 시스템이 있다. 이러한 기술은 노인의 자립성을 유지하면서도 안전을 보장한다.[20]

6. 노인복지 정책의 통합적 접근과 지속성

고령화 사회에 대응하기 위해서는 통합적 접근과 지속 가능한 돌봄 시스템 구축이 필수적이다. 한국은 2025년 현재 65세 이상 인구가 전체 인구의 20%를 초과하며 초고령사회에 진입했다. 이러한 상황은 기존의 돌봄 체계로는 감당하기 어려운 복잡한 사회적 요구를 야기하고 있다. 이에 따라 지역사회 중심의 통합 돌봄 체계와 지속 가능한 정책적 기반 마련이 중요하다. 고령화 사회에서 돌봄 수요는 급격히 증가하고 있다.

예를 들어, 2025년 기준으로 한국의 85세 이상 인구는 빠르게 증가하고 있으며, 치매 환자 수는 100만 명을 넘어섰다..('저출산고령사회위원회', "한국이 초고령사회가 됐어요!", 2025.01.16.)

이러한 상황에서 기존의 병원 및 시설 중심의 돌봄 체계는 한계를 드러내고 있다. 이에 대응하기 위해 지역사회 통합돌봄(커뮤니티 케어)이 도입되었으며, 이는 노인들이 익숙한 지역에서 독립적이고 품위 있는 삶을 유지할 수 있도록 지원하는 것이 목표이다.

지역사회 통합돌봄은 주거, 보건의료, 요양, 복지 서비스를 하나로 통합하여 제공하는 혁신적인 체계로, 돌봄이 필요한 주민들이 자신이 살던 지역에서 건강하고 품위 있는 삶을 유지할 수 있도록 지원한다. 광주 서구와 경기 부천에서 진행된 선도사업은 노인들의 삶의 질을 향상시키는 데 중점을 두었으며, 주거환경 개선, 이동 지원, 방문 건강관리 등 개인 맞춤형 서비스를 통해 긍정적인 변화를 이끌어냈다. 특히, 케어안심주택의 확충과 주거환경 개선은 노인들이 안전하고 편안한 생활을 지속할 수 있는 기반을 마련했으며, 커뮤니티 공간 조성을 통해 지역 공동체의 활력을 높이는 데 기여했다.

돌봄 체계의 지속 가능성을 확보하기 위해서는 예방적 돌봄 체계 구축이 중요하다. 예방적 돌봄은 노인의 건강 악화를 사전에 방지하고, 재가 생활을 지속적으로 지원하는 것을 목표로 한다. 이를 위해 케어매니저 제도의 도입이 필수적이다. 케어매니저는 돌봄 대상자의 상태를 면밀히 파악하고, 맞춤형 케어플랜을 수립하며, 다학제적 협업을 조율하는 역할을 수행한다. 예를 들어, 일본의 지역포괄케어시스템은 케어매니저를 중심으로 의료, 돌봄, 복지 서비스를 통합적으로 제공하여 노인의 삶의 질을 향상시키고 있다.

지역 간 서비스 격차를 해소하고 돌봄 체계의 지속 가능성을 보장하기 위해 법적 재정적 기반 마련이 중요하다. 이를 위해 중앙정부와 지방자치단체는 협력 통합돌봄조례를정하고, 재정 지원을 모든 지역에서 통합돌봄 사업이 가능하도록 노력하고 있다. 2025년 현재 보건복지부는 다양한 지역에서 통합돌봄 시범사업을 진행하며, 지역 특성에 맞춘 맞춤형 서비스를 제공하고 있다. 몇 가지 주요 사례를 소개한다.

광주광역시 서구: 의료 돌봄 통합지원 시범사업[21]

광주광역시 서구는 2023년 7월부터 의료 돌봄 통합지원 시범사업을 시작하여 2025년 말까지 진행 중이다. 이 사업은 노인들이 살던 곳에서 계속 거주하며 필요한 의료와 돌봄 서비스를 받을 수 있도록 지원하는 것을 목표로 한다. 이를 통해 노인들이 건강하고 안전한 노후를 보낼 수 있도록 돕고 있으며, 지역사회와의 협력을 통해 커뮤니티 기반의 돌봄 체계를 구축하고 있다.

광주 서구는 보건복지부 공모를 통해 선정된 12개 지방자치단체 중 하나로, 돌봄이 필요한 75세 이상 고령자와 급성기 요양병원 퇴원환자를 주요 대상으로 삼고 있다. 이 사업은 병원 및 시설 입원을 예방하고 재가 돌봄 서비스를 강화하기 위해 다양한 연계 체계를 구축하고 있다. 주요 서비스로는 병원 퇴원환자 연계체계 구축, 방문의료지원센터 운영, 서구재택의료센터 활성화, 스마트돌봄정보센터 설치 등이 포함된다. 특히, AI IOT ICT 기술을 활용한 '스마트 돌봄서구'를 통해 돌봄 서비스의 효율성을 높이고 있다.

재가 돌봄 서비스는 주거지원, 보건의료지원, 일상생활지원, 스마트돌봄 등으로 구성되어 있다. 주거지원은 주택 개보수와 케어안심주택 제공을 포함하며, 보건의료지원은 방문진료, 구강케어, 방문맞춤운동, 집중형 건강지원 등을 포함한다. 일상생활지원은 방문도우미, 방문목욕, 맞춤영양음식 제

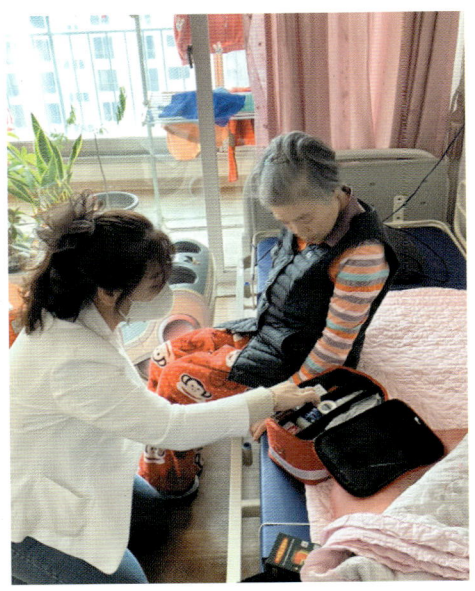

그림 5 서구재탁의료센터 의사, 간호사가 거동이 불편한 어르신 집으로 방문하여 진료·간호 활동을 하고 있다.(사진제공=광주광역시 서구청)
https://mgj.nocutnews.co.kr/news/5961009

공, 돌봄택시 운영, 병원 동행, 24시간 안심출동 서비스 등을 포함하며, 스마트돌봄은 AI 복지사와 스마트 주거 돌봄을 통해 기술 기반의 돌봄 서비스를 제공한다.

광주 서구는 통합지원 업무를 전담하는 '스마트통합돌봄담당관'을 두고 42명의 인원을 배치하여 방문보건의료, 생활지원, 스마트돌봄, 주거지원 등 총 35종의 서비스를 제공하고 있다. 이러한 노력은 지역사회 통합돌봄 부문에서 높은 평가를 받아 2023년 지역복지평가에서 최우수상을 수상하기도 했다. 보건복지부는 이 사업을 통해 어르신들이 살던 곳에서 의료와 돌봄 서비스를 끊김 없이 받을 수 있는 체계를 구축하

고, 건강한 지역사회 노후생활을 지원하기 위해 최선을 다하고 있다.

경남 거창군: 돌봄거점센터 운영[22]

경남 거창군은 보건복지부의 의료 돌봄 통합지원 사업에서 우수 기관으로 선정된 사례로, 지역 특성에 맞는 돌봄 체계를 확립하기 위해 다양한 노력을 기울이고 있다. 거창군은 돌봄거점센터를 운영하며, 주민 살던 곳에서 의료와 돌봄 서비스를 통합적으로 받을 수 있도록 지원하고 있다. 특히, 암환자 주치의제를 통해 전문 의료진이 가정을 방문하여 상담과 진료를 제공하는 맞춤형 서비스를 시행하고 있다[2암환자 주치의제는 지역와 보건소가 협력하여 암환자의 건강을 관리하는 사업으로, 환자의 가정을 직접 방문하여 필요한 의료적 처치와 상담을 제공한다. 이 제도는 암환자가 대도시 병원으로 이동해야 하는 불편함을 줄이고, 지역 내에서 안정적으로 치료를 받을 수 있도록 돕는다. 예를 들어, 거창군에서는 전문 의료진이 환자의 증상을 진단하고 응급상황에 신속히 대 환자의 생명을 구한 사례가 있다. 이러한 방문 진료 환자의 심리적 안정과 정보 부족 문제를 해소하는 데도 큰 도움을 주 있다.

거창군은 돌봄 서비스의 내실을 다지기 위해 통합돌봄센터를 기존 3개소에서 4개소로 확대하고, 권역별 인프라를 구축하여 돌봄 혜택을 더욱 강화하고 있다. 또한, 퇴원 연계 간병지원, 주 개선 취약계층 집 정리, 이동지원 서비스 등 다양한 생활 밀착형 서비스를 제공하며 복 사각지대를 해소하고 있다. 이러한 노력은 지역 주민들이 살던 곳에서 독립적으로 생활할 수 있도록여하고1군의 통합돌봄 사업은 지역사회와의 협력을 통해 이루어지고 있으며, 주민이 주민을 돌보는 자원봉사자인 마을활동가를 양성하여 촘촘한 인적 안전 복지망을 형성하고 있다. 이와 함께, 돌봄 사각지대를 직접 찾아가는 찾아가는 돌봄서비스를 운영하며, 지역사회 내 복지 체계를 강화하고 있다. 이러한 노력은 고령화 시대에 맞춰 지역 주민들의 삶의 질을 향상시키고, 지속 가능한 돌봄 체계를하는 데 중요한 역할을 하고 있다.[23]

그림 6 거창군 마리면 영승마을에서 함께 찾아가는 경남 통합돌봄버스사업을 실시하고 있다.(경남일보(https://www.gnnews.co.kr)
https://www.gnnews.co.kr/news/articleView.html?idxno=607935

전라북도 정읍시: 후기고령자 퇴원자 통합돌봄[24]

전라북도 정읍시는 후기고령자와 퇴원환자를 대상으로 한 통합돌봄 시범사업을 진행하고 있다. 이 사업은 기존의 병원 중심 돌봄 체계에서 벗어나 재가 노인 맞춤형 방문 서비스를 확대하고, 의료와 돌봄 서비스 간의 연계를 강화하는 것을 목표로 한다. 이를 통해 퇴원 후에도 안정적으로 지역사회에서 생활할 수 있도록 지원하고 있다.

정읍시는 장기요양 재가급여자, 일시적인 의료 및 돌봄 수요가 있는 군, 급성기 및 요양병원 퇴원환자 등을 주요 대상으로 삼고 있다. 대상자는 장기요양 데이터와 건강보험 정보, 병원과 지자체 간 의뢰 체계를 통해 발굴된다. 이러한 접근 방식은 돌봄 공백을 줄이고, 대상자들이 퇴원 후에도 필요한 서비스를 받을 수 있도록 돕고 있다.

정읍시는 의료급여 사례관리사업과 연계하여 의료급여 수급자의 안정적인 재가 생활을 지원하고 있다. 이를 위해 유관기관 간 협력을 강화하며, 지속적인 간담회를 통해 돌봄 공백 해소와 건강증진을 도모하고 있다. 이러한 노력은 사례관리의 사각지대를 줄이고, 지역 내 돌봄 체계를 더욱 촘촘히 구축하는 데 기여하고 있다. 이 시범사업은 후기고령자와 퇴원환자가 살던 곳에서 계속 거주하며 필요한 의료와 돌봄 서비스를 받을 수 있도록 지원하는 데 초점을 맞추고 있다. 이를 통해 대상자들의 삶의 질을 높이고, 지역사회에서의 안정적인 생활을 보장하는 데 중요한 역할을 하고 있다.

부산 수영구: 기술지원형 통합돌봄 시범사업[25]

부산 수영구는 2025년부터 보건복지부가 주관하는 의료 돌봄 통합지원 기술지원형 시범사업에 참여하고 있다. 이 사업은 돌봄통합지원법의 전국 시행(2026년 3월)을 앞두고 지역사회 내 통합돌봄 체계를 구축하

그림 7 인지강화 프로그램 "두뇌넉넉",정읍시 실버노인복지관 익힘터에서
http://www.jusc.or.kr/gallery/3967

기 위한 준비 단계로, 대상자 중심의 서비스 통합지원 체계를 확산하는 것을 목표로 한다. 수영구는 이 사업을 통해 지역 특성에 맞는 맞춤형 돌봄 서비스를 제공하며, 지역 전문가와의 협력을 통해 체계적인 돌봄 모델을 개발하고 있다.

주요 서비스로는 빅데이터를 활용한 대상자 발굴, 전담 인력 배치, 멘토링 등이 포함된다. 빅데이터를 통해 돌봄이 필요한 주민을 과학적으로 식별하고, 이를 기반으로 적합한 서비스를 제공하는 체계를 마련하고 있다. 또한, 전담 인력을 배치하여 돌봄 서비스의 질을 높이고, 멘토링 프로그램을 통해 지역 내 돌봄 담당자들의 역량을 강화하고 있다.

수영구는 이러한 기술지원형 시범사업을 통해 지역 주민들이 살던 곳에서 안정적으로 생활할 수 있도록 지원하며, 행복한 노후를 보낼 수 있는 환경을 조성하고 있다. 정부는 수영구를 포함한 시범사업 참여 지자체에 1:1 컨설팅, 시스템 구축, 교육 프로그램 제공 등을 지원하며, 2026년 본사업 시행에 대비하고 있다.

충청남도 청양군: 지역사회 기반 돌봄[26]

충청남도 청양군은 지역사회와의 협력을 통해 커뮤니티 기반의 돌봄 체계를 구축하며, 노인과 취약계층이 살던 곳에서 독립적으로 생활할 수 있도록 다양한 지원을 제공하고 있다. 청양군은 2019년 지역사회 통합돌봄 선도 지자체로 선정된 이후, 지속적으로 돌봄 체계를 강화하고 있으며, 이를 통해 주민들의 삶의 질을 향상시키는 데 기여하고 있다.

청양군은 의료와 돌봄 서비스 간의 연계를 강화하여 노인들이 요양병원이나 시설에 가지 않고도 살던 집에서 건강하게 생활할 수 있도록

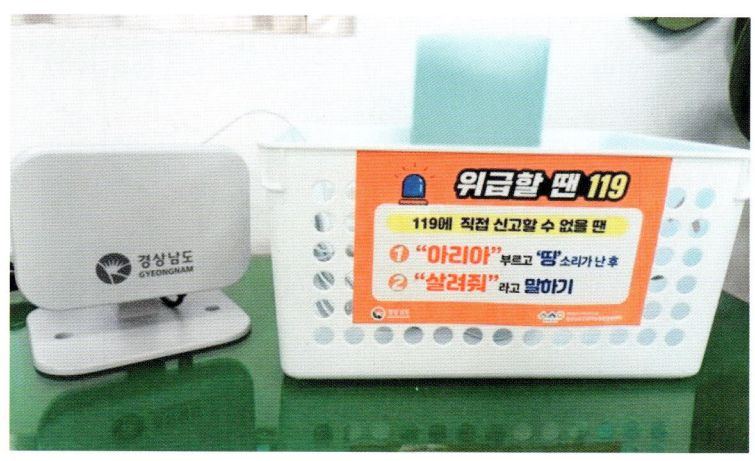

그림 8 독거노인, 만성질환자 등 취약계층 보호를 위해 정보 통신 기술(ICT)과 연계하여 추진하는 '인공지능 통합돌봄사업' http://www.ikbn.news/news/article.html?no=148430

그림 9 충남 청양군 어르신 정서지원프로그램의 한 장면(사진 청양군 제공)
https://www.chungnamilbo.co.kr/news/articleView.html?idxno=689468

지원하고 있다. 주요 서비스로는 방문진료, 식사 배달, 안전 확인 등이 포함되며, 이러한 서비스는 지역 내 민관 협력을 통해 제공된다. 특히, 청양군은 고령자복지주택과 통합돌봄센터를 연계하여 의료, 요양, 돌봄, 주거 서비스를 통합적으로 제공하는 체계를 구축하였다. 이를 통해 고령자들이 다양한 욕구를 충족하며 편안한 노후를 보낼 수 있도록 돕고 있다.

청양군은 또한 지역 특성에 맞춘 맞춤형 돌봄 모델을 개발하고 있다. 예를 들어, '찾아가는 돌봄버스' 서비스를 통해 마을회관, 경로당 등 주요 거점과 면사무소, 보건지소를 연결하며 이동이 어려운 주민들에게 접근성을 높이고 있다. 이러한 서비스는 주민자치회와 마을자치회 등 지역 공동체와의 협력을 통해 운영되며, 지역 주민들이 주체적으로 돌봄 체계에 참여할 수 있도록 장려하고 있다.

청양군의 통합돌봄 사업은 지역사회와의 협력을 통해 지속 가능한 돌봄 체계를 구축하고 있다. 이를 위해 청양군은 지역사회 통합돌봄 협의체를 운영하며, 다직종 전문가들과 함께 사업의 추진 방향을 논의하고, 부족한 부분을 지속적으로 보완하고 있다. 이러한 노력은 지역 내 돌봄 사각지대를 해소하고, 주민들이 소외되지 않도록 하는 데 기여하고 있다.

제3장 종교단체와 정부의 협력이 미치는 긍정적인 영향과 사례

종교단체와 정부 간의 협력은 노인복지의 발전에 있어 중요한 역할을 한다. 종교단체는 지역사회에서 자선 활동을 통해 노인들에게 직접적인 지원을 제공하며, 노인요양시설, 무료급식소, 쉼터 등을 운영하여 정부 복지제도가 미치지 못하는 부분을 보완한다. 2024년 보건복지부 자료에 따르면, 노인의료복지시설(노인요양시설, 노인요양공동생활가정)의 전체 시설 수는 6,139개소로 집계되었으며, 이는 2023년 대비 70개소 증가한 수치이다. 이 중 종교단체가 운영하는 시설의 비율은 약 20%로 유지되고 있으며, 기독교가 약 43.5%, 불교가 약 25%, 천주교가 약 21%를 차지하고 있다. 이러한 비율은 2010년과 유사한 수준을 유지하고 있지만, 전체 시설 수의 증가로 인해 종교단체가 운영하는 시설의 절대적인 수는 증가한 것으로 보인다.

종교단체의 활동은 정부와 협력할 경우 더 많은 자원을 확보할 수 있어 서비스의 범위와 규모를 확대할 수 있다. 특히 정부의 보조금과 정책적 지원은 종교단체가 안정적으로 복지사업을 운영하는 데 중요한 기반이 된다. 2025년에는 노인복지시설의 운영 기준과 평가 지표가 강화되었으며, 정부는 치매 전담형 장기요양기관과 같은 전문화된 시설에 대한 지원을 확대하고 있다. 이러한 정책적 변화는 종교단체가 운영하는 시설의 질적 향상을 도모하고, 더 많은 노인들에게 전문적인 돌봄 서비스를 제공할 수 있는 환경을 조성하고 있다.[27]

종교단체와 정부 간의 협력은 노인복지의 질적 향상과 사각지대 해소에 중요한 역할을 한다. 종교단체는 신앙을 기반으로 한 돌봄을 제공하며, 정부는 이를 지원함으로써 복지 서비스의 범위를 확대하고 안정성을 강화할 수 있다. 이러한 협력은 노인복지의 발전뿐만 아니라 사회적 연대를 강화하는 데도 기여할 수 있다.

종교단체는 노인들에게 신앙을 기반으로 한 심리적 안정과 정서적 지원을 제공한다. 이는 노인들이 삶의 마지막 단계에서 존엄성을 유지하며 생을 마감할 수 있도록 돕는다. 예배, 미사, 예불 등 종교 활동은 노인들의 정신적 건강을 증진시키는 데 중요한 역할을 한다. 정부와 협력하여 이러한 종교적 돌봄을 공식적인 복지 서비스로 통합하면, 더 많은 노인들이 혜택을 받을 수 있다. 예를 들어, 고창군노인요양원은 지역교회와 협력하여 매주 주일예배를 드리고, 어르신들의 고향 모교회에서 예배를 드리는 프로그램을 운영하며 높은 만족도를 얻고 있다.

정부의 복지제도는 자원 부족이나 행정적 한계로 인해 모든 노인들에게 충분한 서비스를 제공하지 못하는 경우가 있다. 종교단체는 이러한 사각지대를 보완하는 역할을 한다. 특히 종교단체는 지역사회와 밀접하게 연결되어 있어, 정부가 접근하기 어려운 취약계층에게 유연하고 즉각적인 지원을 제공할 수 있다. 예를 들어, 캐나다에서는 지방 공공단체와 민간단체가 협력하여 독거노인을 위한 홈헬프서비스, 음식배

달서비스, 주간보호서비스 등을 제공하며, 이러한 프로그램은 주정부와 민간단체, 이용자가 비용을 분담하는 형태로 운영된다.

종교단체는 기존의 시설, 토지, 인적 자원을 활용하여 복지 서비스를 제공할 수 있다. 정부와 협력하면 이러한 자원의 활용도가 더욱 높아질 수 있다. 예를 들어, 미국의 가톨릭계 버펄로 교구는 교구 소유의 토지에 아파트를 지어 은퇴 사제들의 주거 공간으로 활용하고 있으며, 이는 종교단체의 자원을 효율적으로 활용한 사례로 평가받고 있다.

종교단체와 정부 간 협력은 지역사회 내에서 사회적 연대를 강화하는 데 기여한다. 종교단체는 지역 주민들과의 신뢰를 바탕으로 복지사업을 운영하며, 정부는 이를 통해 지역사회의 참여를 유도할 수 있다. 이러한 협력은 노인복지뿐만 아니라 전체적인 사회복지 체계를 강화하는 데 중요한 역할을 한다. 예를 들어, 지역교회는 자원봉사 네트워크를 활성화하여 청년과 중장년 세대가 노인돌봄 활동에 참여하도록 유도하며, 세대 간 연대를 강화하고 있다.

종교단체와 정부 간 협력에는 몇 가지 도전 과제가 존재한다. 종교단체의 복지사업은 종종 전문성과 체계성이 부족하여 서비스의 중복이나 누락이 발생할 수 있다. 또한 정부의 행정적 규제와 종교단체의 자율성 간의 갈등이 협력을 저해할 수 있다. 이러한 문제를 해결하기 위해서는 양측 간의 명확한 역할 분담과 지속적인 소통이 필요하다.

종교단체와 정부 간의 협력은 노인복지의 질적 양적 향상에 기여하며, 복지 사각지대를 해소하고 노인들에게 심리적 안정과 정서적 지원을 제공하는 데 중요한 역할을 한다. 이러한 협력은 지역사회와 국가 차원에서 복지 체계를 강화하는 데 필수적이며, 앞으로도 지속적으로 확대될 필요가 있다.

1. 온누리사랑채노인종합복지센터

온누리사랑채노인종합복지센터는 이계상 목사의 개인적인 경험과 지역사회 복지에 대한 헌신에서 비롯되었다. 이 목사는 어린 시절부터 노인들에 대한 깊은 관심과 애정을 가지고 있었다. 그는 자신의 할머니가 고령으로 인해 거동이 불편해지면서 가족들이 돌봄의 어려움을 겪는 모습을 가까이에서 지켜보았다. 당시 가족들은 할머니를 돌보는 데 최선을 다했지만, 전문적인 돌봄 서비스의 부재로 인해 많은 한계를 느꼈다. 이 경험은 이 목사에게 노인돌봄의 중요성과 전문적인 지원의 필요성을 절실히 깨닫게 했다. 또한, 그는 목회 활동 중에 지역사회 내에서 홀로 사는 노인들이나 가족의 돌봄을 받지 못하는 노인들을 자주 접하게 되었고, 이들의 고립감과 어려움을 해결하기 위해 무엇을 할 수 있을지 고민하게 되었다.[28]

온누리사랑채노인종합복지센터는 2012년 12월, 경기도 평택시 안중읍에 설립되었다. 이후 세 차례의 증축을 통해 건축 면적을 3979㎡로 확장했다. 설립 이후 다양한 노인복지 서비스를 제공하며 지역사회의 중요한 복지 거점으로 자리 잡았다. 주요 서비스로는 주간보호 서비스, 방문 요양 서비스, 송영 서비스 등이 있으며, 노인들의 여가와 건강을 증진시키기 위한 다양한 프로그램도 운영하고 있다. 예를 들어, 노래교실, 체조, 미술 활동 등은 어르신들의 정서적 안정과 신체적 건강을 돕는 데 기여하고 있다. 특히, 이동이 어려운 어르신들을 위한 송영 서비스는 이용자들로부터 큰 호응을 얻고 있다. 이 서비스는 단순히 이동을 돕는 것을 넘어, 어르신들이 지역사회와 연결될 수 있는 중요한 다리 역할을 하고 있다. 현재 정원은 87명으로, 많은 어르신들이 함께 생활하고 있다.

인지 기능 향상 프로그램

기억력 강화를 위해 단어 기억 게임, 속담 맞추기, 그림자 맞추기, 틀린 그림 찾기 등의 활동을 진행한다. 주의력 및 집중력을 향상시키기 위해 O/X 퀴즈, 퍼즐 맞추기, 채소 키우기와 같은 활동을 제공한다. 문제 해결 능력을 키우기 위해 킹 클래스나 피규어 만들기와 같은 창의적인 활동을 진행한다.

감각 및 신체 활동으로는 손동작 운동, 마사지, 요가, 공기압 치료와 같은 감각 자극 활동을 포함하며, 실버 체조, 걷기 프로그램, 근력 강화 운동과 같은 운동 치료를 통해 신체 건강을 증진한다.

예술 및 창작 활동으로는 그림 그리기, 색칠하기, 공예 활동과 같은 미술 치료를 진행하며, 악기 연주, 음악 감상, 동화 구연과 같은 음악 치료를 통해 창의성과 감정을 표현할 수 있도록 돕는다.

생애 회상 요법을 통해 어르신들이 자신의 삶을 회상하며 긍정적인 기억을 떠올리고, 삶의 의미를 재발견하도록 돕는다. "라떼는 말이야"와 같은 프로그램을 통해 과거 경험을 공유하며 사회적 교류를 촉진한다.

사회적 상호작용을 위해 야외 나들이, 노래 자랑, 영화 감상과 같은 활동을 진행하며, 스마트 기기를 활용한 비대면 프로그램을 통해 지속적인 자극을 제공한다.

치매 예방 교실을 운영하여 경도인지장애군을 대상으로 인지 강화 활동을 진행하며, 미술, 음악, 운동, 작업 치료를 포함한 다양한 프로그램을 제공한다. 경증 치매 환자를 대상으로 낮 시간 동안 보호하며 전문적인 인지 자극 프로그램을 제공하는 인지 재활 프로그램을 운영하며, 원예, 음악, 미술 치료 등을 포함하여 치매 예방 및 관리를 돕는다.

비용

하루당 비용이 등급에 따라 차등 적용된다. 예를 들어, 1등급 노인의 경우 공단수가는 90,450원이며, 본인 부담금은 일반적으로 18,090원이다. 감경 혜택을 받을 경우 의료 감경은 10,850원, 추가 감경은 7,230원으로 조정된다.[29]

운영 프로그램으로는 치매 어르신들을 위한 인지 기능 향상 프로그램으로 예배, 인지 초급 중급 고급반이 운영되며, 운동 보조 활동으로 산책과 실버건강체조가 포함된다. 또한, 문화 활동으로 음악 앨범 감상, 손마사지, 자율 프로그램 등이 제공된다.

온누리사랑채의 벤치마킹할 만한 요소로는 무엇보다 통합 서비스 제공 방식이다. 즉 요양원, 주간보호센터, 교육원, 교회를 함께 운영함으로써 지역사회와의 연계를 강화하고 있다. 그뿐아니라 치매 어르신을 위한 전문적인 접근법을 시도하고 있다. 사소한 일 같지만 치매 어르신들과의 소통을 위해 한껏 밝은 표정과 몸짓을 한다. 그리고 자연 친화적인 환경 조성을 꼽을 수 있다. 온누리사랑채 시설 내에서 닭을 키우고 유실수를 심어 고향의 정취를 듬뿍 느낄 수 있다.

온누리사랑채 노인종합복지센터의 운영 방식, 비용 구조, 프로그램 구성 등 구체적인 정보와 최근 상황은 다음 url을 참고하면 된다.

http://xn-o80bjk49qbknqvaytfni7b.net/index.php

| 그림 10 이계상 목사와 온누리사랑채 어르신들 https://news.na.or.kr/gyodan/143

2. 구세군과천양로원

구세군과천양로원은 1979년에 설립되었으며, 구세군의 철학인 "사랑과 봉사"를 바탕으로 노인복지의 필요성을 절감한 결과로 탄생했다. 설립 동기는 당시 한국 사회가 급격한 산업화와 도시화로 인해 전통적인 가족 중심의 돌봄 체계가 약화되고, 홀로 사는 노인들이 증가하는 상황에서 비롯되었다. 특히, 구세군은 경제적 어려움과 사회적 고립으로 인해 돌봄의 사각지대에 놓인 노인들에게 안정적이고 따뜻한 보금자리를 제공하고자 했다. 구세군과천양로원은 단순히 노인들을 수용하는 시설이 아니라, 노인들이 존엄성과 행복을 유지하며 삶을 영위할 수 있는 공간을 만들겠다는 목표로 설립되었다.

구세군은 설립 초기부터 노인복지의 중요성을 강조하며, 양로원을 단순한 생활 공간이 아닌, 노인들이 신체적, 정서적, 영적으로 건강한 삶을 누릴 수 있는 복합적인 복지 공간으로 운영하고자 했다. 이를 위해 구세군은 노인복지 전문가와 사회복지사, 의료진 등을 배치하여 체계적이고 전문적인 서비스를 제공하기 시작했다.

현재 구세군과천양로원은 경기도 과천시에 위치하며, 약 100여 명의 노인들이 생활하고 있다. 이곳은 경제적 어려움이나 가족의 부재로 인해 돌봄이 필요한 노인들에게 안정적인 주거 환경과 다양한 복지 서비스를 제공하고 있다. 주요 서비스로는 식사 제공, 의료 지원, 정서적 상담, 여가 프로그램 등이 있으며, 노인들의 신체적 건강을 유지하기 위한 운동 프로그램과 정서적 안정을 위한 예배 및 종교 활동도 활발히 이루어지고 있다.

특히, 구세군과천양로원은 노인들의 사회적 고립을 해소하기 위해 다양한 커뮤니티 활동을 운영하고 있다. 예를 들어, 미술 치료, 음악 활동, 독서 모임, 텃밭 가꾸기 등은 노인들이 일상 속에서 활력을 찾고, 서로 교류하며 삶의 의미를 되새길 수 있도록 돕고 있다. 또한, 의료진과의 정기적인 건강 상담과 치매 예방 프로그램도 운영 중이며, 노인들의 신체적 정신적 건강을 종합적으로 관리하고 있다.

구세군과천양로원에 대한 이용자들과 가족들의 반응은 대체로 긍정적이다. 이용자들은 양로원이 단순히 생활 공간을 제공하는 것을 넘어, 노인들의 삶의 질을 향상시키는 데 실질적인 도움을 준다고 평가하고 있다. 특히, 정기적인 건강 관리와 다양한 여가 프로그램은 노인들에게 신체적 정서적 안정감을 제공하며, 이곳에서 생활하는 노인들은 "가족 같은 따뜻함"을 느낀다고 말한다.

가족들 또한 양로원의 전문적인 돌봄 서비스와 따뜻한 환경에 대해 높은 만족도를 보이고 있다. 한 가족은 "부모님이 이곳에서 생활하시면서 건강도 좋아지시고, 정서적으로도 안정되셨다"며 감사의 마음을 전하기도 했다. 특히, 양로원의 직원들이 노인 개개인의 필요를 세심하게 파악하고, 맞춤형 서비스를 제공하는 점에서 신뢰를 얻고 있다.

구세군과천양로원은 노인들의 신체적, 정서적, 영적 요구를 종합적으로 충족시키는 통합적 복지 모델을 운영하고 있다. 단순히 주거 공간을 제공하는 것을 넘어, 의료 지원, 정서적 상담, 여가 프로그램 등을 체계적으로 결합하여 노인들의 삶의 질을 향상시키고 있다. 이러한 통합적 접근은 정부가 노인복지 정책을 설계할 때 참고할 만한 중요한 요소다. 또한, 양로원은 노인들의 사회적 고립을 해소하기 위해 다양한 커뮤니티 활동을 운영하고 있다. 이는 노인들이 서로 교류하며 정서적 안정감을 느낄 수 있도록 돕는 중요한 역할을 한다. 정부는 이러한 커뮤니티 중심의 프로그램을 지역사회 노인복지 시설에 확대 적용할 수 있다.

구세군과천양로원은 노인 개개인의 필요를 세심하게 파악하고, 이에 맞는 맞춤형 서비스를 제공하고 있다. 이는 노인복지 서비스의 질을 높이는 데 중요한 요소로, 정부가 노인복지 정책을 설계할 때 참고할 만한 사례다. 더불어, 이곳은 종교적 활동과 정서적 상담을 통해 노인들에게 심리적 안정감을 제공하고 있다. 이는 노인복지에서 종교적 정서적 지원이 얼마나 중요한지를 보여주는 사례로, 정부가 노인복지 정책에 정서적 지원 요소를 포함시키는 데 참고할 수 있다. 뿐만 아니라, 구세군과천양로원은 지역사회와의 협력을 통해 다양한 자원을 활용하고 있다. 예를 들어, 지역 병원과의 연계를 통해 의료 서비스를 제공하거나, 지역 자원봉사자들과 함께 프로그램을 운영하는 방식은 정부가 지역사회 기반의 노인복지 모델을 개발할 때 벤치마킹할 만한 요소다.

입소 자격은 노인장기요양보험 가입자 및 그 피부양자, 의료급여수급권자 중 65세 이상 또는 노인성 질병을 가진 65세 미만의 자로 제한된다. 입소 비용은 본인 부담률에 따라 달라지며, 일반 수급자는 20%, 감경 대상자는 12% 또는 8%의 비용을 부담한다. 기초생활수급자의 경우 본인 부담금이 면제된다. 입소 전에는 코로나 검사와 같은 필수 절차를 거쳐야 하며, 입소 후에는 복지용구 혜택을 받을 수 없다.

구세군과천양로원의 입소 안내는 홈페이지에서 확인할 수 있다.

https://ddoga.co.kr/search/detail/SVM00000079?cateId=15&pttnCd=V02&navId=1

3. 은빛사랑채 영락노인주간보호센터[30]

영락교회 사회복지재단은 1957년, 기독교 정신에 입각한 사회봉사를 실천하고자 설립되었다. 영락교회는 1945년 해방 직후 설립된 한국의 대표적인 개신교 교회로, 초기부터 사회봉사와 구제 활동에 깊은 관심을 가져왔다. 이러한 전통을 바탕으로 노인복지사업을 포함한 다양한 사회복지사업을 체계적으로 운영하기 위해 재단을 설립했다. 재단 산하의 노인복지관, 요양원, 주간보호센터 등은 1990년대 후반부터 설립되기 시작했으며, 현재까지도 활발히 운영되고 있다.

영락사회복지재단은 은빛사랑채 영락노인주간보호센터, 영락재가노인지원서비스센터, 영락경로원과 영락노인전문요양원 등 다양한 노인 돌봄 서비스를 제공하고 있다.

은빛사랑채 영락노인주간보호센터는 경기도 하남시에 위치한 재가노인복지시설로, 노인복지법에 따라 설립된 사회복지시설이다. 이 센터는 치매, 중풍 등 노인성 질환으로 인해 일상생활 수행이 어려운 어르신들에게 주 야간 보호 서비스를 제공하며, 가족의 돌봄 부담을 줄이고 노인의 삶의 질을 향상시키는 것을 목표로 한다. 설립 시기는 2009년 1월 5일로, 장기요양기관으로 지정된 이후 현재까지 운영되고 있다.

센터의 위치는 경기도 하남시 안터로 29-16이며, 접근성이 좋은 지역에 자리 잡고 있다. 대중교통으로는 황산사거리에서 하차 후 이동이 가능하며, 자가용 이용 시 상일IC 하남방면으로 접근할 수 있다. 센터 내에는 주차시설도 마련되어 있어 방문객들이 편리하게 이용할 수 있다.

은빛사랑채 영락노인주간보호센터는 다양한 프로그램을 통해 노인의 신체적, 정신적 건강을 유지하고 사회적 고립을 예방하는 데 중점을 두고 있다. 주요 프로그램으로는 신체기능 향상을 위한 물리치료와 체조교실, 인지기능 증진을 위한 미술교실과 노래교실, 그리고 사회적응을 돕는 문화 공연과 야외활동 등이 있다. 또한, 일상생활 지원 사업을 통해 식사 및 간식 제공, 목욕 지원, 이미용 서비스 등을 제공하며, 건강관리 프로그램을 통해 정기적인 의료 서비스와 상담을 진행한다.

센터의 이용 대상은 장기요양등급 1~5등급 및 인지지원등급을 받은 어르신으로, 치매와 같은 노인성 질환으로 인해 일상생활 수행이 어려운 경우에 해당한다. 이용 정원은 21명으로 제한되어 있으며, 서비스 신청은 전화 상담 또는 직접 방문 접수를 통해 이루어진다. 초기 상담 후 서비스 계획을 수립하고 계약서를 작성한 뒤 본격적인 서비스가 제공된다.

이용 비용은 보건복지부 고시에 따라 책정되며, 일반수급자는 본인 부담금이 15%, 감경대상자는 9% 또는 6%로 설정된다. 기초생활수급자의 경우 본인 부담금이 면제된다. 간식비는 별도로 책정되며, 하루 평균 약 3,500원이 소요된다.

센터의 재원은 다양한 방식으로 마련된다. 주요 재원은 정부의 복지 예산과 보조금으로 이루어지며, 영락사회복지재단의 후원과 지역사회의 기부도 중요한 역할을 한다. 또한, 자원봉사자들의 활동과 후원금이 센터 운영에 기여하고 있다. 자원봉사자들은 말벗, 목욕 지원, 식사 및 간식 도움, 프로그램 참여 어르신 활동 보조 등 다양한 분야에서 활동하며 센터의 운영을 돕는다.

은빛사랑채 영락노인주간보호센터의 운영 통계는 고령화 사회에서 노인 복지 서비스의 중요성을 보여준다. 2023년 기준으로 장기요양 서비스를 이용하는 노인 수는 12만 5,048명으로, 전년 대비 17.02% 증가했다. 시설 수도 19.7% 증가하여 재가 서비스 수요가 급증하고 있음을 나타낸다. 이러한 통계는 은빛사랑채 영락노인주간보호센터가 제공하는 서비스가 지역사회에서 큰 역할을 하고 있음을 보여준다.

홈페이지(https://www.yneb.or.kr/)에서 좀 더 상세한 정보를 접할 수 있다.

4. 성공회행복노인복지센터

성공회행복노인복지센터는 2003년에 설립되었으며, 서울특별시 성북구에 위치한 성공회 교회의 사회적 책임과 기독교적 사랑을 실천하기 위해 시작된 노인복지시설이다. 이 센터는 고령화 사회로 접어드는 한국 사회에서 노인돌봄의 필요성이 증가함에 따라, 지역사회의 노인들에게 실질적인 도움을 제공하고자 설립되었다. 성공회는 전통적으로 사회적 약자와 소외된 계층을 돌보는 데 중점을 두어 왔으며, 이러한 신앙적 가치와 사회적 책임감이 복지센터 설립의 주요 동기가 되었다.

한편, 전라북도 정읍시에 위치한 성공회행복노인복지센터 역시 2003년에 설립되었으며, 성공회 교회의 사회적 책임과 기독교적 사랑을 실천하기 위해 시작된 노인복지시설이다. 이 센터 또한 고령화 사회에서 노인돌봄의 필요성이 증가함에 따라, 지역사회의 노인들에게 실질적인 도움을 제공하고자 설립되었다. 성공회는 전통적으로 사회적 약자와 소외된 계층을 돌보는 데 중점을 두어 왔으며, 이러한 신앙적 가치와 사회적 책임감이 복지센터 설립의 주요 동기가 되었다.[31]

현재 성공회행복노인복지센터는 주간보호센터, 방문 요양 서비스, 여가 및 건강관리 프로그램 등을 통해 노인들의 신체적, 정서적, 사회적 복지를 지원하고 있다. 특히, 독거노인이나 경제적으로 어려운 노인들을 대상으로 한 맞춤형 서비스가 강점으로 평가받고 있다. 센터는 전문 인력을 통해 체계적인 돌봄 서비스를 제공하며, 지역사회와의 협력을 통해 다양한 자원을 활용하고 있다. 또한, 노인들의 정서적 안정을 위해 미술, 음악, 원예 치료와 같은 창의적 프로그램을 운영하며, 건강관리와 재활을 위한 물리치료 및 운동 프로그램도 제공하고 있다.

성공회행복노인복지센터는 노인돌봄에 관심이 있는 한국교회가 참고할 만한 여러 요소를 가지고 있다. 성공회는 기독교적 사랑을 실천하면서도 종교적 색채를 강요하지 않는 포용적인 접근 방식을 취하고 있다. 이는 다양한 종교적 배경과 문화적 차이를 가진 노인들에게 열린 마음으로 다가갈 수 있는 모델로, 특히 종교적 이유로 복지 서비스를 꺼리는 이들에게도 신뢰를 얻고 있다. 예를 들어, 센터를 이용하는 한 비기독교 노인은 "종교적 강요 없이 진심으로 돌봐주는 모습에 감동했다"며 센터에 대한 높은 만족감을 표현했다. 이러한 접근 방식은 다른 교회에서도 참고할 만하다.

또한, 성공회행복노인복지센터는 지역사회와의 협력을 통해 복지사업을 확장하고 있다. 지역 병원과의 연계를 통해 정기적인 건강검진과 의료 서비스를 제공하며, 지방자치단체와 협력하여 저소득층 노인들에게 생활비 지원과 주거 환경 개선을 돕고 있다. 자원봉사자 프로그램도 활발히 운영되고 있는데, 지역 대학생들과 주민들이 참여하여 노인들에게 정서적 지지와 여가 활동을 지원하고 있다. 예를 들어, 지역 대학생들이 주도한 스마트폰 사용 교육 프로그램은 노인들의 디지털 소외감을 줄이고 가족들과의 소통을 증진시키는 데 크게 기여했다.

센터는 전문 인력을 활용한 체계적인 서비스 제공으로도 주목받고 있다. 사회복지사, 간호사, 생활지원사 등 다양한 분야의 전문가들이 협력하여 노인들에게 맞춤형 서비스를 제공하고 있다. 특히, 치매 초기 증상을 보이는 노인들을 위한 인지 강화 프로그램은 가족들로부터 "노인의 상태가 눈에 띄게 좋아졌다"는 긍정적인 피드백을 받고 있다. 이러한 전문적이고 체계적인 서비스는 복지사업의 질을 높이는 데 기여하고 있으며, 다른 교회에서도 도입할 수 있는 중요한 요소이다.

성공회행복노인복지센터는 다양한 프로그램 운영을 통해 노인들의 삶의 질을 향상시키고 있다. 신체적 건강을 위한 운동 프로그램과 물리치료는 노인들의 이동성과 건강을 유지하는 데 큰 도움을 주고 있으며, 미술, 음악, 원예 치료와 같은 창의적 활동은 정서적 안정과 사회적 교류를 촉진하고 있다. 예를 들어, 미술 치료 프로그램에 참여한 한 노인은 "오랜만에 손으로 무언가를 만들어 보니 마음이 편안해지고 자신감이 생겼다"고 말했다. 이러한 프로그램은 노인들의 전반적인 복지를 지원하며, 다른 교회에서도 쉽게 도입할 수 있는 모델이다.

성공회행복노인복지센터는 기독교적 사랑과 전문성을 바탕으로 노인복지사업을 성공적으로 운영하고 있으며, 이는 한국교회가 벤치마킹할 만한 훌륭한 사례이다. 포용적인 접근 방식, 지역사회와의 협력, 전문 인력을 활용한 체계적인 서비스, 그리고 노인들의 신체적 정서적 복지를 아우르는 다양한 프로그램 운영은 다른 교회에서도 적용할 수 있는 중요한 모델이다. 노인돌봄에 관심이 있는 교회들은 성공회행복노인복지센터의 사례를 참고하여, 지역사회의 필요에 맞는 맞춤형 복지사업을 계획하고 실행할 수 있을 것이다.

그림 11 정읍 성공회 행복노인복지센터의 '두근두근 꽃 나들이'
http://www.jsisa.net/news/articleView.html?idxno=120365

5. 한국노인복지선교협의회

한국노인복지선교협의회(Korean Association for Senior Welfare Mission)는 1990년대 초반에 설립되었으며, 한국 교회의 사회적 책임과 기독교적 사랑을 실천하기 위해 노인복지사업을 시작했다. 급격한 고령화로 인해 노인돌봄의 필요성이 증가하면서, 특히 경제적 어려움과 가족 돌봄의 부재로 인해 소외된 노인들에게 도움을 제공하고자 설립되었다. 기독교 신앙에 기반한 사랑과 봉사를 실천하며, 노인들의 신체적, 정서적, 영적 복지를 통합적으로 지원하는 것을 목표로 삼았다. 초기에는 교회 내 자원봉사자 중심으로 시작되었으나, 점차 전문성을 갖춘 복지시설로 발전했다

현재 한국노인복지선교협의회는 전국적으로 여러 노인복지센터, 요양원, 데이케어센터를 운영하고 있으며, 주요 시설은 주간보호 서비스,

방문 요양, 여가 프로그램, 건강관리 프로그램 등을 제공하는 노인복지센터, 장기요양이 필요한 노인들에게 안정적인 주거 환경과 의료 서비스를 제공하는 요양원, 낮 시간 동안 노인들에게 돌봄과 여가 활동을 제공하며 가족들의 돌봄 부담을 덜어주는 데이케어센터로 구성되어 있다. 현재 협의회는 약 20여 개의 시설을 운영 중이며, 각 시설은 지역사회의 특성과 노인들의 요구에 맞춘 맞춤형 서비스를 제공하고 있다 (한국노인복지선교협의회 연례보고서, 2024 참고).

특히, 치매 초기 증상을 보이는 노인들은 인지 강화 프로그램을 통해 상태가 개선되었다는 평가를 받고 있다. 종교적 배경과 무관하게 이용 가능하며, 기독교 정신을 기반으로 운영되지만 종교적 색채를 강요하지 않고 모든 노인들이 종교와 상관없이 이용할 수 있다. 또한, 저소득층 노인들에게는 이용료를 감면하거나 무료로 서비스를 제공하는 경우가 많으며, 치매 초기 증상이나 중증 질환을 가진 노인들에게 전문적인 돌봄 서비스를 제공하며 가족들과의 상담을 통해 맞춤형 계획을 수립한다 (한국노인복지선교협의회 운영 지침서, 2023).

한국 교회가 벤치마킹할 만한 특징으로는 신체적, 정서적, 영적 복지를 통합적으로 지원하며 노인들의 전반적인 삶의 질을 향상시키는 통합적 돌봄 서비스가 있다. 예를 들어, 건강관리 프로그램(운동, 물리치료)과 정서적 안정 프로그램(미술, 음악 치료)을 병행하여 노인들의 신체적 정신적 건강을 동시에 돌본다. 지역사회와의 협력도 중요한 특징으로, 지역 병원, 지방자치단체, 자원봉사자들과 협력하여 의료 서비스, 생활 지원, 여가 프로그램 등을 제공하며, 지역 대학생들과 주민들이 참여하는 자원봉사 프로그램을 통해 노인들에게 정서적 지지와 디지털 교육(스마트폰 사용법 등)을 제공한다 (지역사회 협력 사례 보고서, 2024). 전문 인력을 배치하여 사회복지사, 간호사, 생활지원사 등 전문가들이 체계적이고 전문적인 서비스를 제공하며, 치매 노인을 위한 인지 강화 프로그램과 상담 서비스를 운영하고 가족들에게도 정기적인 교육과 상담을 제공한다 (한국노인복지선교협의회 인력 운영 매뉴얼, 2023).

기독교적 사랑을 실천하되 종교적 색채를 강요하지 않는 포용적인 접근 방식을 통해 다양한 배경의 노인들에게 신뢰를 얻고 있으며, 정기적인 예배와 기도 모임을 통해 영적 돌봄을 제공하지만 비기독교인들에게는 선택적으로 참여할 수 있도록 배려한다. 교회의 후원과 정부의 지원을 통해 재정적 안정성을 확보하고, 저소득층 노인들에게 무료 또는 저렴한 비용으로 서비스를 제공하는 경제적 지원 모델도 다른 교회에서 벤치마킹할 만한 요소로 평가된다 (재정 운영 보고서, 2024). 가족들과의 정기적인 소통과 상담을 통해 노인돌봄의 연속성을 유지하며, 가족들의 부담을 덜고 데이케어센터를 통해 가족들이 직장 생활과 돌봄을 병행할 수 있도록 지원한다 (가족 상담 사례집, 2024).

한국노인복지선교협의회가 운영하는 노인복지센터, 요양원, 데이케어센터는 기독교적 사랑과 전문성을 바탕으로 노인복지사업을 성공적으로 운영하고 있다. 특히, 통합적 돌봄 서비스, 지역사회와의 협력, 전문 인력 배치, 종교적 포용성, 경제적 지원 모델 등은 한국 교회가 벤치마킹할 만한 훌륭한 사례로 평가된다. 이러한 모델은 고령화 사회에서 교회가 노인돌봄에 기여할 수 있는 방향성을 제시한다 (한국노인복지선교협의회 정책 보고서, 2025).

6. '카리타스 코리아'

카리타스 코리아(Caritas Korea)는 가톨릭 교회의 사회복지 기구로, 국내외에서 다양한 노인돌봄 서비스를 제공하고 있다.

금성카리타스노인복지센터

금성 카리타스 노인복지센터는 경상북도 의성군 금성면 동부로 2404에 위치한 노인복지시설로, 지역사회 내 고령화 문제를 해결하고 어르신들의 삶의 질을 향상시키기 위해 다양한 서비스를 제공하고 있다. 이 센터는 1999년 금성주간보호센터를 전신으로 설립되었으며, 이후 지역 내 노인복지의 중심지로 자리 잡았다.[32]

금성 카리타스 노인복지센터는 어르신들의 신체적, 정신적, 사회적 복지를 지원하기 위해 다양한 프로그램을 운영하고 있다. 전문적인 재활치료와 물리치료를 통해 어르신들의 건강을 유지하고 회복을 돕고 있으며, 체조교실, 웃음치료, 노래교실, 미술교실 등 다양한 활동을 통해 정서적 안정과 사회적 교류를 지원한다. 마인드맵을 활용한 자기소개, 시 짓기, 자화상 그리기, 자녀에게 편지 쓰기 등 창의적 활동을 포함한 글벙어리 일기장 프로젝트를 통해 어르신들의 자긍심을 높이고 마음 치유 효과를 제공했다. 가톨릭 정신에 기반한 종교활동을 통해 정신적 위안을 제공하며, 개별 어르신의 필요에 맞춘 식단 제공, 목욕 및 미용 서비스 등 맞춤형 돌봄 서비스를 통해 일상생활의 편의를 지원하고 있다.[33]

금성 카리타스 노인복지센터는 지역사회와 협력하여 노인복지 증진에 기여하며, 전국 노인복지관 시설평가에서 최우수 등급을 받은 바 있다. 글벙어리 일기장 프로젝트는 어르신들의 삶에 자긍심을 심어주고 정서적 안정과 치유를 제공하며 성공적으로 마무리되었다. 노인장기요양보험법에 따라 장기요양등급(1~5등급)을 받은 어르신이 입소할 수 있으며, 치매, 중풍 등 노인성 질환을 가진 어르신도 대상에 포함된다. 본인 부담금은 장기요양보험 등급에 따라 다르며, 시설급여를 받은 경우 일부 비용이 지원된다.

이용자들은 창의적 활동과 돌봄 서비스를 통해 정서적 안정과 만족감을 표현하며, 지난 추억을 회상하며 마음이 치유되는 느낌을 받았다고 전했다. 일기 쓰는 시간 동안 집중할 수 있어서 좋았다는 의견도 있었다.[34] 금성 카리타스 노인복지센터는 지역 내 취약계층 어르신들이 소외되지 않도록 지속적인 관심과 지원을 확대할 계획이며, 상담, 사례관리, 창의적 활동을 더욱 강화하여 어르신들의 권익 옹호와 안정된 노후 생활을 돕고자 한다. 미래 고령화 사회에 대비하여 지역 주민과 협력하여 복지 공동체를 조성하고 지속 가능한 노인복지 모델을 구축할 예정이다.

원주 카리타스 노인복지센터

원주 카리타스 노인복지센터는 강원특별자치도 원주시 봉산로 103에 위치하고 있으며, 2007년 5월 11일에 설립되었다. 주야간보호 서비스를 통해 어르신들의 일상생활을 돕고 있으며, 재활 및 건

그림 12 의성군, 금성카리타스노인복지센터 글벗어리 일기장 발표회 개최(《DailyDGNews》 2022.11.04.)

강 유지 프로그램을 통해 신체적 기능을 강화하고 있다. 또한, 여가 및 문화 활동을 통해 어르신들의 정서적 안정을 도모하며, 맞춤형 돌봄 서비스를 통해 개별적인 필요를 충족시키고 있다. 특히, 식사 준비가 어려운 어르신들에게 도시락 배달 서비스를 제공하며, 지역사회와 연계한 다양한 복지 활동도 진행하고 있다.

입소 자격은 노인장기요양보험법에 따라 장기요양등급을 받은 어르신들이 대상이며, 치매나 노인성 질환을 가진 어르신들도 포함된다. 본인 부담금은 장기요양보험 등급에 따라 다르며, 일부 비용은 보험을 통해 지원받을 수 있다. 이용자들은 센터의 다양한 프로그램과 서비스를 통해 정서적 안정과 만족감을 느끼고 있다.[35]

그림 13 독일 복지기관 단체 카리타스(Caritas) 협회 소속 아시아 4개국(필리핀 태국 인도네시아 타지키스탄) 연수단이 부천시 신중동 행정복지센터 100세 건강실을 견학하고 있다. 《경기일보》 2024.01.13.)

부천시 돌봄센터

카리타스 코리아(Caritas Korea)는 가톨릭 교회의 사회복지 기구로, 국내외에서 다양한 노인돌봄 서비스를 제공하고 있다. 또한 부천시는 초고령사회를 대비하기 위해 지역사회 통합돌봄 모델을 선도적으로 실천하며, 노인 복지 정책의 새로운 방향을 제시하고 있다. 이 과정에서 독일 최대 복지인 카리타스와 협력하여 돌봄 서비스의 전문성과 체계성을 강화하고 있다. 카리타스 코리아는 이러한 협력의 일환으로 부천시의 돌봄센터 운영에 기여하며, 지역사회의 복지 향상에 중요한 역할 하고 있다.

종교단체민관부천시의 통합돌봄 서비스는 의료복지, 주거 지원, 요양 돌봄, 민관 협력 서비스 등 다양한 분야를 아우르고 있다. 의료복지 분야에서는 지역 내 의료복지사회적협동조합과 협력하여 재택의료센터를 운영하며, 의사가 직접 방문하여 건강을 진단하고 건강 리더가 정기적으로 어신들의 상태를 살피는 서비스를 제공한다. 주거 지원은 커뮤니티홈을 통해 노인들이 안전하고 편안한 환경에서 생활할 수 있도록 돕고 있으며, 요양 돌봄은 나눔지역자활센터를 중심으로 이루어지고 있다. 민관 협력 서비스가 활는 지역 내 다양한 기관과의 협력을 통해 노인들의 복지 욕구를 충족시키고 있다.[36]

특히, 부천시는 스마트 경로당과 지역 자활센터를 통해 노인들의 독립적 생활을 지원하고 있다. 스마트 경로당은 디지털 기술을 활용하여 노인들이 키오스크를 사용하거나 다양한 디지털 기기를 익힐 수 있도록 교육을 제공하며, 자활센터는 도시락 사업단과 세탁 사업단을 운영하여 노인들에게 실질적인 생활 지원을 제공한다. 이러한 서비스는 노인들의 일상생활을 보다 편리하게 만들어주고, 사회적 고립을 예방하는 데 기여하고 있다.

부천시의 통합돌봄 모델은 한국의 초고령사회를 대비한 선도적 정책으로 평가받고 있다. 이 모델은 돌봄이 필요한 시민들이 살던 곳에서 본인의 욕구에 맞는 서비스를 통합적으로 누릴 수 있도록 지원하며, 지역사회와의 협력을 통해 사회안전망을 강화하고 있다. 부천시는 이러한 노력으로 보건복지부 주관 복지행정상에서 2년 연속 대상을 수상했으며, 지역복지사업 평가에서도 최우수 지자체로 선정되는 성과를 거두었다. 이처럼 카리타스 코리아와의 협력은 부천시의 통합돌봄 모델을 더욱 발전시키는 데 중요한 역할을 하고 있다. 이러한 종교단체와 민관 협력의 성공적인 모델은 부천시의 돌봄 모델이 세계적으로도 주

목받는 사례로 자리 잡는 데 기여하고 있다.[37]

7. 도솔 노인복지센터[38]

[add:https://www.hyunbulnews.com/news/articleView.html?idxno=413451]

도솔산화암사는 대전광역시 서구 변동에 자리한 불교 사찰로 도솔노인복지센터를 운영하고 있다. 2007년부터 본격적으로 운영을 시작했으며, 초기에는 무료급식과 기초적인 돌봄 서비스를 제공애왔다. 이후 지역사회의 요구와 노인 복지의 필요성이 증가함에 따라 주간보호 서비스, 무료 한방진료, 숲체험, 명상 프로그램 등 다양한 활동을 추가하며 점차 그 역할을 확대했다. 도솔노인복지센터는 현재 약 100명의 노인들이 정기적으로 서비스를 이용하고 있다.

주요 프로그램으로는 종이공예, 실뜨기, 손글씨 쓰기, 바느질, 생활체조와 운동등이 있다. 아울러 목욕, 용변 보조, 이 미용 서비스 등 노인들의 일상생활을 지원하는 맞춤형 서비스를 제공한다. 월 1회 진행되는 템플스테이를 통해 참가자들에게 명상과 치유의 기회를 제공하며, 참가비 일부는 무료급식 및 한방진료 봉사에 사용된다. 그뿐 아니라 경로당 활성화 사업, 독거노인 지원사업, 바자회 및 홍보행사 등을 통해 지역사회의 복지와 연대를 강화하고 있다.

도솔노인복지센터의 활동은 지역사회와 이용자들로부터 매우 긍정적인 반응을 얻고 있다. 지역 주민들은 센터가 제공하는 다양한 후원 활동과 복지 서비스에 대해 감사의 뜻을 표하고 있다. 신도 한의사들과 협력하여 저소득층 노인들에게 무료 한방진료와 쌀, 김장, 연탄 등 생필품을 저소득층에게 지원을 지속하고 있기 때문이다.

치매, 중풍 등 노인성 중증질환을 가진 어르신들을 대상으로 질환의 경중과 거동 불편 정도에 따라 진행하는 숲 체험 프로그램이 유명하다. 숲체험 프로그램은 도솔노인복지센터 인근에 위치한 도솔산 산림공원에서 진행되며, 어르신들이 자연과 가까운 환경에서 활동할 수 있도록 설계되었다. 가벼운 산책과 명상을 포함하여 어르신들의 신체적 부담을 최소화하고 있다. 숲체험은 노인성 질환의 진행을 늦추고 심리적 안정과 집중력을 높이는 데도 효과적이다. 특히 숲에서의 활동은 스트레스 완화와 정서적 안정에 큰 도움이 된다. 프로그램의 지속을 위해 도솔노인복지센터는 산림청과 협력하여 숲해설 프로그램을 개발하고, 지역사회와의 연계하고, 자원봉사자와 단체의 참여를 유도하고 있다.

그뿐아니라 도솔노인복지센터는 2014년 3월 22일 대전제일고등학교와 업무협약을 체결하였다. 이 협약은 학생과 학부모가 도두 참여할 수 있다. 대전제일고등학교 학생들은 주말에 어르신이나 장애인들과 1:1로 짝을 맺어 숲체험 프로그램에 참여하고 있다.[39]

만 65세 이상의 신체적 기능 저하로 일상생활이 어려운 노인, 장애등급을 가진 노인, 그리고 국민기초생활수급자, 차상위계층, 기초연금 수급자 등에 해당되면 입소할 수 있다. 서비스 이용을 위해서는 주민등록상 주소지 읍 면 동 주민센터를 통해 신청할 수 있으며, 건강 상태와 소득 기준에 따라 적격 여부가 판정된다.

도솔유아숲 또한 세대간 돌봄의 성공사례로 꼽을 수 있다. 도솔유아숲은 2021년에 새롭게 조성되었다. 음수대, 쉼터, 통나무 의자, 그물 놀이대, 숲속의 집, 나무 오르기 시설 등 다양한 시설을 갖추고 있어 아이들이 흙과 나무를 만지며 자연을 체험하고 놀이대를 오르며 신체 활동을 통해 균형 감각과 창의력을 키울 수 있다. 자음과 모음이 새겨진 글자 놀이대는 자연 속에서 학습의 재미를 더해주며, 아이들의 창의적 사고를 자극하는 데 도움을 준다. 이곳은 무엇보다 세대 간의 돌봄과 교감을 실현하기에 아주 적합하다.

그림 14 도솔 유아숲 자음과 모음이 새겨진 글자 놀이대(사진:대전 서구청 블로그)
https://m.blog.naver.com/first_seogu/222298916392

제4장 한국 교회의 역할과 돌봄사역

1. 노인돌봄에 있어 한국교회의 사회적 책임

한국 사회가 초고령사회로 접어들면서 교회의 책임과 역할 또한 커졌다. 따라서 교회는 노인들이 안정된 삶을 영위할 수 있도록 실질적인 돌봄과 지원을 아끼지 않으며, 사회적 고립을 해소하고 신앙적 성숙을 이끌어내는 데 있어 중요한 역할을 수행해야 한다.

무엇보다 교회는 노인들이 사회적 고립에서 벗어날 수 있도록 공동체를 마련해야 한다. 즉 교회는 노인들이 서로의 경험을 나누고 지지할 수 있는 환경을 제공해야 한다. 노인들을 위한 소규모 모임이나 동아리가 한 예이다. 이러한 모임은 노인들이 서로의 삶을 공유하고 정서적 지지를 받을 수 있는 터전이 된다. 또한, 교회는 세대 간의 교류를 촉진하는 프로그램을 운영함으로써 노인들이 젊은 세대와 소통하고 그들의 지혜와 경험을 나눌 수 있도록 도울 수 있다.

이미 일부 교회에서 실시하고 있는 무료 급식 서비스를 포함하여, 의료 지원을 위한 협력 네트워크를 구축할 수 있다.

노인들의 신앙적 성장을 지원하는 것은 교회의 핵심 사명 중 하나로 자리 잡고 있다. 노년기는 인생의 마지막 장으로, 많은 노인들이 자신의 삶을 되돌아보며 영적인 의미를 찾는 중요한 시점이다. 이때 교회는 그들에게 신앙적 성숙을 이끌어낼 수 있는 다양한 프로그램을 제공해야 한다.

예를 들어, 교회는 노인들을 위한 성경 공부 모임을 운영하여, 이들이 성경을 깊이 탐구하고 신앙적 질문에 대해 함께 고민할 수 있는 기회를 마련할 수 있다. 기도 모임이나 신앙 상담을 통해 노인들이 영적인 만족과 평안을 찾도록 돕는 것도 중요한 역할이다. 이러한 활동들은 노인들이 교회 공동체 내에서 더욱 활발히 참여하도록 격려하며, 그들의 신앙 생활을 더욱 풍요롭게 만든다.

또한, 교회는 노인들이 신앙을 통해 삶의 목적과 희망을 발견할 수 있도록 지원해야 한다. 노인들이 자신의 신앙적 경험을 젊은 세대와 나누거나 중보기도 모임을 통해 교회의 중요한 사역에 참여할 수 있는 기회를 제공하는 것도 필수적이다. 이러한 과정을 통해 노인들은 자신의 삶이 여전히 가치 있고 의미 있다는 것을 깊이 느낄 수 있을 것이다.[40]

노인의 삶을 더욱 빛나게 하는 길은, 교회가 전문 인력을 양성하는 데에 있다. 이는 노인 사역의 품격을 높이고, 그들에게 실질적인 도움의 손길을 내미는 든든한 토대를 마련할 것이다. 교회는 노인 복지에 대한 교육과 훈련의 장을 열어, 자원봉사자와 직원들이 노인돌봄에 필요한 지혜와 기술을 익힐 수 있도록 해야 한다.

예를 들어, 노인의 마음을 이해하는 심리 상담, 건강을 지키는 관리, 그리고 따뜻한 사회적 지원에 대한 교육을 통해, 교회 안에 전문성을 갖춘 인재들이 자라날 수 있다. 이들은 노인들에게 보다 체계적이고 효과적인 지원을 제공하며, 교회의 노인 사역을 한층 더 풍요롭게 만드는 중요한 역할을 할 것이다.

또한, 교회는 지역 사회의 다양한 기관들과 손을 맞잡아 노인 복지에 대한 인식을 높이고, 그들이 필요로 하는 다양한 서비스를 통합적으로 제공할 수 있는 네트워크를 구축해야 한다. 노인돌봄은 단순한 자원봉사나 일회성 프로그램으로 해결될 수 있는 문제가 아니다. 진정한 변화를 위해서는 전문 인력의 양성이 필수적이며, 이는 노인의 삶에 깊은 울림을 주는 길이 될 것이다.

교회의 역할은 등대에 비유할 수 있다. 등대는 어두운 바다 위에서 빛을 비추어 길을 잃은 배들이 안전하게 항구로 돌아올 수 있도록 돕는다. 교회는 지역 사회의 노인들에게 필요한 지원과 돌봄을 제공함으로써 그들이 삶의 방향을 잃지 않고 안정된 삶을 살아갈 수 있도록 돕는 역할을 해야 한다. 등대가 끊임없이 빛을 비추며 배들에게 희망과 안전을 제공하듯, 교회도 노인들에게 지속적인 관심과 사랑을 통해 그들의 삶에 희망과 평안을 줄 수 있어야 한다. 등대가 그 자리를 지키며 변함없이 빛을 비추는 것처럼, 교회도 노인돌봄에 있어 변함없는 헌신과 노력을 기울여야 하지 않을까?

2. 지역사회와 교회의 협력 방안

1) 복지 관련 법령 개정과 교회의 역할 확대

고령화 사회는 한국 사회가 직면한 중요한 문제로, 교회는 이 문제에 대해 적극적으로 대응해야 한다. 이러한 변화는 단순히 국가의 책임을 강화하는 데 그치지 않고, 민간 영역, 특히 교회의 역할 확대를 요구하는 방향으로 나아가고 있다. 이에 따라 정부는 복지 사각지대를 해소하고, 보다 포괄적이고 통합적인 복지 체계를 구축하기 위해 다양한 법령을 개정하고 있다. 대표적인 사례로는 「사회복지사업법」과 「노인복지법」의 개정을 들 수 있다. 이 법령들은 지역사회 중심의 복지 서비스를 강화하고, 민간과 공공의 협력을 통해 복지 자원을 효율적으로 활용하는 데 초점을 맞추고 있다. 특히, 최근 개정된 법령들은 지역사회 통합돌봄(Community Care) 체계를 강조하고 있다.[41]

이는 노인, 장애인, 취약계층이 살던 지역에서 자립적인 삶을 유지할 수 있도록 의료, 요양, 주거, 돌봄 서비스를 통합적으로 제공하는 것을 목표로 한다. 이러한 변화는 복지의 공공성을 강화하는 동시에 민간단체와 종교 기관의 참여를 적극적으로 유도하고 있다.

한국 교회는 역사적으로 복지 활동에서 중요한 역할을 해왔다. 해방 이후 교회는 빈민 구제, 고아원 운영, 노인돌봄 등 다양한 사회복지 활동을 통해 지역사회의 복지 향상에 기여해왔다. 최근 복지 법령 개정은 이러한 교회의 역할을 더욱 확대할 수 있는 기회를 제공하고 있다. 교회는 지역사회의 중심에 위치하며 지역 주민들과의 긴밀한 관계를 유지하고 있어 노인돌봄, 아동 교육, 장애인 지원 등 다양한 복지 서비스를 제공할 수 있다. 또한, 헌신적인 자원봉사자와 풍부한 인적 자원을 활용해 지역사회의 복지 수요를 충족시키는 데 기여할 수 있다. 물질적 지원뿐만 아니라 정신적 영적 지원을 통해 복지의 질적 향상을 도모하며, 이는 단순한 서비스 제공을 넘어 인간의 존엄성과 삶의 의미를 회복시키는 데 중요한 역할을 한다.

교회의 복지 참여가 더 넓고 깊게 뿌리내리기 위해서는 몇 가지 중요한 과제가 풀려야 한다. 우선, 교회의 복지 활동은 단순한 자선의 손길을 넘어, 전문성과 지속 가능성을 품어야 한다. 이를 위해 교회는 사회복지 전문가를 양성하고, 체계적이고 실질적인 복지 프로그램을 설계해야 한다.

또한, 교회와 정부가 서로 손을 맞잡고 협력의 다리를 놓아야 한다. 정부는 교회의 복지 활동을 뒷받침할 행정적 재정적 지원을 아끼지 않아야 하며, 교회는 정부의 복지 정책과 조화를 이루는 방향으로 활동을 펼쳐야 한다. 무엇보다도, 교회의 복지 활동은 특정 종교적 목적에 얽매이지 않고, 모든 이들을 따뜻하게 품는 포용의 정신으로 이루어져야 한다. 이는 교회가 사회적 신뢰를 얻는 길이자, 복지 활동의 열매를 더욱 풍성하게 맺는 길이 될 것이다.

최근 한국의 복지 법령 개정은 초고령 사회와 복잡한 사회적 문제에 맞서기 위한 필수적인 변화의 바람을 일으키고 있다. 이 변화의 물결 속에서 교회는 지역사회의 복지의 나침반으로서 그 역할을 더욱 확장할 수 있는 소중한 기회를 맞이하고 있다. 교회는 지역사회에 뿌리내린 복지 서비스를 제공하며, 자원봉사와 따뜻한 정신적 지원을 통해 복지의 질을 한층 높일 수 있다. 그러나 이러한 여정을 위해서는 전문성과 지속 가능성을 갖춘 복지 활동이 필요하며, 정부와의 협력의 끈을 더욱 단단히 엮어야 한다. 교회의 복지 참여는 단순히 사회적 책임을 다하는 것을 넘어, 한국 사회의 복지 수준을 한 단계 끌어올리는 중요한 역할을 할 것이다. 이는 마치 한 송이 꽃이 피어나듯, 사랑과 나눔의 향기로 사회를 물들이는 길이 될 것이다.

2) 교회 공간을 복지시설로 전환하는 데 필요한 법적 절차

과거에는 종교시설 부지가 인허가 단계에서 종교 용도로만 제한되었기 때문에 복지시설로 전환하는 데 큰 어려움이 있었다. 그러나 2014년 국토교통부는 택지개발업무처리지침을 개정하여 종교시설 내 일부 공간을 노인복지시설이나 아동복지시설 등으로 활용할 수 있는 길을 열었다. 이 개정안은 교회가 비영리 목적으로 유휴 공간을 지역사회에 개방할 경우, 용도 변경을 허용하는 특례 제도를 도입하여 실현 가능하게 하였다. 이러한 변화는 교회가 지역사회의 요구에 부응하며 복지시설로서의 기능을 수행할 수 있는 중요한 제도적 토대를 마련한 것이다.

교회 공간을 복지시설로 전환하는 과정은 공간의 용도만을 변경하는 것이 아니다. 따라서 사회복지사업법, 국토계획법, 지자체 조례, 그리고 종교시설 관련 특례 규정을 비롯한 여러 법적 요소를 종합적으로 검토해야 한다. 우선, 사회복지사업법 및 관련 법령에 따라 교회가 복지시설로 변모하려면 그 목적과 운영 방식을 명확히 정의해야 한다. 2024년 개정된 사회복지사업법은 민간 복지 자원의 활용과 민관 협력을 강조하며, 복지시설로 전환된 공간이 노인복지시설이나 아동복지시설로 활용될 때 관련 법령의 기준과 운영 요건을 충족해야 한다고 규정하고 있다. 이에 교회는 관할 지자체에 복지시설 등록 신청서를 제출하고, 시설의 목적과 운영 방식, 대상자 등을 포함한 운영 계획서를 마련해야 하며, 법령에서 요구하는 공간, 안전, 위생 기준을 충족하도록 해야 한다.[42]

종교시설을 복지시설로 전환하기 위해서는 국토계획법과 지자체 도시계획 조례에 따른 용도 변경 절차를 거쳐야 한다. 2014년 개정된 규정은 종교시설 내 일부 공간을 복지시설로 활용할 수 있는 옵션을 제공하였으며, 교회가 비영리 목적으로 유휴 공간을 지역사회에 개방하는 경우 용도 변경을 허용하는 특례 제도를 적용할 수 있도록 하였다. 이에 따라 관할 지자체에 용도 변경 신청서를 제출하고, 승인을 받은 후 건축물 대장에 변경 사항을 반영하며, 복지시설로 전환된 공간이 안전 기준을 충족하는지 점검을 받아야 한다.

지자체와의 협력은 교회 공간을 복지시설로 전환하는 데 있어 매우 중요한 역할을 한다. 많은 지자체가 국공립 복지시설 확충에 어려움을 겪고 있어, 교회와의 협력을 통해 새로운 복지 모델을 적극 모색하고 있다. 예를 들어, 교회가 자체 공간을 제공하고 지자체가 운영비와 인력을 지원하는 협력 모델이 대표적인 사례이다. 교회가 어린이집이나 노인돌봄 센터를 운영하는 경우, 지자체와의 긴밀한 협력을 통해 안정적인 운영이 가능해진다. 이를 위해 양측은 협력 내용을 명시한 협약서를 작성하고, 운영비나 프로그램 지원금을 신청하며 지역 주민의 복지 요구를 반영한 프로그램을 세부적으로 설계해야 한다.

교회 공간을 복지시설로 전환할 때는 종교시설의 특수성과 관련된 법적 제약을 면밀히 검토할 필요가 있다. 종교시설의 토지 용도 제한, 주차 및 교통 문제 등 지역사회와의 갈등 요소를 사전에 해결해야 하며, 종교의 자유를 보호하는 법률이 적용될 수 있기에 종교적 활동과 복지 활동 간의 균형을 유지해야 한다. 이를 위해 복지시설 전환으로 인한 소음이나 교통 혼잡 등의 문제를 지역 주민들과 충분히 협의하고, 용도 변경 또는 시설 운영과 관련한 법적 분쟁을 예방하기 위해 전문가의 자문을 받는 것이 중요하다.

실제로 여러 교회가 유휴 공간을 복지시설로 전환한 성공 사례가 존재하여, 이러한 전환이 실질적으로 가능함을 증명하고 있다. 예를 들어, 서울의 한 교회는 주중에 비어 있는 공간을 지역 주민의 쉼터로 개방하고, 노인 건강 프로그램과 아동 돌봄 서비스를 제공하고 있다. 이와 같은 사례는 교회가 단순한 종교 시설을 넘어서 지역사회의 복지 중심지로 자리매김할 수 있음을 명확히 보여준다.

따라서 교회 공간을 복지시설로 전환하기 위해서는 법적 절차를 철저히 준수하고, 지자체와의 긴밀한 협력 및 지역사회와의 원활한 소통이 필수적이다. 이를 통해 교회는 기존의 종교시설 역할을 넘어 지역사회의 복지 허브로 재탄생할 수 있으며, 관련 법령을 엄격히 준수하고 지역 주민의 요구를 반영한 프로그램을 운영함으로써 더 큰 사회적 가치를 창출할 수 있다.

2부
해외편

아시아

일본

1. 일본의 노인돌봄 정책의 역사와 발전

일본은 세계에서 가장 빠르게 초고령사회에 진입한 국가로, 노인돌봄 정책을 체계적으로 발전시켜 왔다. 이러한 정책은 시대적 요구와 사회적 변화에 따라 점진적으로 발전해왔다.

1963년 노인복지법이 제정되면서 일본은 본격적으로 노인복지에 대한 관심을 기울이기 시작했다. 초기에는 생활보호 대상자 중심으로 제한적인 서비스가 제공되었으며, 주로 빈곤 문제 해결과 독거노인 지원에 초점이 맞춰졌다.[43] 1973년에는 70세 이상의 노인에게 의료비를 전액 지원하는 정책을 도입하며 "복지원년"을 선포했으나, 1차 오일쇼크로 인한 재정 부담으로 인해 곧 수정되었다.[44]

1982년 노인보건법이 제정되면서 노인의 건강 유지와 의료 지원을 강화하기 위한 기반이 마련되었다. 1989년에는 고령자 보건복지 추진 10개년 전략인 골드플랜이 발표되었고, 이후 1994년 신골드플랜으로 보완되었다. 이 시기에는 재가복지서비스 확대, 방문 간호 인력 확충,

데이케어 서비스 강화 등이 주요 목표로 설정되었다.[45]

2000년에는 개호보험제도가 시행되었다. 이 제도는 40세 이상 국민이 보험료를 납부하고, 65세 이상이 되면 요양 서비스 혜택을 받을 수 있는 사회보험 제도로, 시설 요양, 재택 요양, 지역 밀착형 요양 서비스를 포함하며 노인의 자립과 존엄성을 강조했다. 2005년에는 개호보험이 개정되어 예방 서비스가 추가되었다. 이 서비스는 노인의 기능을 유지하고 건강이 나빠지는 것을 막기 위해 구강 관리, 영양 개선, 근력 유지 등을 지원하는 프로그램이다.

2010년대부터는 의료, 간호, 복지, 주거, 생활 지원을 통합한 지역포괄케어 시스템이 구축되기 시작했다. 이는 노인이 지역사회에서 자립적으로 생활할 수 있도록 지원하며, 지역별 특성에 맞춘 맞춤형 서비스를 제공하는 데 중점을 두었다. 최근에는 디지털 기술과 데이터를 활용한 돌봄 시스템이 도입되었으며, AI 기반의 자율주행 휠체어나 스마트 침대와 같은 혁신적 기술이 노인돌봄에 활용되고 있다.

초고령화로 인해 개호보험의 재정 부담이 증가하고 있으며, 이를 해결하기 위해 보험료 조정과 비용 효율화 방안이 논의되고 있다. 돌봄 인력 부족 문제를 해결하기 위해 외국인 노동자 활용과 근무 환경 개선도 추진되고 있다. 최근에는 노인의 존엄성을 보장하는 임종 케어와 종활이 주목받고 있다. 이는 노인이 자신의 죽음을 준비하며 삶의 마지막을 스스로 계획할 수 있도록 돕는 활동으로, 일본의 노인복지 철학을 잘 보여준다.

2. 일본의 노인장기요양보험(LTCI) 시스템의 구조와 운영

일본의 노인장기요양보험(Long-Term Care Insurance, LTCI) 시스템은 2000년에 도입된 공공 사회보험 제도로, 급격히 증가하는 고령화 문제를 해결하고 노인돌봄을 사회가 함께 책임지는 구조로 설계되었다. 이 제도는 노인들이 자립적으로 생활할 수 있도록 돕고, 가족의 돌봄 부담을 줄이고 있다. 이를 통해 노인들은 자신이 살던 지역에서 익숙한 환경 속에서 생활을 이어갈 수 있으며, 돌봄의 사회적 책임을 분담하는 체계를 구축하였다.[46]

개호보험은 40세 이상의 국민이 의무적으로 가입해야 하며, 소득 수준에 따라 보험료가 차등 부과된다. 재원은 보험료와 세금으로 구성되며, 세금은 국가와 지방자치단체가 분담한다. 서비스 이용자는 소득에 따라 10~30%의 본인 부담금을 지불하며, 제공되는 서비스는 시설 돌봄, 재가 돌봄, 지역사회 돌봄 등으로 다양하다. 이용자는 자신의 필요에 맞는 서비스를 선택할 수 있으며, 케어 매니저가 개인별 맞춤형 계획을 설계하여 효율적인 돌봄을 지원한다.

시설 돌봄은 요양원이나 의료 요양 시설에서 이루어지며, 재가 돌봄은 방문 간호나 단기 입소 같은 가정 기반 서비스로 제공된다. 지역사회 돌봄은 커뮤니티 활동과 예방 프로그램을 통해 노인들의 사회적 참여를 장려하며, 단순히 돌봄을 제공하는 것을 넘어 노인들의 자립성과 삶의 질을 높이는 데 초점을 맞추고 있다. 지방자치단체는 지역 특성에 맞춘 서비스 계획을 수립하고 이를 3년마다 갱신하여 운영의 효율성을 높이고 있다.

서비스를 이용하려면 신체적, 인지적 상태를 평가받아 요양 필요 등급을 부여받아야 하며, 이 등급에 따라 받을 수 있는 서비스와 지원 한도가 결정된다. 등급은 2년마다 재검토되며, 건강 상태가 변하면 재평가를 요청할 수 있다. 그러나 일본은 고령화로 인해 서비스 수요가 급증하면서 재정 부담과 돌봄 인력 부족이라는 문제에 직면하고 있다. 이를 해결하기 위해 보험료 인상, 본인 부담금 확대, 서비스 운영 효율성 강화 등의 방안이 논의되고 있으며, 돌봄 인력의 처우 개선과 기술 혁신도 추진되고 있다.

일본은 예방, 의료, 돌봄, 주거 서비스를 통합적으로 제공하는 지역사회 통합 돌봄 시스템을 운영하고 있다. 이 시스템은 노인들이 익숙한 지역에서 자립적으로 생활할 수 있도록 돕는 Ageing in Place 개념을 실현하고 있으며, 이를 위해 의료와 복지 서비스를 통합적으로 제공하는 체계를 구축하고 있다. Ageing in Place란 노인이 자신이 살던 집이나 지역사회에서 계속 거주하며 노년기를 보내는 것을 의미한다. 이는 노인들이 익숙한 환경에서 기존의 사회적 관계를 유지하고, 자율적이고 독립적인 삶을 영위할 수 있도록 지원하는 것을 목표로 한다. 이러한 접근은 노인의 삶의 질을 높이고, 시설 돌봄에 비해 경제적 부담을 줄이는 효과가 있다.[47]

예를 들어, 일본에서는 노인들이 재택에서 필요한 돌봄과 의료 서비스를 받을 수 있도록 지역사회 기반의 통합 지원 체계를 마련하고 있으며, 주택 개조 지원, 이동 편의성 증대, 커뮤니티 활동 강화 등을 통해 노인들이 지역사회에 안정적으로 머물 수 있도록 돕고 있다. 이 개념은 단순히 노인의 주거 문제를 해결하는 것을 넘어, 노인의 사회적 고립을 예방하고, 지역사회와의 연계를 강화하며, 노년기의 자립성을 유지하는 데 중점을 둔다.

노인장기요양보험이 도입되기 전, 일본은 1989년부터 1999년까지 '골드 플랜'을 통해 고령자 복지와 보건을 강화하려 했다. 그러나 고령화 속도가 예상보다 빨라지면서 1994년부터 1999년까지 '신 골드 플랜'이 추가로 추진되었다. 이 계획들은 재택 돌봄과 시설 돌봄 확대, 돌봄 인력 양성, 지역사회 기반 돌봄 시스템 구축 등을 포함하며, 노인장기요양보험의 기초가 되었다.[48]

한국도 일본의 노인장기요양보험에서 많은 점을 배울 수 있다. 사회보험 기반의 운영 구조는 고령화 사회에서 재정을 지속 가능하게 관리할 수 있도록 돕는다. 지역사회 통합 돌봄 시스템은 노인들의 자립을 지원하고 사회적 고립을 예방하는 데 효과적이다. 예방 중심의 접근법은 장애 발생률을 낮추고 돌봄 비용을 줄이는 데 기여할 수 있으며, 케어 매니저를 활용한 맞춤형 서비스는 이용자의 만족도를 높이고 자원을 효율적으로 배분할 수 있다.

항목	일본 (개호보험제도)	한국 (노인장기요양보험제도)
도입시기	2000년	2008년
가입 대상	40세 이상 (의료보험 가입자 포함)	- 65세 이상 노인 - 65세 미만 중 노인성 질환을 가진 자
재원 조달 방식	- 사회보험료(40세 이상 개인 부담) - 국고 지원 - 본인부담금(서비스 이용 시)	- 사회보험(건강보험료와 연계) - 국고 지원 - 본인부담금(서비스 이용 시)

보험료 부담 기준	40세 이상은 소득에 따라 차등 부담	건강보험료와 연계하여 소득에 따라 차등 부담
급여 대상	- 65세 이상: 원인 불문 요양 필요 인정 시 - 40~64세: 노화 관련 특정 질병으로 요양 필요 시	- 65세 이상:일상생활 수행 어려움 인정 시 - 65세 미만:노인성 질환으로 요양 필요 시
급여 형태	- 재택 요양 서비스 - 시설 요양 서비스 - 지역 밀착형 요양 서비스	- 재가급여(방문요양, 주 야간 보호 등) - 시설급여(요양원 등)
예방 서비스	- 2005년 개정으로 예방 서비스 도입 - 구강 관리, 영양 개선, 근력 유지 등 지원	예방적 재가서비스 제공(건강 유지 및 악화 방지 목적)
본인 부담금 비율	소득에 따라 10~30% 차등 부담	소득에 따라 15~20% 차등 부담
특징	- 지역포괄케어 시스템 구축(의료, 간호, 복지 통합) - 디지털 기술 활용(AI, IoT 등)	- 재가서비스 중심 운영 - 가족 돌봄 부담 완화에 중점
주요 문제점	- 초고령화로 인한 재정 부담 증가 - 돌봄 인력 부족	- 재정 고갈 우려 (2026년 예상) - 서비스 품질 및 인력 관리 문제
최근 개정 내용 (2024~2025)	제9기 개호보험 계획(2024~2026): 보험료 조정 고소득자 부담 증대, 서비스 품질 개선 목표	- 통합재가서비스 확대(재가 서비스를 하나의 기관에서 통합 제공) - 요양보호사 교육 강화

표 3 일본과 한국의 노인장기요양보험제도 비교 (2025년 기준)(Evaluate the Impact of the Long-Term Care Insurance (LTCI) System on Older Adults in Japan과 2024 National Health Insurance & Long-Term Care Insurance System Republic of Korea를 토대로 작성)

3. 지역포괄케어 시스템의 개념과 도입 배경

일본의 지역포괄케어 시스템은 고령화 사회의 도전에 대응하기 위해 설계된 혁신적인 복지 모델로, 지역사회의 자원을 통합하여 고령자들이 자신이 살던 지역에서 존엄성을 유지하며 삶을 이어갈 수 있도록 돕는 것을 목표로 한다. 이 시스템은 단순히 의료 서비스 제공에 그치지 않고, 돌봄, 생활 지원, 예방적 건강 관리 등을 포괄적으로 아우르며, 지역 주민과 다양한 기관이 협력하여 지속 가능한 복지 생태계를 구축하는 데 중점을 둔다.

이 시스템이 도입된 배경에는 일본 사회가 직면한 심각한 고령화 문제가 자리하고 있다. 일본은 세계에서 가장 빠르게 고령화가 진행된 국가 중 하나로, 65세 이상 인구가 전체 인구의 약 30%를 차지하고 있다. 이러한 인구 구조의 변화는 의료비와 돌봄 비용의 급증, 노동력 부족, 가족 돌봄의 한계 등 다양한 사회적 문제를 야기했다. 특히, 전통적으로 가족 중심의 돌봄 문화가 강했던 일본에서 핵가족화와 1인 가구의 증가로 인해 가족 돌봄의 역할이 약화되면서 새로운 돌봄 체계의 필요성이 대두되었다.

지역포괄케어 시스템은 이러한 문제를 해결하기 위해 2006년 일본 정부가 처음으로 개념을 제시하며 본격적으로 추진되었다. 이 시스템은 "의료와 돌봄의 통합"이라는 철학을 바탕으로, 고령자들이 병원이나 시설에 의존하지 않고도 지역사회 내에서 자립적인 생활을 영위할 수 있도록 지원한다. 이를 위해 의료기관, 돌봄 서비스 제공자, 지역 자원봉사자, 지방자치단체 등이 유기적으로 협력하며, 고령자의 개별적인 필요에 맞춘 맞춤형 서비스를 제공한다.

또한, 지역포괄케어 시스템은 단순히 고령자 개인의 문제를 해결하는 데 그치지 않고, 지역사회의 연대와 협력을 강화하는 데 기여한다. 지역 주민들이 서로를 돌보고 지원하는 문화를 조성함으로써, 고령화로 인한 사회적 부담을 분산시키고 공동체의 지속 가능성을 높이는 데 중요한 역할을 한다. 이러한 점에서 일본의 지역포괄케어 시스템은 단순한 복지 정책을 넘어, 고령화 시대를 대비하는 새로운 사회 모델로 평가받고 있다.

4. 고령화 대응책으로 디지털 기술과 혁신

2010년대부터 일본 정부는 디지털 기술을 활용한 돌봄 시스템 개발에 본격적으로 투자했다. 특히 2015년부터 로봇 기술을 노인돌봄에 적용하기 위해 52억 엔(약 47.3백만 달러)의 예산을 책정하며 연구 개발을 지원했다. 대표적인 사례로는 노인돌봄 로봇 로베어(Robear)와 감정 인식 로봇 페퍼(Pepper)가 있다.(《조선일보》, 2025.02.04., "일본도 돌봄 인력난 심각… 노인 주택 곳곳에 로봇 IT장비 설치")

현재 일본은 의료 데이터와 돌봄 데이터를 통합하는 시스템을 구축하여 노인돌봄의 효율성을 높이고 있다. 대표적인 사례로는 과학적 개호 정보 시스템(LIFE)이 있으며, 이는 자립 지원과 중증화 방지를 목표로 설계되었다. 이 시스템은 전국의 개호 시설에서 데이터를 수집 분석하여 근거 기반의 피드백을 제공하며, 일본 인구의 약 95%가 이러한 디지털 돌봄 시스템의 혜택을 받고 있다.[49]

또한 일본은 로봇과 AI를 활용하여 노인돌봄의 인력 부족 문제를 해결하고 있다. 로봇은 노인의 이동 보조, 낙상 방지, 재활 치료 등을 지원하며, 감정 인식 로봇은 노인과의 상호작용을 통해 정서적 안정감을 제공한다. AI 기술은 노인의 건강 상태를 실시간으로 모니터링하고 돌봄 서비스를 자동화하는 데 기여하고 있다.

일본의 연구소와 기업들은 노인의 삶의 질을 향상시키기 위해 다양한 디지털 기기를 개발하고 있다. 약 복용 알림, 위치 추적, 응급 알림 시스템 등은 노인의 일상생활을 돕는 데 사용되며, Future Care Lab은 이러한 스마트 기기를 통해 노인의 자립적인 생활을 지원하고 있다.

그림 15 감정인식 로봇 페퍼(Pepper) https://www.wsj.com/articles/humanoid-robot-softbank-jobs-pepper-olympics-11626187461

마지막으로 일본은 지역 사회와 연계된 디지털 플랫폼을 통해 노인돌봄을 지원하고 있다. CARE-Net과 같은 플랫폼은 의료, 복지, 장기 요양 서비스를 통합하여 지역 사회의 노인들에게 접근 가능한 돌봄을 제공한다. 지역포괄케어 시스템은 고령자들이 익숙한 지역에서 자립적인 생활을 유지할 수 있도록 의료, 간호, 생활 지원 등을 통합적으로 제공하고 있다.

디지털 기술은 돌봄 인력 부족 문제를 해결하고, 고령자의 자립성과 삶의 질을 향상시키는 데 중요한 역할을 하고 있다. 일본의 디지털 기반 노인돌봄 시스템은 데이터 활용, AI 기술, 그리고 혁신적인 기기들을 중심으로 발전하고 있다.

일본은 의료 및 돌봄 데이터를 통합하여 효율적인 서비스를 제공하는 데이터 기반 시스템을 구축했다. 대표적인 사례로는 과학적 개호 정보 시스템(LIFE)이 있다. 이 시스템은 고령자의 자립 지원과 중증화 방지를 목표로 설계되었으며, 전국의 개호 시설에서 데이터를 수집하고 분석하여 근거 기반의 피드백을 제공한다. 이를 통해 돌봄 서비스의 질을 높이고, 고령자의 건강 상태를 체계적으로 관리할 수 있다. 또한, 일본 정부는 간병 데이터를 활용해 새로운 솔루션을 개발하는 간병 RDP(Real Data Platform) 사업도 추진하고 있다.[50]

AI와 로봇 기술은 일본의 노인돌봄에서 핵심적인 역할을 하고 있다. AI 기반의 돌봄 로봇은 신체적 지원뿐만 아니라 정서적 교류를 통해 고령자의 고독감을 해소하는 데 기여하고 있다. 예를 들어, 일본의 사이버다인이 개발한 착용형 보행 로봇 HAL은 고령자의 근력 약화를 보조하고 재활을 돕는다. 이 로봇은 사용자의 근육에서 발생하는 전기 신호를 감지하여 움직임을 지원하며, 고령자가 독립적으로 이동할 수 있도록 돕는다. 또한, 감정 인식 로봇은 고령자와 상호작용하며 정서적 안정감을 제공한다.[51]

자율주행 휠체어는 이동 취약계층의 독립성을 강화하는 혁신적인 기술로 주목받고 있다. 이 휠체어는 사용자가 목적지를 설정하면 자동으로 경로를 탐색하고 장애물을 회피하며 안전하게 이동할 수 있다. 예를 들어, 하이코어가 개발한 자율주행 휠체어는 병원과 같은 공공장소에서 환자들이 진료실을 찾아갈 수 있도록 돕고 있다. 이 기술은 고령자뿐만 아니라 장애인, 임산부 등 다양한 이동 취약계층에게도 적용 가능하며, 이동의 자유를 제공한다.

스마트 침대와 같은 혁신적인 기기도 일본의 노인돌봄에서 중요한 역할을 하고 있다. 이러한 침대는 고령자의 움직임을 실시간으로 모니터링하며, 낙상 위험이 감지되면 즉시 경고를 보낸다. 또한, 스마트 홈 시스템은 센서를 통해 고령자의 주거 환경을 모니터링하고, 응급 상황 시 자동으로 가족이나 응급 구조대에 연락을 취한다. 이러한 기술은 고령자가 기존의 주거지에서 안전하고 독립적으로 생활할 수 있도록 돕는다.

일본의 디지털 기반 노인돌봄 시스템은 기술을 통해 돌봄의 패러다임을 변화시키고 있다. 데이터와 AI 기술을 활용한 혁신적인 접근은 고령자의 삶의 질을 향상시키는 동시에 돌봄 인력의 부담을 줄이고 있다. 이러한 기술들은 초고령 사회의 도전에 대응하기 위한 중요한 해결책으로 자리 잡고 있다.

1) RDP(Real Data Platform)

일본의 RDP(Real Data Platform)는 급속히 고령화되는 사회에서 돌봄 서비스의 질을 향상시키고, 간병 인력 부족 문제를 해결하기 위해 개발된 데이터 기반 시스템이다. 일본은 이미 초고령 사회로 진입했으며, 2025년까지 약 32만 명의 간병 인력이 부족할 것으로 예상된다.[52] 이러한 상황에서 RDP는 데이터를 활용하여 효율적이고 지속 가능한 돌봄 서비스를 제공하고자 하는 목적으로 설계되었다.

RDP의 주요 목적은 효율적인 간병 서비스를 제공하는 데 있다. 데이터를 기반으로 개별 환자의 상태를 분석하고 맞춤형 돌봄 계획을 수립한다. 또한 간병 인력의 업무 부담을 경감하는 데 기여한다. 디지털화된 시스템을 통해 간병사의 반복적인 업무를 줄이고, 더 많은 환자를 관리할 수 있도록 지원한다. 마지막으로 돌봄 서비스의 질을 향상시키는 데 목적이 있다. 실시간 데이터 분석을 통해 환자의 건강 상태를 모니터링하고, 돌발 상황에 신속히 대응한다.

RDP는 2019년 일본의 대형 보험사인 SOMPO Holdings와 Palantir Technologies의 협력을 통해 처음 도입되었다. 초기에는 간병 시설에서 데이터를 수집하고 이를 분석하여 돌봄 계획을 최적화하는 데 초점이 맞춰졌다. 이후 2021년부터 본격적으로 확대되었으며, 현재 약 300개의 간병 시설에서 사용되고 있다.[53]

RDP는 간병 데이터뿐만 아니라 IoT 기기와 AI 기술을 활용하여 환자의 움직임, 수면 패턴, 건강 상태 등을 실시간으로 모니터링한다. 이러한 데이터는 시각화된 그래픽으로 제공되어 간병사와 관리자들이 환자의 상태를 쉽게 파악할 수 있도록 돕는다.

현재 RDP는 일본 내에서 간병 산업의 디지털 전환(DX)을 선도하는 기술로 자리 잡고 있다. 일본 정부는 RDP와 같은 데이터 기반 시스템을 적극적으로 지원하고 있으며, 이를 통해 간병 서비스의 효율성을 높이고 있다. 예를 들어, 일본 후생노동성은 RDP와 연계된 LIFE(Long-term care Information system For Evidence) 시스템을 구축하여 간병 시설에서 수집된 데이터를 분석하고 피드백을 제공하고 있다.

민간 부문에서도 RDP는 긍정적인 반응을 얻고 있다. SOMPO Holdings는 RDP를 통해 2040년까지 약 3.7조 엔(약 27.6조 원)의 사회적 가치를 창출할 것으로 예상하고 있으며, 2030년까지 약 100억 엔(약 730

억 원)의 운영 이익을 목표로 하고 있다. 또한, RDP는 일본뿐만 아니라 글로벌 시장에서도 활용 가능성이 높아, 다른 국가로의 확장이 기대되고 있다.[54]

RDP는 간병 시설의 운영 효율성을 약 20% 이상 향상시키는 데 기여하고 있다. 디지털화된 간병 계획을 통해 연간 약 80만 엔(약 6,000달러)의 비용 절감 효과를 보고 있다. 또한, RDP는 간병 인력 부족 문제를 완화하고 고령자들의 삶의 질을 향상시키는 데 기여하고 있다. 이는 일본의 초고령 사회 문제 해결에 중요한 역할을 하고 있다.

2) ICT 기술이 고령자의 삶의 질 향상에 미치는 구체적인 사례

ICT(정보통신기술)는 건강 상태를 실시간으로 모니터링할 수 있는 센서와 웨어러블 기기를 활용하면 고령자의 심박수, 혈압, 낙상 여부 등을 감지하여 이상 상황 발생 시 가족이나 의료진에게 즉각 알림을 보낼 수 있다. 이는 응급 상황에서 신속한 대응을 가능하게 하며, 고령자의 안전을 보장한다. 또한 디지털 약물 디스펜서와 같은 기술은 고령자가 약물을 제때 복용하도록 돕는다. 약물 복용 시간이 되면 알림을 제공하거나, 복용하지 않을 경우 가족이나 간병인에게 경고를 보낸다.

영상 통화 기술은 고령자와 가족, 친구 간의 소통을 돕는 데 효과적이다. 일본의 사례에서는 영상 통화를 통해 고령자의 표정과 방 상태를 확인하며 정서적 안정감을 제공한 사례가 보고되었다. 이는 고령자의 사회적 연결을 강화하고, 가족과의 관계를 더욱 돈독히 하는 데 기여한다. 또한 ICT는 고령자가 온라인 커뮤니티에 참여하거나 취미 활동을 지속할 수 있도록 지원하여 자존감을 높이고, 사회적 활동성을 유지하는 데 도움을 준다.

스마트 홈 시스템은 고령자가 일상생활을 보다 독립적으로 수행할 수 있도록 돕는다. 음성 명령으로 조명을 켜거나, 스토브가 일정 시간 이상 켜져 있을 경우 알림을 보내는 기술이 개발되었다. 이러한 기술은 고령자의 자립성을 높이고, 안전한 환경을 제공한다. AI 기술은 고령자의 일상생활을 지원하는 데 활용되며, 일정 관리, 약 복용 알림, 건강 상태 분석 등을 제공하여 고령자의 삶을 보다 체계적으로 관리할 수 있도록 돕는다.

인터넷 사용과 같은 ICT 기술은 고령자의 인지 기능과 기억력을 향상시키는 데 기여하며, 치매 예방에도 긍정적인 영향을 미친다. 또한 ICT를 통해 고령자는 온라인으로 다양한 활동에 참여할 수 있으며, 이는 정서적 안정과 삶의 만족도를 높이는 데 기여한다. 예를 들어, 원격으로 체조나 온라인 모임에 참여한 사례가 보고되었다.

ICT 기술은 간병인이 고령자의 상태를 원격으로 모니터링하고 관리할 수 있도록 돕는다. 이는 간병인의 방문 빈도를 줄이면서도 충분한 돌봄을 제공할 수 있는 기반을 마련한다. 일본에서는 영상 통화를 통해 간병인이 고령자의 상태를 확인하고, 의료진과 협력하여 돌봄의 질을 높인 사례가 있다.

특히 일본에서 영상 통화 기술은 고령화 사회와 디지털 전환의 맥락에서 다양한 긍정적인 효과를 가져왔다. 특히, 고령자와 가족 간의 소통, 사회적 고립 방지, 그리고 정서적 안정감 제공 측면에서 주목할 만한 사례들이 보고되고 있다. 영상 통화 기술은 고령자와 가족, 친구 간의 소통을 원활히 하여 사회적 고립을 줄이는 데 기여하고 있다. 일본에서는 영상 통화를 통해 고령자의 표정과 생활 환경을 확인하며 정서적 안정감을 제공한 사례가 있다. 이는 고령자가 가족과의 관계를 유지하고, 외로움을 해소하는 데 중요한 역할을 한다고 평가받고 있다.

독거노인이나 요양 시설에 거주하는 고령자들에게 가족과의 영상 통화는 심리적 안정감을 제공하며, 고독감을 완화하는 데 도움을 준다. 일본의 사례에서는 이러한 기술이 고령자의 삶의 질을 향상시키는 데 중요한 도구로 활용되고 있다. 일본에서는 영상 통화 기술이 점차 간편하고 접근성이 높은 형태로 발전하고 있다. 예를 들어, 전화번호 없이도 간단히 사용할 수 있는 플랫폼이 등장하면서 고령자들도 쉽게 기술을 활용할 수 있게 되었다. 이는 디지털 소외 계층인 고령자들에게 기술 접근성을 확대하는 데 기여하고 있다.

영상 통화는 일본 고령자들의 정서적 안정에 중요한 역할을 했다. 특히 코로나19 팬데믹 기간 동안 사회적 거리두기로 인해 대면 접촉이 제한되면서 고령자들은 가족 및 지인과의 소통이 단절되는 어려움을 겪었다. 이러한 상황에서 영상 통화는 고령자들이 가족과 연결될 수 있는 대체 수단으로 활용되었다. 이를 통해 고령자들은 고립감을 해소하고 심리적 안정감을 얻을 수 있었다.

영상 통화는 고령자들이 가족과 얼굴을 보며 대화할 수 있는 기회를 제공함으로써 정서적 유대감을 강화했다. 예를 들어, 요양병원에 입소한 고령자들은 영상 통화를 통해 가족과 정기적으로 소통하며 심리적 안정감을 얻었다. 이러한 소통은 고령자들의 우울감을 완화하고 시설 생활 만족도를 높이는 데 기여했다. 특히 중증 환자나 보호자와 소통이 적은 환자들에게는 간병인이 옆에서 영상 통화를 지원함으로써 더욱 효과적인 정서적 지원이 이루어졌다.

또한, 영상 통화는 고령자들이 손주와 소통하며 정서적 안정감을 얻는 데도 도움을 주었다. 손주와의 영상 통화는 고령자들에게 활력을 불어넣고, 손주와의 교감을 통해 긍정적인 정서를 형성하는 계기가 되었다. 이는 고령자들이 사회적 고립감을 극복하고 가족과의 관계를 유지하는 데 중요한 역할을 했다. 특히 손주와의 소통은 고령자들에게 사랑과 애정을 표현할 기회를 제공하며, 손주들에게는 비언어적 표현을 배우고 사회성을 높이는 데도 기여했다.

영상 통화는 단순히 소통의 수단을 넘어 고령자들의 정서적 안정과 삶의 질을 향상시키는 중요한 도구로 자리 잡았다. 일본에서는 이러한 기술을 더욱 효과적으로 활용하기 위해 고령자들에게 영상 통화 사용법을 교육하거나, 간병인이 지원하는 방식으로 접근성을 높이는 노력을 기울였다. 이를 통해 고령자들은 가족과의 연결을 유지하며 정서적 안정감을 얻고, 사회적 단절을 극복할 수 있었다.(김남기 기자, 2023.06.02. '마음을 이어주는 앱'…, 《이므작뉴스》 참고)

이처럼 영상 통화 사용법 교육은 고령자들에게 다양한 긍정적인 변화를 가져왔다. 특히, 코로나19 팬데믹과 같은 사회적 거리두기 상황에서 이러한 기술 교육은 고령자들의 사회적 연결성을 유지하고 정서적 안정감을 증진시키는 데 중요한 역할을 했다.

영상 통화 사용법을 익힌 고령자들은 가족, 친구, 그리고 지인들과의 소통을 지속할 수 있었다. 이는 고령자들이 사회적 고립감을 극복하고 정서적 안정감을 유지하는 데 크게 기여했다. 특히, 일본의 연구에 따르면, 영상 통화는 고령자들이 가족과 얼굴을 보며 대화할 수 있는 기회를 제공함으로써 정서적 유대감을 강화하고 우울감을 완화하는 데 효과적이었다.

그림 16 마음을 이어주는 앱
https://www.emozak.co.kr/news/articleView.html?idxno=10221

영상 통화 사용법 교육은 고령자들의 디지털 기술 활용 능력을 향상시켰다. 이는 단순히 영상 통화뿐만 아니라, 다른 디지털 기기나 온라인 서비스를 활용하는 데도 긍정적인 영향을 미쳤다. 이러한 기술 습득은 고령자들이 정보에 접근하거나 일상생활에서 디지털 도구를 활용하는 데 자신감을 갖게 했다.

5. 유형별로 본 노인돌봄 성공사례

1) 도야마현 다카오카시(Takaoka City) : 지역포괄케어

다카오카시는 일본 혼슈 도야마현 북서부에 위치한 도시로, 1609년 마에다 도시나가가 다카오카성을 건설하면서 발전하기 시작했다. 이 도시는 전통적으로 금속 공예와 구리 제품 생산으로 유명하며, 일본의 주요 금속 공예 중심지로 자리 잡았다. 특히, 다카오카 대불은 지역 금속 공예 기술의 상징으로, 지역 경제와 문화의 중심적인 역할을 해왔다.[55]

다카오카시는 고령자들이 병원이나 시설에 의존하지 않고도 지역사회에서 자립적으로 생활할 수 있는 환경을 조성하는 데 집중해왔다. 무엇보다 다카오카시의 지역포괄케어 시스템은 고령자들이 익숙한 지역사회에서 존엄을 유지하며 자립적으로 생활할 수 있도록 의료, 돌봄, 예방, 생활지원, 주거 서비스를 유기적으로 통합해 제공하는 것을 목표로 한다. 이를 실현하기 위해 다카오카시는 지역 자원을 최대한 활용하여 효율적이고 체계적인 시스템을 구축했다. 특히, 지역포괄지원센터를 중심으로 의료진, 사회복지사, 간호사 등이 협력하여 고령자 개개인의 상태와 필요를 세심히 파악하고, 이에 맞춘 맞춤형 서비스를 제공하고 있다.

다카오카시는 일본 정부가 2014년부터 시행한 "지역의료 및 개호 종합확보추진법"을 기반으로 지역포괄케어 시스템을 한층 강화하며 새로운 돌봄 모델을 선보였다. 이 법은 의료와 돌봄 서비스를 유기적으로 통합하기 위한 토대를 제공했으며, 다카오카시는 이를 활용해 지역 내 돌봄 체계를 혁신적으로 재구성했다.

특히, 방문 간호 서비스와 재활 프로그램을 대폭 확대하여 고령자들이 익숙한 집에서 의료와 돌봄을 동시에 받을 수 있는 환경을 조성했다. 더불어, 지역 주민들이 자발적으로 참여하는 호조(互助) 네트워크를 활성화해 커뮤니티의 연대감을 높이고 상호 지원 문화를 정착시켰다. 이러한 접근은 단순히 고령자들의 삶의 질을 향상시키는 데 그치지 않고, 병원 재입원율 감소와 의료비 절감이라는 실질적인 성과로 이어졌다.[56]

2023년 조사에 따르면, 지역포괄케어 시스템을 이용한 고령자의 85%가 "서비스에 만족한다"고 응답했다. 병원 입원율이 약 20% 감소하며 의료비 부담도 크게 줄어들었고, 커뮤니티 기반 활동 참여율이 2018년 60%에서 2024년 75%로 증가하며 고령자들의 사회적 고립 문제가 완화되었다.[57]

치매예방 : 치매 카페, 치매 예방 워크숍

다카오카시는 치매 카페, 치매 서포터 양성 프로그램, 치매 예방 워크숍은 치매로 인한 부담을 줄이고, 치매에 대한 인식을 개선하는 데 중요한 역할을 하고 있다.

치매 카페는 치매 환자와 가족이 정기적으로 모여 정보를 공유하고 심리적 지원을 받을 수 있는 공간으로 운영되고 있다. 이 카페는 매주 수요일 오전 10시부터 오후 3시까지 열리며, 전문 상담사와 간호사가 상주하여 환자와 가족의 고민을 듣고 조언을 제공한다. 치매 환자들이 참여할 수 있는 다양한 활동도 마련되어 있다. 미술 치료와 음악 활동은 환자들의 정서적 안정과 창의력을 자극하며, 간단한 체조 프로그램은 신체 활동을 통해 건강을 유지하도록 돕는다. [58]

치매 예방 워크숍은 고령화 사회에서 치매를 조기에 예방하고 관리하기 위해 다양한 기관과 지역사회에서 운영되는 프로그램이다. 이 워크숍은 치매에 대한 이해를 높이고, 예방 활동을 통해 노년층의 삶의 질을 향상시키는 것을 목표로 한다. 워크숍에서는 집중력, 기억력, 문제 해결 능력을 향상시키기 위한 활동이 포함되며, 손과 머리를 자극하는 활동 중심형 프로그램이 제공된다. 예를 들어, 퍼즐 풀기, 숫자 게임, 기억력 테스트와 같은 인지 자극 활동은 참가자들의 뇌를 활성화하고 인지 기능을 강화한다.

또한 가벼운 스트레칭, 요가, 걷기 운동 등 신체 활동을 통해 혈액 순환을 개선하고 전반적인 건강을 유지하도록 돕는다. 그룹 활동을 통해 참가자들이 서로 소통하고 협력하며 사회적 고립을 방지하는 사회적 교류도 중요한 부분이다. 이는 심리적 안정감과 정서적 건강을 증진하는 데 기여한다. 치매 예방에 도움이 되는 식단과 영양 정보를 제공하는 영양 교육을 통해 참가자들이 건강한 식습관을 유지할 수 있도록 지원하며, 그림 그리기, 공예, 음악 활동 등 창의적 활동을 통해 창의력을 자극하고 스트레스를 완화한다. 또한 치매의 초기 증상, 예방 방법, 지역 내 지원 서비스에 대한 정보를 제공하여 참가자들이 치매에 대한 이해를 높이고 필요한 경우 적절한 도움을 받을 수 있도록 한다. [59]

또한 의료와 간호의 연계, 예방 활동, 치매 환자 지원 프로그램이 효과적으로 운영되면서 다른 지역에서도 벤치마킹 사례로 주목받고 있다.

다카오카시는 의료와 간호를 중심으로 복지 서비스와의 연계를 강화하여 고령자들이 병원, 요양시설, 자택 간의 이동 과정에서 끊김 없는 서비스를 받을 수 있도록 체계를 마련했다. 지역 내 병원과 간호시설, 방문 간호 서비스가 협력하여 환자의 상태에 따라 적절한 서비스를 제공하며, 고령자들이 일상생활에서 필요한 지원(식사 배달, 가사 지원 등)을 받을 수 있도록 지역 복지 네트워크를 강화했다. 이를 통해 불필요한 병원 입원이나 장기 요양을 줄이고, 예방 중심의 접근 방식을 통해 고령자들의 건강 상태를 정기적으로 모니터링하며 질병 예방과 건강 유지에 초점을 맞추고 있다. 치매 예방 워크숍은 매월 둘째 주 화요일에 진행되며, 기억 향상 게임, 두뇌 훈련 활동, 치매 초기 증상에 대한 교육을 포함하여 치매를 예방하고 초기 단계에서 적절히 대처할 수 있도록 돕는다.

그뿐아니라 다카오카시는 지역 주민을 대상으로 치매 서포터 양성 프로그램을 운영하여 치매에 대한 이해를 높이고, 치매 환자와 가족을 돕는 지역사회의 기반을 강화하고 있다. 이 프로그램은 매월 마지막 주 토요일에 열리며, 치매의 증상과 대처법, 환자와의 의사소통 방법 등을 다룬다. 교육을 수료한 주민들은 치매 환자와 가족을 지원하는 역할을 맡아 지역 내 치매 관리 체계를 강화하는 데 기여한다. 일본의 오렌지 플랜처럼, 다카오카시에서도 지역 주민들이 치매 환자와 가족을 이해하고 지원할 수 있도록 돕는 방식으로 지역사회의 치매 대응 역량을 높이고 있다.

다카오카시의 케어플랜

다카오카시는 의료와 간호를 중심으로 복지 서비스와의 연계를 강화하여 고령자들이 병원, 요양시설, 자택 간의 이동 과정에서 끊김 없는 서비스를 받을 수 있도록 체계를 마련하고 있다. 지역 내 병원과 간호시설, 방문 간호 서비스가 협력하여 환자의 상태에 따라 적절한 서비스를 제공하며, 고령자들이 일상생활에서 필요한 지원(식사 배달, 가사 지원 등)을 받을 수 있도록 지역 복지 네트워크를 강화하고 있다. 이를 통해 불필요한 병원 입원이나 장기 요양을 줄이고, 예방 중심의 접근 방식을 통해 고령자들의 건강 상태를 정기적으로 모니터링하며 질병 예방과 건강 유지에 초점을 맞추고 있다.

지역 주민과 자원봉사자들의 참여를 적극적으로 유도하여 커뮤니티 기반의 지원 체계를 구축하고 있다. 이를 통해 고령자들이 사회적 고립을 느끼지 않도록 돕고, 지역 내에서의 유대감을 강화하고 있다. 지역 주민들이 자발적으로 참여하는 봉사 활동을 통해 고령자들에게 정서적, 실질적 지원을 제공하며, 커뮤니티 센터나 복지 시설을 거점으로 활용하여 고령자들이 쉽게 접근할 수 있는 상담 및 지원 서비스를 제공하고 있다.

다카오카시는 의료진, 간호사, 복지사, 행정 담당자들이 정기적으로 모여 개별 고령자의 상태와 필요를 논의하는 "지역 케어 회의"를 운영하고 있다. 이를 통해 고령자들에게 적합한 맞춤형 서비스를 제공하고 있다. 예를 들어, 80대 독거 노인이 낙상 위험이 높다는 진단을 받은 경우, 방문 간호와 주 3회의 가사 지원 서비스를 제공받았으며, 지역 커뮤니티 센터에서 진행하는 운동 프로그램에 참여하도록 안내받아 건강 상태가 개선되었다.[60]

고령자들이 안전하게 생활할 수 있도록 주거 환경을 개선하는 사업이 진행되고 있다. 이 사업은 욕실에 손잡이를 설치하거나 휠체어가 쉽게 이동할 수 있도록 집 구조를 개조하는 등의 지원을 포함한다. 이러한 개선은 고령자들이 자택에서 더욱 안전하고 편안하게 생활할 수 있도록 돕는 데 중요한 역할을 한다.

2023년 조사에 따르면, 지역포괄케어 시스템을 이용한 고령자의 85%가 "서비스에 만족한다"고 응답했다. 병원 입원율이 약 20% 감소하며 의료비 부담도 크게 줄어들었고, 커뮤니티 기반 활동 참여율이 2018년 60%에서 2024년 75%로 증가하며 고령자들의 사회적 고립 문제가 완화되었다.[61]

다카오카시는 지역 내 병원, 의원, 방문 간호 서비스, 요양 시설과 긴밀히 협력하여 고령자들에게 끊김 없는 의료와 간호 서비스를 제공하고 있다. 이를 통해 고령자들이 병원에서 퇴원한 후 자택으로 복귀하거나 요양 시설로 이동하는 과정에서 필요한 지원을 체계적으로 받을 수 있도록 관리하고 있다. 특히, 24시간 방문 간호 서비스를 통해 응급 상황에서도 간호사가 즉시 방문할 수 있는 체계를 마련하여 고령자들이 병원에 의존하지 않고도 자택에서 필요한 의료와 간호를 받을 수 있도록 돕고 있다. 또한, 의료진, 간호사, 케어 매니저가 정기적으로 회의를 열어 환자의 상태를 공유하고 최적의 케어 플랜을 수립하며, 이를 통해 환자의 건강 상태를 지속적으로 모니터링하고 필요에 따라 맞춤형 서비스를 제공하고 있다.

2) 가나가와현 요코하마시 : ICT 기술 활용 성공사례

가나가와현 요코하마시는 초고령사회의 도전에 대응하기 위해 정보통신기술(ICT)을 활용한 지역포괄케어 시스템을 성공적으로 운영하며 모범적인 사례로 자리 잡았다. 일본은 급격히 진행되는 고령화와 이로 인한 의료 및 돌봄 비용 증가 문제를 해결하기 위해 2005년 개호보험법을 개정하고, 이를 기반으로 지역포괄케어 시스템을 도입했다. 요코하마시는 이러한 제도를 바탕으로 지역 밀착형 서비스를 강화하며 ICT 기술을 적극적으로 활용해왔다.

요코하마시는 2010년대 초반부터 ICT 기술을 통해 고령자들이 필요한 서비스를 적시에 제공받을 수 있는 체계를 구축했다. 고령자들의 건강 상태와 돌봄 필요도를 실시간으로 모니터링할 수 있는 디지털 플랫폼을 개발했으며, 이를 통해 의료진, 돌봄 제공자, 그리고 지역포괄지원센터 간의 정보 공유를 원활히 했다. 이러한 시스템은 응급 상황 발생 시 신속한 대응을 가능하게 하여 고령자들의 안전을 보장하고 삶의 질을 크게 향상시키는 데 기여했다.

예를 들어, IoT 기반 센서를 통해 고령자의 혈압, 심박수, 체온 등의 데이터를 실시간으로 수집하고, 이를 클라우드 시스템에서 관리하여 의료진과 가족에게 즉시 전달하는 시스템이 구축되었다. 이러한 기술은 응급 상황에서의 대응 시간을 단축시키고, 불필요한 병원 방문을 줄이는 데 기여했다. AI를 활용하여 고령자들의 건강 데이터를 분석하고 돌봄 서비스의 우선순위를 설정함으로써 자원의 효율적 배분과 서비스 품질 향상을 이루었다.

요코하마시는 지역 내 30분 거리 이내에 위치한 지역포괄지원센터를 통해 고령자들이 필요한 서비스를 누락 없이 받을 수 있도록 지원하고 있다. 이 센터는 의료, 돌봄, 예방, 주거, 생활 지원을 통합적으로 관리하며, 고령자와 가족들에게 상담 및 사례 관리를 제공한다. 특히, ICT 기술을 활용한 온라인 상담 서비스는 고령자와 가족들이 돌봄 관련 문제를 상담하거나 필요한 정보를 얻을 수 있도록 돕는 역할을 했다. 치매 환자 가족을 위한 맞춤형 상담 프로그램과 지역 내 돌봄 자원에 대한 정보 제공은 지역사회의 신뢰를 높이는 데 기여했다. 2023년 기준, 이러한 온라인 상담 서비스는 월평균 1,500건 이상의 상담을 처리하며 지역 주민들에게 큰 호응을 얻었다.[62]

요코하마시는 ICT 기술을 활용하여 지역포괄케어 시스템의 효율성과 접근성을 크게 향상시켰다. 주요 ICT 활용 사례로는 고령자들의 건강 상태와 돌봄 필요도를 실시간으로 모니터링할 수 있는 디지털 플랫폼 개발이 있다. 이 플랫폼은 의료진, 돌봄 제공자, 지역포괄지원센터 간의 신속한 정보 공유를 가능하게 하여 고령자들에게 적시에 적절한 서비스를 제공할 수 있도록 지원한다. IoT 디바이스를 통해 고령자의 건강 데이터를 수집하고 이를 클라우드 기반 시스템에서 관리하여 의료진이 실시간으로 확인할 수 있도록 했다. 이를 통해 응급 상황에서도 빠른 대처가 가능해졌다.

한 설문조사에 따르면, 요코하마시 거주 고령자의 85%가 ICT를 활용한 돌봄 서비스에 만족한다고 응답했으며, 가족 구성원의 78%는 이러한 시스템이 돌봄 부담을 줄이는 데 실질적인 도움이 되었다고 평가했다. 특히, 24시간 응급 대응 체계와 실시간 건강 모니터링 시스템은 고령자들이 자택에서 안전하게 생활할 수 있는 환경을 조성하는 데 중요한 역할을 했다.(국제사회보장리뷰 2018년 여름호, 통권 5호, pp.67-77 참고)

또한, 요코하마시는 고령자와 가족들이 쉽게 접근할 수 있는 온라인 상담 서비스를 제공하여 돌봄에 대한 부담을 줄였다. 이 서비스는 고령자와 가족들이 돌봄 관련 문제를 상담하거나 필요한 정보를 얻을 수 있도록 돕는 역할을 했다. 특히, 치매 환자 가족을 위한 맞춤형 상담 프로그램과 지역 내 돌봄 자원에 대한 정보를 제공하여 지역사회의 신뢰를 높였다. 2023년 기준, 이러한 온라인 상담 서비스는 월평균 1,500건 이상의 상담을 처리하며 지역 주민들에게 큰 호응을 얻었다.[63]

요코하마시는 첨단 ICT 기술을 활용한 지역포괄케어 시스템으로 초고령 사회의 도전을 성공적으로 헤쳐나가고 있으며, 모범 사례로서 국내외의 이목을 집중시키고 있다. 요코하마시의 경험은 ICT 기술이 고령화 시대의 의료와 돌봄 서비스를 획기적으로 개선하고 효율성을 높이는 데 얼마나 중요한지를 명확하게 보여준다.

3) 나가노현 마쓰모토시 : 예방 중심의 커뮤니티 케어

나가노현 마쓰모토시는 일본 중부에 위치한 도시로, 아름다운 자연환경과 풍부한 역사적 유산으로 잘 알려져 있다. 일본 알프스 산맥의 기슭에 자리 잡고 있어 사계절 내내 다양한 야외 활동을 즐길 수 있는 관광지로도 유명하다. 특히, 일본의 국보로 지정된 마쓰모토성은 이 도시의 상징적인 랜드마크로, 많은 관광객들이 방문하는 명소다. 마쓰모토시는 이러한 자연과 문화적 자산뿐만 아니라, 주민들의 삶의 질을 높이기 위한 다양한 지역사회 프로그램과 정책으로도 주목받고 있다. 특히, 초고령사회로 접어 일본에서 예방 중심의 커뮤니티 케어를 통해 고령자들의 건강과 복지를 증진시키는 데 성공한 사례로 평가받고 있다.

마쓰모토시는 예방 중심의 커뮤니티 케어를 통해 고령자들의 삶의 질을 향상시키고, 지역사회의 건강 증진과 의료비 절감에 성공한 사례로 주목받고 있다. 마쓰모토시는 고령화가 급속히 진행되는 상황에서 고령자들이 신체적, 정신적으로 건강을 유지하며 지역사회에서 자립적으로 생활할 수 있도록 돕기 위해 다양한 예방적 건강 관리 프로그램을 도입했다. 이러한 접근은 단순히 의료와 돌봄 서비스 제공에 그치지 않고, 고령자들이 스스로 건강을 관리하고 지역사회와의 연결을 유지할 수 있도록 지원하는 데 초점을 맞추었다.

마쓰모토시가 예방 중심의 커뮤니티 케어를 시작하게 된 동기는 고령화로 인한 의료비 증가와 병원 방문 횟수의 급증이었다. 특히, 만성질환과 같은 예방 가능한 건강 문제로 인해 병원을 찾는 고령자들이 많아지면서 지역 의료 시스템에 부담이 가중되었다. 이에 따라 마쓰모토시는 고령자들이 병원에 의존하기 전에 건강을 유지하고, 지역사회 내에서 활발히 활동할 수 있는 환경을 조성하기 위해 예방적 접근을 도입하기로 결정했다. 이 프로그램은 2010년대 초반부터 본격적으로 시작되었으며, 지역 내 체육관, 공원, 커뮤니티 센터를 중심으로 다양한 운동 프로그램과 건강 워크숍을 운영하는 방식으로 진행되었다.(일본 후생노동성 보고서 (2020)

마쓰모토시는 지역 내 체육관과 공원에서 고령자들을 위한 맞춤형 운동 프로그램을 제공했다. 예를 들어, 관절 건강을 위한 스트레칭 클래스, 균형 감각을 향상시키는 요가 프로그램, 그리고 심혈관 건강을 위한 걷기 모임 등이 운영되었다. 또한, 커뮤니티 센터에서는 영양 관리와 만성질환 예방을 주제로 한 건강 워크숍이 정기적으로 열렸다. 이러한 프로그램은 고령자들이 신체적 건강뿐만 아니라 정신적 건강도 유지할 수 있도록 돕는 데 중점을 두었다. 특히, 고령자들이 지역사회 내에서 다른 사람들과 교류하며 사회적 고립을 예방할 수 있도록 커뮤니티 활동을 적극적으로 장려했다.

마쓰모토시의 예방 중심 커뮤니티 케어는 고령자들의 병원 방문 횟수를 줄이고, 의료비 절감에도 기여했다. 2023년 기준, 마쓰모토시의 고령자 1인당 연간 병원 방문 횟수는 프로그램 도입 이전보다 약 15% 감소했으며, 지역 전체 의료비는 약 10% 절감된 것으로 나타났다. 또한, 프로그램에 참여한 고령자들의 80% 이상이 신체적 건강 상태가 개선되었다고 응답했으며, 70% 이상이 정신적 스트레스가 감소했다고 평가했다. 이러한 결과는 예방적 접근이 고령자들의 삶의 질을 향상시키는 데 효과적임을 보여준다.[64]

지역 주민들의 반응도 긍정적이었다. 많은 고령자들이 프로그램에 자발적으로했으며, 가족 구성원들도 이러한 활동이 고령자들의 건강 유지와 돌봄 부담 경감에 실질적인 도움이 된다고 평가했다. 특히, 지역 내 커뮤니티 센터에서 진행된 건강 워크숍은령자들뿐만 아니라 중장년층 주민들에게도 큰 호응을 얻었다. 이러한 프로그램은 세대 간 교류를 촉진하고, 지역사회의 연대감을 강화하는 데도 기여했다.

마쓰모토시의 예방 중심 커뮤니티 케어는 다른 지자체에서도 참고할 만한 많은 장점을 가지고 있다. 지역 내 자원을 적극 활용해 고령자들이 쉽게 이용할 수 있는 환경을 만든 점이 눈에 띈다. 체육관, 공원, 커뮤니티 센터 같은 기존 시설을 활용해 추가 비용을 줄이면서도 효과적인 프로그램을 운영했다. 또한, 신체 건강뿐만 아니라 정신적 안정과 사회적 연결까지 고려한 통합적인 접근 방식이 돋보인다. 지역 주민들이 자발적으로 참여하도록 유도하고, 세대 간 교류를 통해 지역사회의 유대감을 높인 점도 성공의 중요한 이유로 평가된다.

마쓰모토시의 사례는 예방 중심의 커뮤니티 케어가 고령화 사회에서 의료비를 줄이고 고령자들의 삶의 질을 높이는 데 효과적이라는 점을 잘 보여준다. 앞으로 마쓰모토시는 이러한 프로그램을 더욱 발전시켜 고령자들이 건강하고 활기찬 일상을 이어갈 수 있도록 지속적으로 지원할 계획이다. 이러한 접근 방식은 일본은 물론 전 세계에서 고령화 문제 해결의 새로운 길을 열어줄 수 있을 것으로 기대된다.

4) 오사카부 스이타시 : 다세대 통합 모델

오사카부 스이타시는 일본의 빠른 고령화와 그로 인한 사회적 고립 문제를 해결하기 위해 다세대 통합 모델을 성공적으로 도입한 곳으로 잘 알려져 있다. 스이타시가 이 모델을 통해 지역포괄케어 시스템을 구축하게 된 이유는 일본 사회의 변화와 지역사회의 필요에서 시작되었다.

일본은 2000년대 초반부터 고령화가 빠르게 진행되면서 다양한 사회적 문제에 직면했다. 특히, 2025년까지 일본 인구의 약 30%가 65세 이상이 될 것이라는 전망이 나오면서 고령자들의 의료와 복지 수요가 급격히 늘어났다. 이와 함께 고령자 중 많은 이들이 1인 가구로 생활하며 정서적, 사회적으로 고립되는 문제가 심각해졌다. 스이타시 역시 이런 문제에서 예외가 아니었다. 스이타시는 2000년대 초반부터 고령화 문제를 해결하기 위한 방법을 고민하기 시작했다. 당시 스이타시의 고령화율은 일본 평균보다 높았고, 고령자들이 지역사회와 단절된 채 생활하는 경우가 많았다. 이로 인해 의료와 복지 서비스에 대한 의존도가 높아지고, 지역사회의 유대감은 점점 약해졌다. [65]

이런 상황에서 스이타시는 2006년부터 지역포괄케어 시스템을 기반으로 한 다세대 통합 모델을 구상했다. 지역포괄케어 시스템은 고령자가 지역사회 안에서 자립적으로 생활할 수 있도록 의료, 복지, 주거 서비스를 통합적으로 제공하는 시스템이다. 특히 세대 간의 교류를 통해 지역사회의 유대감을 강화하는 데 초점을 맞췄다.

스이타시는 고령자들이 사회적으로 고립되지 않고, 젊은 세대와 자연스럽게 어울릴 수 있는 환경을 만들고자 했다. 이를 통해 젊은 세대는 고령화 문제를 이해하고 공감할 수 있는 기회를 얻고, 지역사회의 일원으로서 책임감을 느낄 수 있었다. 또한, 세대 간의 교류를 통해 지역사회의 유대감을 강화하고, 고령화로 인한 사회적 부담을 줄이는 것을 목표로 삼았다.

스이타시는 2008년부터 다세대 통합 모델을 본격적으로 실행에 옮겼다. 대표적인 사례로는 고령자 주거 단지 안에 어린이집, 커뮤니티 센터, 공원 등을 함께 배치한 프로젝트가 있다. 이 프로젝트는 고령자와 젊은 세대가 같은 공간을 공유하며 자연스럽게 교류할 수 있도록 설계되었다.

어린이집에서는 고령자들이 아이들과 시간을 보내며 정서적으로 안정감을 얻을 수 있었다. 젊은 부모 세대는 고령자들과의 교류를 통해 고령화 문제를 더 잘 이해하고 공감할 수 있었다. 커뮤니티 센터는 다양한 세대가 함께 참여할 수 있는 프로그램과 활동을 제공하며 지역사회의 유대감을 높이는 데 기여했다.

스이타 다세대 커뮤니티 프로젝트는 일본 오사카부 스이타시가 급격한 고령화와 사회적 고립 문제를 해결하기 위해 2010년부터 시작한 세대 통합 프로그램이다. 프로젝트의 핵심은 고령자 주거 단지 내에 어린이집, 커뮤니티 센터, 공원 등을 함께 배치하여 세대 간 교류를 촉진하는 것이다. 이를 통해 고령자와 젊은 세대가 물리적, 사회적 공간을 공유하며 자연스럽게 교류할 수 있는 기반을 마련했다. 예를 들어, 어린이집에서는 고령자들이 아이들과 시간을 보내며 전통 놀이를 가르치거나 동화책을 읽어준다.

커뮤니티 센터에서는 다양한 세대가 함께 참여할 수 있는 프로그램을 운영했다. 고령자들은 젊은 세대에게 전통 공예나 요리법을 가르쳤고, 젊은 세대는 고령자들에게 스마트폰이나 디지털 기기 사용법을 알려주었다.

또한, 지역 주민들이 함께 참여할 수 있는 축제나 행사를 정기적으로 열어 세대 간의 벽을 허물고 지역사회의 결속력을 강화했다. 지역 축제에서는 고령자와 젊은 세대가 함께 전통 춤을 추거나 지역 특산품을 만드는 워크숍을 진행하며 협력을 도모했다. 이러한 활동은 서로 다른 세대가 자연스럽게 어울리며 지역사회의 유대감을 키우는 데 중요한 역할을 했다.

구체적인 사례로는, 고령자들이 어린이들에게 일본의 전통 카드 게임인 "카루타"를 가르치는 활동이 있다. 카루타는 그림이나 글자가 적힌 카드를 보고 빠르게 맞추는 놀이로, 일본의 전통 문화와 언어를 배우는 데 유익한 게임이다. 이 활동은 어린이들에게는 재미와 학습의 기회를 제공하고, 고령자들에게는 어린 세대와 교감하며 추억을 나눌 수 있는 소중한 시간이 되고 있다.

스이타 다세대 커뮤니티 프로젝트는 여러 긍정적인 결과를 가져왔다. 2015년 스이타시 발표한 자료에 따르면, 이 프로젝트가 도입된 지역에서는 고령자들의 사회적 고립감이 30% 이상 감소했다. 젊은 세대의 지역사회 참여율도 20% 이상 증가했으며, 고령자들의 의료와 복지 서비스 이용 빈도가 줄어들면서 지역사회의 경제적 부담도 줄어들었다.[66]

5) 시마네현 이즈모시 : 농촌 지역의 맞춤형 케어

이즈모시는 일본 시마네현에 위치 도시이다. 농업 중심 지역 경제와 고령화 문제가 두드러지는 지역으로 벼농사와 같은 전통적인 농업이 발달하였으며, 산업화된 도시와는 달리 의료 자원과 교통 인프라가 제한적이다. 따라서 지역 특화된 의료 및 돌봄 시스템의 필요성이 남달랐다.

농촌 지역에서는 인구 밀도가 낮고 의료 접근성이 제한적이기 때문에, 지역포괄케어 시스템은 지역 주민의 생활권 내에서 필요한 서비스를 제공하는 데 중점을 둔다. 이즈모시는 지역 내 자원을 활용하여 고령자들이 자택에서 생활할 수 있도록 지원하며, 지역 주민과의 연계를 통해 사회적 고립을 방지하고 있다. 이를 위해 지역포괄지원센터를 중심으로 의료진, 사회복지사, 간호사 등이 협력하여 개인별 맞춤형 케어를 제공한다. 이러한 접근은 농촌 지역의 특수성을 반영하여 주민의 요구를 충족시키는 데 효과적이다. 무엇보다 농촌 지역의 특성을 고려한 맞춤형 케어와 이동형 의료 서비스를 성공 요인으로 꼽을 수 있다.

이동형 의료 서비스는 의료 접근성이 낮은 지역에 의료 서비스를 제공하기 위해 설계된 시스템으로, 다양한 기술과 운영 방식을 통해 의료 취약 지역 주민들에게 실질적인 혜택을 제공한다. 이동형 의료 서비스는 지리적, 경제적, 사회적 이유로 의료 시설에 접근하기 어려운 지역 주민들에게 의료 서비스를 직접 제공한다. 예를 들어, 농촌 지역이나 산간 지역처럼 병원 접근이 어려운 곳에서도 의료진이 직접 방문하여 진료를 제공할 수 있다. 이러한 서비스는 특히 고령자, 장애인, 저소득층 등 이동이 어려운 취약계층에게 큰 도움을 준다.

그뿐아니라 재난 상황이나 감염병 확산 시, 이동형 병원은 신속히 배치되어 응급 의료 서비스를 제공할 수 있다. 예를 들어, 자연재해로 인해 기존 의료 시설이 파괴된 경우에도 이동형 병원이 대체 의료 시설로 활용될 수 있다. 이동형 병원은 60분 이내에 개원이 가능한 시스템으로 설계되어 긴급 상황에서 빠르게 대응할 수 있다.[67]

이즈모시의 이동형 의료 서비스는 첨단 기술을 활용하여 의료 접근성을 개선하고 있다. 특히 5세대(5G) 네트워크와 인공지능(AI) 기술을 기반으로 한 시스템을 통해 의료 서비스를 제공하며, 이를 통해 초고속 데이터 전송과 초저지연성을 가능하게 한다. 이러한 기술은 원격 진단과 치료를 지원하며, 의료진이 환자의 상태를 실시간으로 파악하고 적절한 조치를 취할 수 있도록 돕는다. 또한, 모바일 에지 컴퓨팅(MEC) 기술을 활용하여 재난 상황이나 의료 취약 지역에서도 신속하게 의료 서비스를 제공할 수 있다. 이동형 병원은 기존 의료 기기와 정보통신기술을 융합하여 60분 내에 개원이 가능하도록 설계되었으며, 전문의와 초급 의료인을 보조하여 유연한 진단과 치료를 가능하게 한다. 이러한 시스템은 의료 서비스의 범위를 확대하고, 의료 접근성이 낮은 지역 주민들에게 실질적인 도움을 준다.[68]

이처럼 이즈모시는 농촌 지역의 특성을 반영한 맞춤형 케어와 이동형 의료 서비스를 통해 고령화 사회의 문제를 효과적으로 해결한 성공적인 사례로 평가받고 있다. 이러한 접근은 지역 주민들의 필요를 충족시키고, 의료와 복지 서비스를 긴밀히 연결함으로써 지속 가능한 지역사회를 만드는 데 큰 기여를 하고 있다.

6) 세대간 돌봄 - 유스하라 마을

유루리 유스하라(YURURI Yusuhara)는 일본 고치현 유스하라정에 위치한 복합센터로, 세대 간 돌봄과 지역사회 통합을 성공적으로 실현한 대표적인 사례로 평가받는다. 이 시설은 일본의 저명한 건축가 쿠마 켄고가 설계했으며, 노인과 어린이가 함께 어우러져 교감할 수 있는 공간으로 설계되었다.

유루리 유스하라는 2010년대 초반에 설립되었으며, 유스하라정의 자연환경과 전통을 반영한 건축물로 주목받고 있다. 건축에 사용된 핵심 재료는 지역에서 공급된 일본 고유종 삼나무이다. 건물 내부는 신발을 벗고 편안하게 이용할 수 있도록 설계되었으며, 벽에는 유스하라 지역의 나무 껍질을 혼합한 일본 전통 종이인 와시가 사용되어 따뜻하고 아늑한 분위기를 더한다. 자연과 인간, 지역 사회가 조화를 이루는 공간이다.

또한, 시설 운영에 필요한 자재와 식재료를 지역에서 조달함으로써 지역 경제를 지원하고, 관광객들에게도 유스하라정의 매력을 알리는 역할을 하고 있다.

이곳에서는 세대 간 교류와 돌봄을 중심으로 한 다양한 프로그램을 운영하고 있다. 노인과 어린이가 함께 책을 읽거나 전통 놀이를 즐기는 활동이 정기적으로 진행되며, 노인들이 어린이들에게 일본 전통 놀

그림 17 유스하라 도서관 https://www.linkedin.com/pulse/japanese-case-study-intergenerational-community-lenferna-de-la-motte/

이와 이야기를 전수하고 어린이들은 노인들에게 디지털 기기 사용법을 가르치는 양방향 학습 프로그램이 있다. 지역 주민들이 참여할 수 있는 전통 공예, 다도, 서예 등의 워크숍이 열린다. 또한, 노인의 일상생활을 지원하는 데이케어 서비스와 어린이를 위한 방과 후 돌봄 프로그램을 함께 운영한다.

유루리 유스하라은 고령화와 인구 감소라는 문제를 해결하기 위해 세대 간 교류를 촉진하는 공간을 조성했다. 유스하라 도서관은 그 대표적인 예로, 책만 읽는 공간이 아니라 다양한 세대가 함께 배우고 휴식할 수 있는 장소로 설계되었다. 도서관 내부에는 볼더링 시설, 카페, 편안한 소파 등이 마련되어 있어 어린아이부터 노인까지 모두가 즐길 수 있다.[69]

유스하라 마을에서는 노인과 어린이가 함께 시간을 보내는 다양한 프로그램이 운영되고 있다. 노인들은 영유아를 돌보며 정서적 안정과 사회적 유대감을 형성하고, 어린이들은 노인들과 대화하며 세대 간 교류를 촉진하고 노인의 사회적 고립을 줄이는 데 기여한다. 유루리 유스하라는 단순히 복지 시설로서의 역할을 넘어 지역사회의 중심지로 자리 잡았다. 시설 주변에는 스포츠 시설과 어린이 돌봄 센터가 위치해 있어 다양한 세대가 자연스럽게 교류할 수 있는 환경을 제공한다. 이러한 공간은 지역 주민들 간의 신뢰를 강화하고 세대 간 상호작용을 통해 지역사회의 사회적 자본을 증대시키는 데 성공했다.

유스하라 마을의 세대 간 돌봄 모델은 노인의 사회적 고립을 감소시키고 정서적 안정감을 제공하며, 어린이들에게는 따뜻한 돌봄을 경험하게 하여 정서적 발달에 도움을 주었다. 또한 세대 간 신뢰와 협력이 증대되며 지역사회의 지속 가능성을 높이는 데 기여했다. 유스하라 마을은 일본의 고령화 문제를 해결하기 위한 혁신적인 접근법을 보여주는 사례로, 세대 간 돌봄과 지역사회 통합의 모범적 모델로 평가받고 있다.

중국

아시아

1. 중국의 노인돌봄 시설 확충 과정과 2025년 현황[70]

현재 중국의 정치체제는 사회주의의 기본 원칙을 유지하면서도 중국의 역사적, 문화적, 경제적 특수성을 반영한 독특한 체제이다. 중국의 복지정책은 공산당의 통제와 지시에 따라 중앙집권적으로 운영된다. 이러한 복지정책은 정치적 안정과 경제 발전을 유지하기 위한 수단으로 활용되며, 공산당의 권위와 정당성을 강화하는 데 초점이 맞춰져 있다. 빈곤 퇴치와 같은 정책은 "샤오캉 사회", 즉 모든 국민이 편안하고 풍족한 생활을 누리는 사회를 실현하기 위한 목표 아래 추진된다.

중국의 노인돌봄 정책은 급격한 고령화와 사회적 변화에 대응하기 위해 발전해왔다. 1978년 개혁개방 이후 경제 발전과 함께 평균수명이 증가하고 출산율이 감소하면서 고령화 문제가 본격적으로 대두되었다. 특히, 1994년부터 시작된 노인복지 정책은 중국 정부가 체계적인 노인돌봄 시스템을 구축하는 계기가 되었다.

1994년부터 2000년대 초반까지 초기 정책은 노인의 자립과 사회 참여를 강조하며, 노인 교육 및 여가 활동을 지원하는 방향으로 설정되었다. 이 시기에는 노인돌봄 시설이 부족했으며, 가족 중심의 돌봄 문화가 주를 이루었다. 2000년대 중반부터 2010년대까지는 도시화와 핵가족화로 인해 전통적인 가족 돌봄 체계가 약화되면서, 정부는 지역사회 기반 돌봄 서비스와 장기요양보험 제도를 도입하기 시작했다. 2011년부터는 의료와 양로를 결합한 '의양결합(医养结合)' 모델이 본격적으로 추진되었다. 2020년대 이후에는 14차 5개년 계획(2021~2025년)에서 '15분 돌봄권'과 같은 지역사회 중심의 돌봄 서비스 확대와 장기요양보험 제도의 전국적 확대가 주요 과제로 설정되었다.

중국의 노인돌봄 시설 확충은 급격한 고령화와 사회 구조 변화에 대응하기 위해 단계적으로 발전해왔다. 2011년부터 2015년까지의 "12.5 규획" 기간(중국의 "12.5 규획"은 2011년부터 2015년까지의 기간 동안 시행된 국가 경제 및 사회 발전을 위한 제12차 5개년 계획을 의미한다. 이 계획은 중국 정부가 경제, 사회, 환경 등 다양한 분야에서 발전 목표를 설정하고 이를 달성하기 위해 구체적인 정책과 전략을 제시한 중요한 국가적 청사진이다.) 동안 중국은 가정, 지역사회, 기관을 중심으로 한 양로 서비스 체계를 구축하기 시작했다.

이 시기 양로 침대 수는 약 672.7만 개로 증가하며 노인돌봄 시설의 기초적인 틀이 마련되었다. 이후 2016년부터 2020년까지의 "13.5 규획"(2016~2020, 제13차 5개년 계획) 기간 동안 양로 서비스 기관 및 시설 수는 11.6만 개에서 32.9만 개로 증가했고, 침대 수는 821만 개에 도달했다. 이 시기에는 간호형 침대 비중을 높이고 공공 양로 기관의 간호 능력을 강화하는 데 중점을 두었다. 2021년부터 2025년까지의 "14.5 규획"(2021~2025년, 제14차 5개년 계획.) 기간 동안 중국 정부는 양로 서비스 침대 수를 900만 개 이상으로 확대하고, 신축 주거 지역에 양로 시설을 100% 설치하도록 규정했다. 또한, 지역사회 기반의 '15분 돌봄권'을 구현하여 노인들이 가까운 곳에서 돌봄 서비스를 받을 수 있도록 하는 정책을 추진하고 있다.

2025년 현재, 중국의 노인돌봄 시설 확충은 다양한 성과를 보이고 있다. 2023년 기준으로 약 40.4만 개의 노인돌봄 시설이 운영 중이며, 총 823만 개의 침대를 보유하고 있다. 2025년까지 침대 수는 900만 개 이상으로 확대될 예정이며, 간호형 침대 비율은 55%로 증가할 것으로 목표하고 있다. 지역사회와 가정을 기반으로 한 돌봄 서비스도 강화되고 있다. '15분 돌봄권' 정책에 따라 현 향 촌 단위의 노인돌봄 서비스 센터가 구축되고 있으며, 가정 내 돌봄 서비스도 확대되고 있다. 농촌 지역에서는 노인돌봄 서비스의 취약점을 보완하기 위해 양로 시설을 확충하고, 장애 노인 및 경제적 어려움을 겪는 노인을 위한 특별 돌봄 서비스를 제공하고 있다. 또한, 중국은 인공지능(AI)과 로봇 기술을 활용한 스마트 돌봄 서비스를 도입하여 간병인 부족 문제를 해결하고 효율적인 돌봄 체계를 구축하고 있다.

중국의 노인돌봄 시설 확충은 양적 확충과 서비스 다양화 측면에서 큰 성과를 이루었다. 양로 시설과 침대 수가 지속적으로 증가하며 노인돌봄 서비스의 접근성이 크게 개선되었고, 간호형 침대, 지역사회 돌봄, 스마트 돌봄 등 다양한 서비스 모델이 도입되었다. 중앙 및 지방 정부의 적극적인 투자와 정책 지원으로 노인돌봄 체계가 안정적으로 확립되었다. 그러나 전문 인력 부족과 지역 간 격차는 여전히 해결해야 할 과제로 남아 있다. 간병인과 전문 인력의 부족은 서비스 품질의 지역별 차이를 초래하고 있으며, 도시와 농촌 간 돌봄 서비스의 질적 차이로 인해 농촌 지역에서는 여전히 서비스 접근성이 낮은 상황이다.

2. 중국의 돌봄 모델

1) 15분 돌봄

15분 도시는 주민들이 도보 또는 자전거로 15분 이내에 일상생활에 필요한 모든 서비스를 이용할 수 있도록 설계된 도시 계획 개념이다. 이 개념은 프랑스 파리에서 처음 제안되었으며, 이후 전 세계적으로 확산되었다. 주요 특징으로는 의료, 교육, 문화, 여가, 상업, 공공서비스 등 필수 시설이 15분 거리 내에 위치하는 근접성을 강조하며, 자동차 의존도를 줄이고 보행과 자전거 이용을 장려하여 탄소 배출을 감소시키는 지속 가능성을 추구한다. 또한 주민 간의 상호작용을 촉진하고 지역 경제를 활성화하는 지역 커뮤니티 강화도 포함된다. 중국은 이 개념을 적극적으로 도입하여 "15분 생활권"이라는 이름으로 도시와 지역사회를 재구성하고 있다. 이는 단순히 물리적 거리의 문제를 넘어 주민들이 일상생활에서 필요한 모든 것을 가까운 곳에서 해결할 수 있도록 하는 데 중점을 둔다.[71]

15분 돌봄은 특히 고령화 사회에서 노인돌봄 서비스를 강화하기 위해 도입된 개념으로, 노인들이 거주지에서 15분 이내에 필요한 돌봄 서비스를 받을 수 있도록 하는 것을 목표로 한다. 중국은 급속한 고령화 문제를 해결하기 위해 이 개념을 도시 계획에 통합하고 있다. 주요 특징으로는 의료, 요양, 재활, 심리 상담 등 노인 친화적 서비스를 15분 거리 내에서 제공하며, 노인들이 지역 사회 내에서 독립적으로 생활하면서 필요한 지원을 받을 수 있도록 설계하는 지역 기반 돌봄이 있다. 또한 노인돌봄 시설과 지역 커뮤니티를 연결하여 사회적 고립을 방지하는 사회적 통합도 포함된다. 중국은 베이징, 상하이 등 주요 도시에서 "15분 양로 서비스권"을 도입하여 노인돌봄 서비스를 강화하고 있으며, 이는 15분 도시의 하위 개념으로 볼 수 있다.

15분 돌봄은 15분 도시의 세부적인 응용 사례로, 특히 고령화 문제를 해결하기 위한 특화된 접근 방식이다. 두 개념은 모두 주민들의 근접성을 높이고 삶의 질을 향상시키는 데 중점을 두며, 지속 가능한 도시 환경을 조성하려는 공통된 목표를 가지고 있다. 또한, 스마트 기술을 활용한 노인돌봄 서비스가 도입되며 실버경제 활성화가 강조되고 있다.[72]

중국의 노인돌봄 정책은 급격한 고령화와 도농 간 복지 격차, 그리고 사회적 변화라는 배경에서 발전해왔다. 2025년까지 60세 이상 인구가 3억 명을 초과할 것으로 예상되며, 이는 전체 인구의 약 30%에 달한다. 이러한 급격한 고령화는 노인돌봄 서비스의 수요를 급증시켰다. 도시와 농촌 간 복지 서비스의 불균형이 심각한 문제로 지적되며, 농촌 지역 노인들은 돌봄 서비스와 연금 혜택에서 소외되는 경우가 많다. 한 자녀 정책과 도시화로 인해 전통적인 가족 돌봄 체계가 약화되었고, 이에 따라 정부 주도의 돌봄 체계 구축이 필요해졌다.

2016년부터 시범사업으로 시작된 장기요양보험은 현재 전국적으로 확대되고 있으며, 노인의 의료 및 생활 돌봄을 지원하는 중요한 제도로 자리 잡고 있다. '15분 돌봄권'과 같은 정책은 노인들이 거주지 근처에서 의료, 간병, 여가 서비스를 받을 수 있도록 지역사회 중심의 돌봄 체계를 강화하고 있다. 인공지능, 빅데이터 등을 활용한 스마트 돌봄 서비스가 도입되며, 노인의 삶의 질을 향상시키는 데 기여하고 있다.[73]

중국은 노인돌봄 시설 확충, 장기요양보험 도입, 지역사회 기반 돌봄 서비스 확대 등에서 가시적인 성과를 거두었다. 또한, 실버경제 활성화를 통해 노인 관련 산업이 성장하고 있다. 그러나 도농 간 복지 격차 해소, 전문 인력 부족, 서비스 품질 향상 등이 여전히 해결해야 할 문제로 남아 있다. 특히, 농촌 지역 노인들의 복지 사각지대 문제는 시급히 개선이 필요하다.

중국의 노인돌봄 정책은 공산당의 사회주의 이념과 밀접한 관련이 있다. 시진핑 정부는 '공동부유'를 강조하며, 노인돌봄 정책을 사회적 형평성과 복지 확대의 일환으로 추진하고 있다. 이는 모든 국민이 기본적인 복지 혜택을 누릴 수 있도록 하는 사회주의적 가치관을 반영한 것이다. 중국 공산당은 노인복지 정책을 국가 전략으로 설정하고, 중앙정부와 지방정부 간 협력을 통해 정책을 실행하고 있다. 이는 당-국가 체제의 특징을 보여준다.[74]

2) 인공지능, 빅데이터

중국은 급격한 고령화와 기술 발전을 배경으로 스마트 돌봄 기술을 적극적으로 도입하고 있다. 인공지능(AI), 빅데이터, 사물인터넷(IoT)

등 첨단 기술을 활용한 스마트 돌봄 서비스가 핵심 전략으로 자리 잡고 있다.

중국의 스마트 돌봄 기술 도입은 2010년대 후반부터 본격화되었다. 급격한 고령화와 간병 인력 부족이 주요 동기로 작용했다. 2024년 기준, 중국의 60세 이상 인구는 약 3억 1천만 명으로 전체 인구의 22%를 차지하며, 2035년에는 30%에 이를 것

그림 18 분권 도시 (2024년07월08日 解放日报: 《해방일보》) https://ghzyj.sh.gov.cn/nw2426/20240709/7541408e1da64e3c9be2a8dc47a7b7aa.html

으로 전망된다. 간호 인력이 약 550만 명 이상 부족한 상황에서 기술 기반의 돌봄 서비스는 대안으로 떠올랐다. 중국 정부는 고령화 문제 해결을 위해 스마트 양로(智慧养老) 산업을 국가적 우선 과제로 설정하고, 관련 기술 개발과 인프라 구축을 적극 지원하고 있다.[75]

중국의 스마트 돌봄 기술은 초기 단계, 성장 단계, 확산 단계를 거쳐 발전해 왔다. 초기 단계에서는 클라우드 컴퓨팅, IoT, 빅데이터 기술이 발전하면서 스마트 돌봄의 기초가 마련되었고, 2016년부터는 "스마트 양로 서비스 발전 촉진" 정책이 발표되며 정책적 기반이 구축되었다. 성장 단계에서는 디지털 플랫폼을 활용한 노인 건강 관리, 원격 진료, 응급 알림 서비스 등이 도입되었으며, 웨어러블 기기, 스마트 홈 시스템, 돌봄 로봇 등 AI와 IoT의 융합이 이루어졌다. 확산 단계에서는

AI 기반 돌봄 로봇이 요양원과 가정에서 활용되며 간병인의 부담을 줄이고 노인들의 자립성을 지원하고 있다. 또한, 빅데이터를 활용해 노인의 건강 데이터를 실시간으로 분석하여 맞춤형 돌봄 서비스를 제공하는 시스템이 확산되었다.

2025년 현재, 중국의 스마트 돌봄 기술은 급성장하고 있다. 스마트 양로 산업은 연평균 43%의 성장률을 기록하며 약 10조 위안 규모에 이를 것으로 예상된다. AI를 활용한 건강 모니터링, 원격 진료, 응급 대응 시스템이 보편화되었고, 노인돌봄 로봇은 간병인의 부족 문제를 해결하며 정서적 지원과 일상 활동 보조 역할을 수행하고 있다. IoT 기술을 활용한 스마트 홈 시스템은 노인의 안전과 편의를 증대시키고 있다.

중국의 스마트 돌봄 기술은 앞으로 AI 기술의 정교화와 간병인과 AI 간의 협력 모델 확대를 통해 돌봄 서비스의 효율성과 품질을 동시에 향상시킬 것으로 기대된다. 중국은 스마트 돌봄 기술을 수출하며 글로벌 스마트 헬스케어 시장에서 리더십을 강화할 계획이다. 빅데이터와 AI를 활용한 개인 맞춤형 돌봄 서비스는 더욱 정교화될 것이며, 이는 노인의 건강 상태와 생활 패턴에 최적화된 서비스를 제공할 수 있게 한다. 기술 발전과 함께 사회적 격차를 줄이고, 모든 노인이 혜택을 받을 수 있는 포괄적 돌봄 체계를 구축하는 것이 목표이다.

중국의 스마트 돌봄 기술은 고령화 사회의 도전에 대응하기 위한 필수적인 도구로 자리 잡고 있다. AI, 빅데이터, IoT 등 첨단 기술의 융합은 노인돌봄의 패러다임을 변화시키고 있으며, 2025년 현재 중국은 이 분야에서 세계적인 선두주자로 부상하고 있다. 앞으로도 기술 혁신과 정책적 지원을 통해 더욱 발전된 스마트 돌봄 체계를 구축할 것으로 기대된다.

3) '의양결합(医养结合)'

중국의 '의양결합(医养结合)' 모델은 의료와 양로 서비스를 통합하여 고령화 사회에서 노인의 의료 및 요양 수요를 충족시키기 위해 도입된 혁신적인 양로 서비스 방식이다. 이 모델은 노인들에게 의료, 재활, 건강 관리, 간호 등의 통합적인 서비스이다.

중국은 급격한 고령화와 핵가족화로 인해 전통적인 가족 중심의 노후 돌봄 체계가 약화되었다. 이에 따라 노인들의 의료 및 요양 서비스 수요가 급증하였고, 특히 만성 질환을 앓거나 거동이 불편한 노인들에게 의료와 양로를 결합한 서비스가 필요하게 되었다. 2013년 중국 국무원은 '의료와 양로의 결합'을 양로서비스 발전의 주요 과제로 설정하였다. 이후 2015년에는 "의료위생과 양로서비스 결합 추진에 관한 지도의견"이 발표되며 구체적인 실행 방안이 마련되었다.[76]

의양결합 모델은 2016년부터 전국적으로 시범 사업이 시작되었으며, 다양한 형태로 발전해왔다. 의료기관이 양로 서비스를 추가로 제공하거나, 양로기관이 의료 서비스를 포함하는 방식, 의료기관과 양로기관 간의 협력 모델 등이 있다. 또한 지역사회와 가정을 기반으로 한 서비스도 확대되고 있다. 예를 들어, 가정 방문 의료 서비스, 가족 병상 제공, 지역사회 기반의 건강 관리 서비스 등이 포함된다. 정부는 의료보험 확대, 세금 감면, 투자 유치 등을 통해 의양결합 모델의 발전을 지원하고 있으며, 장기요양보험 제도를 도입하여 노인의 의료 및 생활 돌봄을 지원하고 있다.

의양결합 모델은 중국 전역에서 빠르게 확산되며 가시적인 성과를 거두고 있다. 2023년 기준으로 의양결합 기관은 약 7,800개로 증가하였으며, 약 200만 개의 침대를 보유하고 있다. 특히 간호형 침대의 비율이 증가하며 노인의 건강 관리와 돌봄 수요를 충족시키고 있다. 일부 지역에서는 의료와 양로 서비스의 통합을 통해 노인의 건강 관리와 삶의 질이 크게 향상되었다. 예를 들어, 베이징과 상하이 등 대도시에서는 스마트 기술을 활용한 노인 건강 관리 시스템이 도입되었다.[77]

의양결합 모델은 많은 성과를 이루었지만, 여전히 해결해야 할 과제도 존재한다. 의료 및 양로 서비스를 제공할 전문 인력이 부족한 상황이며, 도시와 농촌 간 서비스 접근성과 품질의 격차가 여전히 크다. 또한 의양결합 서비스의 품질을 표준화하고 관리하는 체계가 미흡하며, 일부 지역에서는 재정 지원이 부족하여 서비스 제공에 어려움을 겪고 있다.

중국 정부는 의양결합 모델을 지속적으로 발전시키기 위해 스마트 기술을 활용한 노인 건강 관리 시스템을 확대하고, 지역사회와 가정을 중심으로 한 의양결합 서비스를 확대하여 노인들이 거주지 근처에서 서비스를 받을 수 있도록 하고 있다. 또한 의료보험 적용 범위를 확대하고, 의양결합 시설에 대한 재정적 지원을 강화하고 있다.(《연합뉴스》,"中 노인돌봄 인력 600만명 필요…실제 50만여명",2024.02.14. 참조)

4) "9073" 모델과 성공사례

중국의 고령화 사회는 '9073' 모델에 상당한 영향을 미치고 있다. '9073' 모델은 중국 정부가 고령화 문제를 해결하기 위해 제시한 노인돌봄 체계로, 90%의 노인은 가정에서 가족의 도움으로 돌봄을 받고, 7%의 노인은 지역사회 기반의 돌봄 서비스를 이용하며, 3%의 노인은 전문 요양 시설에서 돌봄을 받는 구조를 가지고 있다. 이 모델은 가족 중심의 전통적인 효(孝) 문화를 기반으로 설계되었으나, 급속한 고령화와 사회적 변화로 인해 여러 도전에 직면하고 있다.

중국은 세계에서 가장 빠르게 고령화가 진행되는 국가 중 하나로, 2025년 기준으로 60세 이상 인구가 전체 인구의 약 20%를 차지할 것으로 예상된다. 한 자녀 정책의 장기적 영향으로 출산율이 낮아지면서 노인 부양을 책임질 젊은 세대가 줄어들고 있다. 또한 도시화로 인해 전통적인 대가족 구조가 약화되었고, 많은 젊은 세대가 도시로 이주하면서 노인돌봄의 부담이 증가하고 있다.

가정 돌봄은 젊은 세대의 도시 이주와 핵가족화로 인해 약화되고 있다. 가정 내에서 노인을 돌볼 수 있는 인력이 부족해지고 있으며, 여성의 경제활동 참여 증가로 인해 전통적으로 노인돌봄을 담당하던 가족 구성원의 역할이 축소되고 있다. 이에 따라 지역사회 기반의 돌봄 서비스에 대한 수요가 증가하고 있지만, 지역사회 돌봄 서비스는 아직 충분히 발달하지 않았으며 특히 농촌 지역에서는 서비스 접근성이 낮은 상황이다. 전문 요양 시설의 수요도 증가하고 있지만, 시설의 수와 질이 고령화 속도를 따라가지 못하고 있으며, 요양 시설의 비용이 높아 많은 노인들이 경제적 부담을 느끼고 있다.

중국 정부는 고령화 문제를 해결하기 위해 노인돌봄 서비스에 대한 투자를 확대하고 있다. 지역사회 돌봄 센터와 요양 시설 건설을 장려하고 있으며, 가족 돌봄을 지원하기 위해 세금 감면, 돌봄 휴가 제도 등 다양한 정책을 도입하고 있다. 스마트 헬스케어 기술과 인공지능(AI)을 활용한 노인돌봄 서비스도 점차 확대되고 있다. 원격 의료 서비스와 스마트 기기를 통해 노인의 건강 상태를 모니터링하는 시스템이 도입되고 있으며, 비영리 단체와 민간 기업도 노인돌봄 서비스 제공에 적극적으로 참여하고 있다.

중국의 고령화 사회는 '9073' 모델에 구조적 변화를 요구하고 있다. 가정 중심의 돌봄 체계는 점차 한계에 부딪히고 있으며, 지역사회와 요양 시설의 역할이 더욱 중요해지고 있다. 이를 해결하기 위해 정부, 지역사회, 민간 부문이 협력하여 지속 가능한 노인돌봄 체계를 구축해야 할 필요성이 커지고 있다. [78]

상하이

상하이는 중국에서 가장 먼저 고령화 사회로 진입한 도시 중 하나로, 2020년 이후 9073 모델을 성공적으로 구현하며 노인돌봄 서비스의 모범 사례를 보여주고 있다. 지역사회 돌봄 서비스의 확대, 스마트 기술을 활용한 돌봄 시스템, 전문 요양 시설의 개선 등 다양한 혁신적 접근을 통해 노인의 삶의 질을 크게 향상시켰다.

상하이는 노인돌봄 센터를 대폭 확충하여 지역사회 돌봄 서비스를 강화했다. 이러한 센터는 노인들에게 식사 제공, 건강 관리, 사회적 활동을 지원하며, 독거노인의 사회적 고립을 줄이는 데 기여하고 있다. 스마트 기술을 활용하여 노인들이 서비스에 쉽게 접근할 수 있도록 했으며, 모바일 앱과 웹사이트를 통해 돌봄 서비스 예약과 건강 상태 모니터링이 가능해졌다.

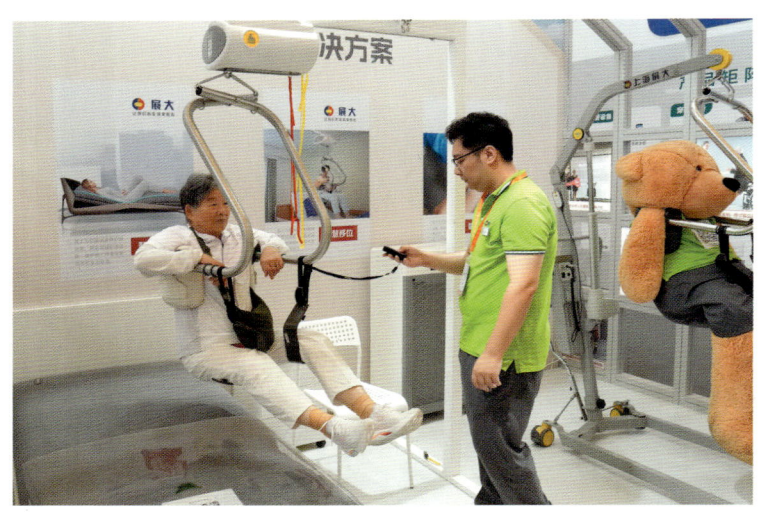

그림 19 2024년 6월 13일 상하이에서 열린 노인돌봄 전시회에서 노인을 의자에서 침대로 안전하게 옮기는 장비를 시연하고 있다. (ZHANG LONG / FOR CHINA DAILY)
https://www.chinadailyhk.com/hk/article/588256

스마트 양로 서비스를 통해 노인돌봄의 효율성을 높이고 있으며, 스마트홈 설비가 포함된 주택 리모델링 프로그램을 통해 노인의 생활 편의를 증진시켰다. 음성 입력으로 작동하는 전등과 전동 커튼, 자동 빨래 건조대 등이 설치되어 노인들이 더욱 독립적으로 생활할 수 있도록 지원했다.

전문 요양 시설의 질을 대폭 개선하여 중증 질환을 가진 노인들에게 더 나은 서비스를 제공하고 있다. 현대적 의료 장비와 심리 상담 서비스가 도입되었으며, 다양한 문화 및 여가 활동을 통해 노인의 정신적, 신체적 건강을 종합적으로 관리하고 있다. 이러한 시설은 공공-민간 협력(PPP) 모델을 통해 운영 효율성을 높이고 있다.[79]

상하이가 9073 모델을 성공적으로 운영할 수 있었던 비결은 정부의 강력한 정책적 뒷받침, 스마트 기술의 혁신적 활용, 지역사회와의 긴밀한 협력, 그리고 다각적인 서비스 제공에 있다. 중앙 정부의 지침을 바탕으로 지역 특성에 맞춘 정책을 정교하게 설계하고 충분한 재정적 지원을 통해 기반을 다졌다. 디지털 기술을 적극적으로 도입해 서비스 접근성을 높이고 운영 효율성을 극대화했으며, 지역사회와의 협력을 통해 사회적 연대를 강화하고 노인의 다양한 요구를 세심하게 반영한 맞춤형 서비스를 지속적으로 발전시켰다. 이러한 노력은 상하이를 고령화 문제 해결의 선도적 모델로 자리매김하게 했다.[80]

베이징

베이징시는 고령화 문제에 대응하기 위해 창의적이고 실질적인 노인 돌봄 정책을 도입하며 성공적인 사례를 만들어가고 있다. 도시 전체를 하나의 커다란 가족으로 묶는다는 목표 아래, 지역사회와 전문 요양시설 간의 협력을 강화하고, 방문 돌봄 서비스를 활성화하여 노인들의 삶의 질을 향상시키고 있다. 자원봉사자들은 단순히 물리적 도움을 제공하는 것을 넘어, 노인들에게 정서적 안정과 사회적 연결을 제공하며 사회적 고립을 해소하는 데 중요한 역할을 하고 있다. 이러한 노력은 노인들이 삶의 활력을 되찾고, 더 나은 삶을 영위할 수 있도록 돕고 있다.

베이징은 중국의 "9073" 모델을 중심으로 고령화 사회의 도전에 대응하고 있다. 베이징시는 이 모델을 성공적으로 구현하기 위해 도시의 특성을 반영한 정책을 수립하고 있으며, 첨단 기술을 적극적으로 활용하여 돌봄 서비스의 접근성을 높이고 효율성을 극대화하고 있다. 특히 스마트 기술은 노인돌봄 서비스의 혁신을 이끌며, 모바일 앱을 통해 노인들이 필요한 서비스를 손쉽게 예약하고 건강 상태를 실시간으로 모니터링할 수 있도록 지원하고 있다. 이러한 기술은 노인들의 삶을 더욱 풍요롭게 만드는 데 중요한 역할을 하고 있다.[81]

지역사회와의 긴밀한 협력과 자원봉사 네트워크의 적극적인 활용은 베이징의 노인돌봄 정책 성공의 핵심 요소로 꼽힌다. 자원봉사자들은 노인들에게 단순한 도움을 제공하는 것을 넘어, 정서적 안정과 사회적 연결을 제공하며 노인들의 삶에 활력을 불어넣고 있다. 또한, 스마트 기술의 도입은 돌봄 서비스의 효율성을 높이고 접근성을 강화하며, 노인들이 보다 독립적이고 풍요로운 삶을 살 수 있도록 돕고 있다.

베이징의 이러한 노력은 단순히 노인의 삶을 개선하는 데 그치지 않고, 사회 전체의 연대와 공감을 강화하며 미래의 고령화 사회를 위한 희망의 청사진을 제시하고 있다. 베이징시는 지역사회와 기술, 그리고 사람 간의 협력을 통해 노인돌봄 서비스의 모범을 보여준다.

광저우

광저우는 2007년 상하이에서 처음 제시된 "9073" 모델을 벤치마킹하여 2010년대 초반부터 본격적으로 도입했다. 당시 중국은 급격한 고령화와 함께 노인돌봄 서비스 수요가 폭증하고 있었으며, 광저우 역시 이러한 사회적 변화에 직면했다. 광저우는 노인들이 가정과 지역사회에서 안정적으로 생활할 수 있도록 지원하기 위해 "9073" 모델을 기반으로 한 다양한 정책과 서비스를 마련했다. 특히, 지역사회 돌봄 서비스와 재택 기반 양로 서비스를 강화하며, 노인들이 요양시설에 의존하지 않고도 필요한 지원을 받을 수 있도록 체계를 구축했다.

광저우는 "9073" 모델을 성공적으로 운영하기 위해 지역사회 돌봄 센터를 대폭 확충했다. 이 센터들은 노인들에게 의료, 재활, 심리 상담, 문화 활동 등 다양한 서비스를 제공하며, 노인들이 지역사회와 연결된 삶을 유지할 수 있도록 돕고 있다. 예를 들어, 광저우의 일부 지역에서는 방문 목욕 서비스, 병원 동행 서비스, 방문 건강 검진 등 맞춤형 방

그림 20 자원봉사자가 노인들에게 스마트폰 사용법을 가르치고 있다. (PEOPLE'S DAILY ONLINE, 2024, 10.15기사) http://en.people.cn/n3/2024/1015/c90000-20229553.html

문 서비스를 제공하여 노인들의 생활 편의를 크게 향상시켰다. 또한, 광저우 역시 디지털 기술을 활용한 양로 서비스도 도입하여 의료와 양로를 결합한 서비스를 가까운 곳에서 받을 수 있도록 지원하고 있다.

광저우의 9073 모델은 노인들의 삶의 질을 크게 향상시켰다는 평가를 받고 있다. 또한 노인돌봄 서비스의 비용을 절감하고, 지역사회와 가정 중심의 돌봄 문화를 정착시키는 데 성공했다. 노인들의 만족도도 상대적으로 높다.

5) 베이징시의 "푸싱 세대간 돌봄 센터"[82]

중국의 세대간 돌봄은 주로 조부모가 손자녀를 돌보거나 자녀가 노부모를 돌보는 형태로 나타난다. 중국에서는 조부모가 손자녀를 돌보는 것이 흔한 현상이다. 또한 중국의 전통적인 효 문화는 자녀가 노부모를 돌보는 것을 도덕적 의무로 간주한다. 특히 농촌 지역에서는 젊은 부모들이 도시로 일하러 떠나는 경우가 많아 조부모가 남겨진 아이들을 돌보는 역할을 맡는다. 이는 가족 내 세대간 지원의 전형적인 사례이다.

그런데 최근 중국에서는 노인과 아이를 함께 돌보는 공동 돌봄 센터가 확산되고 있다. 도시화와 고령화가 진행됨에 따라 가족 기반 돌봄의 한계를 보완하기 위한 정책의 일환이다. [83]

중국의 세대간 돌봄 성공 사례로는 베이징시의 "푸싱(复兴) 세대간 돌봄 센터"를 들 수 있다. 푸싱 세대간 돌봄 센터는 베이징시 차오양구에 위치하며, 2018년에 설립되었다. 설립 배경은 중국의 급격한 도시화와 고령화로 인해 가족 중심의 전통적인 돌봄 체계가 약화되고, 이에 따라 노인과 어린이 모두가 돌봄 공백을 경험하는 문제가 심화된 데 있다. 특히 젊은 부모들이 직장 생활로 인해 자녀 돌봄에 어려움을 겪고, 동시에 노인들이 사회적 고립과 정서적 외로움을 느끼는 상황이 증가하면서, 이러한 문제를 해결하기 위한 새로운 돌봄 모델이 필요했다.

주로 차오양구에 거주하는 주민들이 센터를 이용할 수 있으며, 노인과 어린이 모두가 대상이다. 노인의 경우 60세 이상, 어린이는 부모의 직장 근무 시간 동안 돌봄이 필요한 경우 등록할 수 있다. 이용료는 소득 수준에 따라 차등적으로 책정되어, 저소득층 가정도 부담 없이 서비스를 이용할 수 있도록 배려하고 있다. 푸싱 센터의 재정은 주로 정부의 지원과 지역 사회의 기부를 통해 충당된다. 베이징시 정부는 고령화와 돌봄 문제 해결을 위한 정책적 지원의 일환으로 센터 운영비를 제공하며, 지역 기업과 개인 기부자들이 추가적인 재정적 지원을 하고 있다. 또한, 센터는 일부 프로그램에 대해 소액의 참가비를 받음으로써 운영비를 보충하고 있다.

참고로 중국의 기부는 정부의 지원과 지역 사회 기부가 결합된 형태로 이루어지고 있다. 많은 사회복지 및 돌봄 센터는 정부의 재정 지원과 지역 사회의 기부를 통해 운영되, 정부는 고령화 문제와 돌봄 서비스의 필요성을 해결하기 위해 정책적 지원을 제공하고 있다. 이에 더해 지역 기업과 개인 기부자들이 추가적인 재정적 지원을 하고 있다.

디지털 기술의 발전으로 인해 중국에서는 온라인 기부가 빠르게 성장하고 있다. 특히 젊은 세대가 주요 기부자로 부상하고 있으며, 건강, 빈곤 완화, 교육과 같은 주제가 기부 프로젝트에서 인기를 끌고 있다. 이러한 디지털 기부는 지역 사회의 촉하는 역할을.

중국의 기부 문화는 상대적으로 새로운 현상이지만, 경제 성장과 중산층의 확대, 그리고 법적 규제의 개선으로 인해 점차 발전하고 있다. 특히 2016년에 도입된 자선법은 기부 활동을 촉진하고 투명성을 강화하는 데 중요한 역할을 하고 있다. 이 법은 자선단체의 활동과 모금 절차의 투명성을 높이고, 기부자들의 신뢰를 확보하기 위한 기반을 마련했다.[84]

싱가포르

아시아

1. 싱가포르의 노인인구 증가 추세와 현황

싱가포르는 동남아시아 말레이반도의 남쪽 끝에 위치한 도시국가로, 면적은 서울보다 약간 크다. 싱가포르는 1965년 말레이시아로부터 독립한 이후 급격한 경제 성장을 이루며 세계적인 금융 허브로 자리 잡았다. 주요 민족은 중국계(약 75%), 말레이계(약 15%), 인도계(약 7%)로 구성되어 있으며, 영어, 중국어(만다린), 말레이어, 타밀어를 공용어로 사용한다.

싱가포르는 높은 도시화율(100%)을 자랑하며, 세계에서 가장 높은 기대수명(2022년 기준 83세)을 기록하고 있다. 또한, 낮은 출산율과 고령화로 인해 인구 구조가 빠르게 변화하고 있다.(위키피디아 참조)

싱가포르는 세계에서 가장 빠르게 고령화가 진행되고 있는 국가 중 하나로, 2017년에 고령사회(65세 이상 인구가 전체의 14% 이상)에 진입했으며, 2026년에는 초고령사회(65세 이상 인구가 20% 이상)에 도달할 것으로 예상된다.

싱가포르의 인구는 지난 수십 년 동안 다양한 요인에 의해 변화해 왔다. 2024년 기준으로 싱가포르의 총 인구는 약 604만 명이며, 외국인 노동자 및 비거주 인구의 유입으로 인해 전년도 대비 2% 증가했다.

싱가포르는 빠르게 고령화 사회로 진입하고 있다. 2024년 기준으로 65세 이상 인구 비율은 약 15.2%로, 2010년의 9%에서 크게 증가했다. 중위 연령도 2024년 기준으로 42세를 넘어섰으며, 이는 2000년대 초반의 34세와 비교해 급격히 상승한 수치다.

싱가포르의 출산율은 세계 최저 수준으로, 2023년 기준 합계 출산율(TFR)은 0.97명으로 기록되었다. 이는 인구 자연 증가율이 감소하고 있음을 보여준다. 낮은 출산율은 고령화와 노동 가능 인구 감소를 가속화하는 주요 요인이다. 싱가포르는 노동력 부족을 해결하기 위해 외국인 노동자 유입을 적극적으로 활용하고 있다. 2024년 기준으로 비거주 인구는 약 186만 명으로, 전체 인구의 약 30%를 차지한다.

싱가포르는 세계적으로 가장 빠르게 고령화가 진행되는 국가 중 하나로, 2025년 기준으로 65세 이상의 고령 인구가 전체 인구의 상당 부분을 차지할 것으로 예상된다. 65세 이상 인구 비율은 2010년 9%에서 2025년 16%로 급격히 증가했기 때문이다. 높은 기대수명과 낮은 출산율의 결과로, 인구피라미드 상단이 점점 넓어지는 형태를 보인다.

2. 노인돌봄 정책 역사와 모델

싱가포르의 노인돌봄 정책은 급속한 고령화 문제에 대응하기 위해 지속적으로 발전해왔다. 1980년대부터 고령화 문제를 인식한 싱가포르는 초기에는 가족 중심의 돌봄을 강조하며, 가족이 노인을 부양할 수 있도록 재정적 지원과 제도를 마련했다. 그러나 가족 구조의 변화와 경제적 부담 증가로 인해 1995년 "노인 복지 행동 계획"을 통해 정부와 지역사회가 적극적으로 참여하는 체계를 구축했다. 이 계획은 의료 서비스, 사회적 지원, 주거 환경 개선을 포함하여 노인의 삶의 질을 향상시키는 데 중점을 두었다.

2000년대 들어 싱가포르는 장기 요양 서비스와 재정 지원을 대폭 강화했다. 대표적인 예로 "실버 서포트 스킴"이 있으며, 이는 저소득층 노인들에게 분기별로 최대 1,080 싱가포르 달러를 지급하여 경제적 안정을 지원한다. 2025년부터는 이 지원금이 20% 인상되었고, 수혜 대상 기준도 완화되어 약 29만 명의 노인이 혜택을 받을 것으로 예상된다. 또한, 2015년 도입된 "액티브 에이징 프로그램"은 노인들이 건강하고 활기찬 삶을 유지할 수 있도록 다양한 활동과 교육을 제공하며, 2025년까지 액티브 에이징 센터의 수를 220개로 확대하여 80% 이상의 노인이 근처에서 이용할 수 있도록 접근성을 높였다.[85]

싱가포르의 의료 서비스는 예방 의료와 만성질환 관리하고 있으며, 커뮤니티 헬스 센터를 통해 노인들이 저렴하게 의료 서비스를 이용할 수 있도록 지원하고 있다. 이러한 노력은 싱가포르의 평균 기대수명을 약 84세로 끌어올리며 세계 최고 수준을 기록하는 데 기여했다. 특히, 메디세이브(Medisave)와 메디실드(Medishield) 같은 제도를 통해 노인들의 의료비 부담을 줄이고 있다.

싱가포르는 또한 스마트 기술을 활용하여 노인돌봄 서비스를 혁신하고 있다. 스마트 홈 기술과 원격 의료 서비스를 통해 노인의 안전과 건강을 실시간으로 모니터링하며, 디지털 플랫폼을 통해 사회적 고립을 극복하고 지역사회와 연결될 수 있도록 돕고 있다. 예를 들어, RFID 태그가 부착된 신발은 낙상을 예방하고, 가정 내 센서는 응급 상황을 감지하여 신속한 대응이 가능하도록 설계되었다.

1) 1995년 "노인 복지 행동 계획"

싱가포르의 1995년 "노인 복지 행동 계획"은 고령화 사회로의 진입을 대비하고 노인들의 삶의 질을 향상시키기 위해 마련된 중요한 정책이다. 당시 싱가포르는 급격한 경제 성장과 함께 인구 구조의 변화가 진행되고 있었으며, 특히 출생률 감소와 평균 수명 증가로 인해 고령화 문제가 점차 부각되고 있었다. 이러한 배경에서 정부는 노인 복지와 관련된 종합적인 계획을 수립하여 사회적 안정과 지속 가능한 발전을 도모하고자 했다.

1995년 "노인 복지 행동 계획"의 동기는 싱가포르가 직면한 인구 고령화 문제를 해결하고, 노인들이 경제적, 사회적, 심리적으로 안정된 삶을 영위할 수 있도록 지원하기 위함이었다. 당시 싱가포르 정부는 노인 인구가 전체 인구에서 차지하는 비율이 점차 증가할 것으로 예상했으며, 이에 따라 의료 서비스, 주거, 사회적 지원 등 다양한 분야에서 노인 복지 정책을 강화할 필요성을 느꼈다. 또한, 가족 중심의 전통적인 부양 구조가 약화될 가능성을 고려하여 국가 차원의 지원 체계를 마련하고자 했다.

이 계획은 여러 단계로 이루어졌으며, 주요 과정은 다음과 같다. 첫

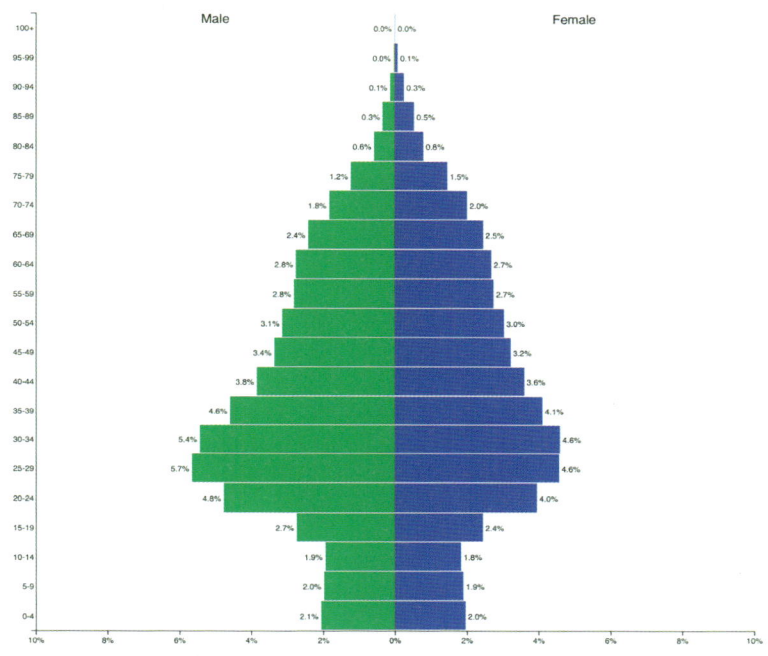

그림 21 2025 싱가포르 인구피라미드
https://www.populationpyramid.net/singapore/2025/

째, 노인 복지와 관련된 기존 정책과 제도를 검토하고, 이를 기반으로 개선 방안을 도출했다. 둘째, 다양한 이해관계자들과 협력하여 노인 복지 서비스의 접근성을 높이고, 지역 사회 중심의 지원 체계를 구축했다. 셋째, 노인들의 경제적 자립을 지원하기 위해 재취업 프로그램과 기술 교육을 제공했다. 넷째, 건강 관리와 예방 의료를 강화하여 노인들이 건강한 삶을 유지할 수 있도록 했다. 마지막으로, 노인들이 사회적으로 고립되지 않도록 커뮤니티 활동과 사회적 참여를 장려했다.

 이 계획의 성과는 여러 측면에서 나타났다. 우선, 노인 복지 서비스의 접근성이 크게 향상되었으며, 많은 노인들이 의료 서비스와 주거 지원을 받을 수 있게 되었다. 또한, 노인들의 경제적 자립률이 증가했으며, 재취업 프로그램을 통해 많은 노인들이 노동 시장에 재진입할 수 있었다. 건강 관리와 예방 의료의 강화로 인해 노인들의 평균 건강 상태가 개선되었으며, 사회적 참여를 통해 노인들의 심리적 안정과 삶의 만족도가 높아졌다.

구체적인 통계로는 1995년 이후 싱가포르의 노인 인구 비율이 꾸준히 증가했음에도 불구하고, 노인 빈곤율이 감소하고, 의료 서비스 이용률이 증가한 점이 주목할 만하다. 예를 들어, 1995년 당시 노인 인구의 약 10%가 빈곤 상태에 있었으나, 2000년대 초반에는 이 비율이 절반 이하로 감소했다. 또한, 노인들의 예방 의료 서비스 이용률은 1995년 대비 약 30% 증가했으며, 재취업 프로그램을 통해 약 20% 이상의 노인들이 새로운 직업을 얻었다.[86](Successful Ageing in Singapore: Urban Implications in a High-density City)[87]

이처럼 싱가포르의 1995년 "노인 복지 행동 계획"은 그령화 사회에 대비하기 위한 선제적이고 종합적인 접근 방식으로 평가받고 있다. 이 계획은 노인 복지의 다양한 측면을 고려하여 정책을 수립하고 실행함으로써, 싱가포르가 고령화 문제를 효과적으로 관리할 수 있는 기반을 마련했다.

2) 실버 서포트 스킴(Silver Support Scheme)

실버 서포트 스킴은 싱가포르의 급속한 고령화와 이에 따른 경제적 불평등 문제를 해결하기 위해 도입되었다. 특히, 이 제도는 싱가포르 인구 중 가장 경제적으로 취약한 20~30%의 고령층을 대상으로 한다. 싱가포르 정부는 은퇴 후 안정적인 소득원이 부족한 이들에게 직접적인 현금 지원을 통해 삶의 질을 향상시키고자 했다. 기존의 CPF(Central Provident Fund)는 많은 고령층이 충분한 저축을 하지 못한 경우가 많아 이를 보완하기 위한 정책으로 실버 서포트 스킴이 설계되었다.[88]

실버 서포트 스킴은 2016년 싱가포르 예산안에서 처음 발표된 이후, 같은 해 1월에 공식적으로 시행되었다. 이 제도는 자동적으로 자격을 갖춘 고령층에게 분기별 현금 지급을 제공하며, 지급 금액은 개인의 경제적 상황에 따라 차등 지급된다. 예를 들어, 2025년 기준으로 연간 지급액은 약 2,100~4,200 싱가포르 달러에 달하며, 지급 기준은 가구 월 소득과 주택 유형 등 다양한 요소를 고려한다.(KOTRA COUNTRY Report, 싱가포르 참조)

실버 서포트 스킴은 도입 초기 약 140,000명의 고령층에게 혜택을 제공했으며, 현재는 약 290,000명의 싱가포르 시민이 이 제도의 혜택을 받고 있다. 또한, 2025년에는 지급액이 20% 인상되고, 자격 기준도 더 확대될 예정이다. 이는 싱가포르 정부가 고령층의 경제적 안정성을 지속적으로 강화하려는 의지를 보여준다. 이 제도는 단순히 경제적 지원을 넘어, 고령층의 주관적 행복감과 삶의 질을 크게 향상시키는 데 기여하고 있다. 싱가포르 정부는 실버 서포트 스킴을 통해 고령화 사회가 야기할 수 있는 사회적 문제를 선제적으로 해결하며, 국가적 차원에서 경제적 불평등 완화에 한 몫을 톡톡히 하고 있다.[89]

3) 에이징 인 플레이스(Aging in Place)

에이징 인 플레이스(Aging in Place)는 노인들이 자신이 오랫동안 살아온 집이나 지역사회에서 가능한 한 오래 머물며 독립적이고 안전하게 생활할 수 있도록 지원하는 포괄적인 돌봄정책이다. 즉 요양원이나 시설 거주를 최소화하고, 노인들이 익숙한 환경에서 자율성과 존엄성을 유지하며 노후를 보낼 수 있도록 돕는 정책이다.

미국 질병통제예방센터(CDC)는 에이징 인 플레이스를 "연령, 소득 수준, 신체적 정신적 기능 수준에 상관없이 노인들이 자신이 살던 집과 지역사회에서 안전하고 독립적이며 편안하게 살아가는 것"으로 정의한다.

에이징 인 플레이스 정책시행의 첫걸음은 고령자가 안전하고 편안하게 생활할 수 있도록 주거 환경을 개선하는 것이다. 예컨대 미끄럼 방지 바닥을 설치하거나 손잡이를 추가하는 등 고령자 친화적인 주택 설계와 개조를 예로 들 수 있다. 또한 또한, 의료, 복지, 문화, 레저 서비스와 같은 지역사회 기반 서비스에 쉽게 접근할 수 있도록 지원하는 것도 포함된다.

싱가포르는 2000년에 고령화 사회로 진입한 이후, 노인 복지와 주거 안정성을 강화하기 위한 다양한 정책을 시행해왔다. 특히, 노인들이 기존의 주거지에서 생활을 지속할 수 있도록 지원하며, 익숙한 환경에서 정서적 안정감을 느끼고 지역사회와의 연결을 유지할 수 있도록 돕는 데 주력했다. 초기에는 주거 환경 개선과 지역사회 기반의 서비스 제공에 주안점을 두었다. 이를 위해 정부는 노인 친화적 주거 단지와 커뮤니티 케어를 중심으로 정책을 발전시켰다. 이러한 노력은 노인들이 물리적, 사회적, 심리적 안정감을 느낄 수 있는 환경을 조성하는 데 크게 기여했다.

한국의 유사정책으로 재가돌봄서비스를 예시할 수는 있으나 동일시하기엔 그 범위와 목적에 있어서 차이점이 많다. 차이점을 간략하게 도표로 설명하면 다음과 같다.

	에이징 인 플레이스(싱가포르)	재가돌봄서비스(한국)
목표	고령자가 익숙한 환경에서 독립적으로 생활하며 지역사회와 연결된 삶을 지속	자택에서 돌봄 서비스를 제공받아 일상생활을 유지
개념	주거 환경 개선, 사회적 관계 유지, 지역사회 서비스 접근성 등 포괄적 개념	돌봄 서비스 제공에 초점
정책	장기적이고 포괄적인 정책	단기적이고 개별적인 정책

표 4 백상숙,국제사회보장리뷰 2018년 겨울호, 통권 7호, pp.83-93 참조

에이징 인 플레이스의 대표적인 성공 사례로 꼽히는 싱가포르의 캄풍 애드머럴티(Kampung Admiralty)는 고령화 사회에 대응하기 위한 혁신적인 도시 설계와 정책의 결합을 보여주는 상징적인 공간이다. 이 단지는 노인 친화적 디자인과 다양한 공공시설을 통합하여 고령층이 독립적으로 생활하면서도 지역사회와 연결된 삶을 지속할 수 있도록 돕는다.

캄풍 애드머럴티는 싱가포르 최초의 통합형 공공개발 단지로, 2018년 세계건축페스티벌에서 '올해의 세계건축상'을 수상하며 국제적으로

도 주목받았다. 이 단지는 11층 규모로 설계되었으며, 100개의 노인용 아파트와 함께 의료센터, 푸드코트, 보육센터, 녹지공원, 커뮤니티 팜 등 다양한 시설을 포함하고 있다. 특히, 의료센터는 전문 외래 진료를 제공하며, 액티브 에이징 허브와 유치원이 함께 배치되어 세대 간 화합을 도모한다. 이러한 공간은 노인들이 사회적 고립을 방지하고, 일상생활에서 필요한 서비스를 원스톱으로 이용할 수 있도록 설계되었다.

2025년 현재, 싱가포르는 에이징 인 플레이스를 더욱 발전시키기 위해 다양한 정책과 프로그램을 시행하고 있다. 캄퐁 애드머럴티는 이러한 노력의 중심에 있으며, 예방적 건강 관리 프로그램과 커뮤니티 활동을 통해 노인들의 건강 유지와 사회적 연결을 강화하고 있다. 예를 들어, 단지 내 커뮤니티 팜은 노인들이 정원을 가꾸며 친목 활동을 할 수 있는 공간을 제공하며, 녹지공원과 자연광을 활용한 설계는 심리적 안정감을 높이는 데 기여한다. 또한, 의료와 복지 서비스가 통합적으로 제공되어 노인들이 독립적으로 생활하면서도 필요한 지원을 받을 수 있는 환경을 조성하고 있다.

이 단지는 이용자들로부터 긍정적인 반응을 얻고 있다. 캄퐁 애드머럴티에 거주하는 노인들은 자녀와 가까운 거리에서 생활하며 손주를 자주 만날 수 있는 점을 특히 만족스럽게 평가하고 있다. 또한, 다양한 세대가 함께 어울릴 수 있는 공간이 마련되어 있어 고령층뿐만 아니라 지역사회 전체가 혜택을 누리고 있다. 이러한 세대 통합형 주거 모델은 고령화와 아이돌봄이라는 두 가지 사회적 과제를 동시에 해결할 수 있다는 점에서 주목받고 있다.

캄퐁 애드머럴티의 주목할 만한 요소는 건축학적 우수성과 사회적 통합을 강조한 설계에 있다. 단지는 자연친화적 요소를 적극 활용하여 도시 속에서 생태적 가치를 높이고, 다양한 민족과 세대가 조화롭게 공존할 수 있는 환경을 조성했다. 또한, 의료, 상업, 복지 시설을 한 공간에 통합하여 사회적 비용을 절감하고, 노인들의 삶의 질을 향상시키는 데 성공적인 사례를 보여주고 있다.

그림 22 Kampung Admiralty(《Architect magazine》, 2026.12.06. 기사
https://www.architectmagazine.com/project-gallery/kampung-admiralty

구분	세부내용
대상연령	만 65세 이상
CPF기여금	55세까지 CPF(싱가포르 정부가 운영하는 사회 보장 및 퇴직 저축 제도) 기여금이 140,000 싱가포르 달러(약 1억 7천 3백만원) 이하 자영업자 또는 플랫폼 근로자의 경우, 45~54세 동안의 총 소득이 27,600(약2천 7백만원) 싱가포르 달러 이하

주거 유형	5룸 이하 HDB(공공 아파트) 플랫(공공주택)에 거주 개인 주택 소유자 및 다수의 부동산 소유자는 제외
가구 소득	1인당 월 가구 소득이 2,300 싱가포르 달러(약 225만원) 이하 (2025년 기준, 기존 1,800에서 상향)
자산	고가 자산 또는 다수의 부동산을 소유하지 않아야 함
지급 빈도	3개월마다 지급
연간지급액	2,100~4,200 싱가포르 달러(약 206만원~1천 550만원) 개인 상황에 따라 다름
분기별 지급액	215~1,080 싱가포르 달러(약 21만원~약 105만원) (HDB 플랫 유형 및 가구 소득에 따라 차등 지급)
자동평가 및 통지	매년 자동으로 자격 평가 후, 12월에 통지서 발송 자격이 확인되면 다음 해부터 지급 시작
2025년 변동사항	지급액 20% 인상, 소득 기준 상향 조정, 은퇴 후 소득이 적은 고령층(하위 20~30%)에게 추가 재정 지원 제공

표 5 실버 서포트 스킴: 자격 요건 및 혜택 (2025년 기준)
(싱가포르 중앙공적금(CPF) 웹사이트의 Silver Support Scheme내용 참조하여 작성)

4) 커뮤니티 기반 돌봄 모델

싱가포르의 커뮤니티 기반 돌봄 모델은 고령화 사회로의 진입과 함께 의료 및 사회적 돌봄의 통합을 목표로 발전해왔다. 초기에는 병원 중심의 의료 시스템이 주를 이루었으나, 점차 지역사회 중심의 돌봄으로 전환되며 다양한 프로그램과 정책이 도입되었다. 이러한 변화는 고령화와 만성질환 증가로 인한 병원 과부하를 완화하고, 지역사회에서의 지속 가능한 돌봄을 제공하기 위한 노력의 일환이었다.

싱가포르의 커뮤니티 기반 돌봄 모델은 2012년 보건부가 도입한 "지역 건강 시스템(Regional Health System, RHS)"에서 시작되었다.[90] 이 모델은 병원, 지역사회 병원, 1차 의료기관, 그리고 사회복지 단체 간의 협력을 통해 통합된 돌봄을 제공하는 것을 목표로 했다. 초기에는 만성질환 관리와 같은 특정 분야에 초점이 맞춰졌으며, 병원 외부에서의 돌봄을 강화하기 위해 다양한 프로그램이 시행되었다. 예를 들어, 만성질환 관리 프로그램은 병원 외래 환자 수를 줄이고, 환자들이 지역사회에서 더 나은 건강 관리를 받을 수 있도록 지원했다.

2025년 현재, 싱가포르는 커뮤니티 기반 돌봄 모델을 더욱 확장하고 있다. 대표적인 사례로는 "싱헬스 커뮤니티 병원(SingHealth Community Hospitals)"이 있다. 이 병원들은 재활 및 아급성 치료를 제공하며, 환자들이 병원에서 지역사회로 원활히 전환할 수 있도록 돕는다. 또한, 이 병원들은 세계보건기구(WHO)로부터 "사회적 처방을 위한 협력 센터"로 지정되며, 지역사회 돌봄의 새로운 기준을 제시하고 있다.

대표적인 사례로는 마린 퍼레이드 지역에서 운영되는 몽포트 케어(Montfort Care)의 프로그램이 있다. 몽포트 케어는 싱가포르 정부와 협력하여 Active Ageing Centres(AAC)를 운영하고 있다. AAC는 다양한 사회적, 신체적 활동을 제공하며, 고령자들이 지역사회와 지속적으로 연결될 수 있도록 지원한다.

몽포트 케어는 의료기관, 간호팀, 지역사회 기관과 협력하여 환자 중심의 통합 돌봄을 제공하고 있다. 몽포트 케어의 프로그램 일부를 소개한다.[91]

5) 굿 라이프 마칸(GoodLife Makan)

'굿 라이프 마칸'은 싱가포르의 콩포트 케어가 운영하는 커뮤니티 키친으로, 혼자 사는 고령자들이 요리와 식사를 통해 사회적 고립을 극복하고 지역사회와 연결될 수 있도록 돕는 프로그램이다. 이 공간은 단순히 음식을 제공하는 곳이 아니라, 고령자들이 능동적으로 참여하고 서로 교류하며 삶의 활력을 되찾을 수 있는 장을 제공한다.

굿 라이프 마칸의 주요 활동 중 하나는 고령자들이 함께 요리하고 식사하는 것이다. 참여자들은 메뉴를 함께 정하고, 재료를 준비하며, 요리를 완성한 후 함께 식사를 나눈다. 이러한 과정은 단순히 음식을 만드는 것을 넘어, 고령자들이 서로의 이야기를 나누고 유대감을 형성할 수 있는 기회를 제공한다. 예를 들어, 마린 퍼레이드 지역의 굿 라이프 마칸에서는 고령자들이 전통 요리를 함께 만들며 과거의 추억을 공유하고, 새로운 친구를 사귀는 사례가 있다. 이러한 활동은 고령자들에게 심리적 안정감과 소속감을 제공하며, 사회적 고립을 줄이는 데 기여한다.

굿라이프 마칸은 또한 고령자들이 단순한 참여자를 넘어 커뮤니티에 기여할 수 있는 기회를 제공한다. 일부 고령자들은 자원봉사자로 활동하며 다른 참여자들을 돕거나, 바리스타로서 커피를 준비하며 프로그램에 적극적으로 참여한다. 이러한 역할은 고령자들에게 자존감을 높이고, 자신이 여전히 사회에 필요한 존재임을 느끼게 한다. 예를 들어, 한 91세의 참여자는 은퇴 후 굿라이프 마칸에서 자원봉사자로 활동하며 새로운 삶의 목적을 찾았다는 사례가 있다.

이 프로그램은 세대 간 교류를 장려하는 데도 중점을 둔다. 젊은 세대와 고령자들이 함께 식사를 나누고 활동에 참여하면서 서로의 경험과 관점을 공유할 수 있는 기회를 제공한다. 이러한 세대 간 교류는 고령자들에게는 젊은 세대와의 연결을 통해 활력을 얻는 계기가 되고, 젊은 세대에게는 고령자들의 지혜와 경험을 배울 수 있는 소중한 시간이 된다. 예를 들어, 굿라이프 마칸에서는 젊은 자원봉사자들이 고령자들과 함께 요리하며 그들의 삶의 이야기를 듣고 교류하는 활동이 진행되었다.

그림 23 싱가포르의 굿 라이프 마칸
https://www.e-architect.com/singapore/goodlife-makan

6) 굿 라이프 스튜디오(GoodLife Studio)

몽포트 케어의 '굿라이프 스튜디오'는 고령자들이 다양한 취미와 기술을 배우며 삶의 질을 향상시킬 수 있도록 돕는 공간으로, 싱가포르의 여러 지역에서 운영되고 있다. 이 스튜디오는 단순히 여가를 즐기는 장소를 넘어, 고령자들이 창의적이고 활동적인 삶을 이어갈 수 있도록 지원한다.

굿라이프 스튜디오의 역사는 고령화 사회에서 고령자들의 사회적 고립 문제를 해결하고, 그들의 자립성과 참여를 증진시키기 위한 노력에서 시작되었다. 몽포트 케어는 이러한 목표를 실현하기 위해 지역사회 기반의 프로그램을 개발하고, 고령자들이 능동적으로 참여할 수 있는 환경을 조성했다. 특히, 굿라이프 스튜디오는 단순한 복지 서비스 제공을 넘어, 고령자들이 스스로의 삶을 재구성하고 새로운 기술을 배우며 사회적 연결을 형성할 수 있는 플랫폼을 제공한다.

굿라이프 스튜디오는 다양한 지역에서 특화된 프로그램을 운영하며 고령자들에게 맞춤형 경험을 제공하고 있다. 예를 들어, 부킷 퍼메이 지역에서는 목공 작업을 통해 고령자들이 간단한 가구를 제작하며 창의력을 발휘할 수 있는 기회를 제공한다. 이러한 활동은 단순히 기술을 배우는 것을 넘어, 고령자들이 자신의 손으로 무언가를 만들어내는 성취감을 느낄 수 있도록 돕는다. 베독 지역에서는 차(茶) 감상 워크숍을 통해 고령자들이 새로운 문화적 경험을 즐기며 정서적 안정을 찾을 수 있는 프로그램을 운영하고 있다. 또한, 이순 지역에서는 자전거 유지 및 수리 활동을 통해 고령자들이 신체적으로 활동적인 생활을 이어갈 수 있도록 지원하고 있다. 이러한 프로그램들은 고령자들이 단순한 소비자가 아니라, 능동적인 참여자로서 자신의 삶에 기여할 수 있도록 돕는 데 초점을 맞추고 있다.

굿라이프 스튜디오의 성과는 고령자들의 삶의 질 향상과 사회적 고립 감소에서 두드러지게 나타난다. 프로그램에 참여한 고령자들은 새로운 기술을 배우고, 지역사회와의 연결을 강화하며, 정서적 안정과 자존감을 회복하는 데 긍정적인 변화를 경험하고 있다. 특히, 이러한 활동들은 고령자들이 단순히 도움을 받는 수혜자가 아니라, 자신의 삶을 주도적으로 이끌어가는 주체로 자리매김할 수 있도록 돕는다.

현재 굿라이프 스튜디오는 싱가포르 전역에서 다양한 프로그램을 운영하며, 고령자들의 요구와 관심사에 맞춘 맞춤형 활동을 제공하고 있다.

그림 24 은퇴자 마이클 티오는 굿라이프 스튜디오의 목공 스튜디오를 자신의 제2의 집이라고 부르며, 일주일에 최소 세 번 그곳을 방문한다. (《더 스트레이츠 타임즈(The Straits Times)》 2024.04.13. 사진: 진 테이) https://www.straitstimes.com/singapore/goodlife-studio-broadens-active-ageing-appeal-with-carpentry-digital-media-tea-bar

굿 라이프! 워크아웃은 싱가포르의 몽포트 케어가 운영하는 고령자 대상 커뮤니티 운동 프로그램으로, 고령자들의 신체 건강 증진과 사회

그림 25 싱가포르의 굿 라이프! 워크아웃
https://montfortcare.org.sg/the-goodlife-workout-the-first-community-workout/

적 유대감 형성을 목표로 한다. 이 프로그램은 고령자들이 친숙한 환경에서 운동을 통해 건강을 유지하고, 동시에 정신적 안정과 활력을 얻을 수 있도록 돕는다. 훈련된 자원봉사자들이 운동을 지도하며, 참여자들이 안전하고 효과적으로 활동할 수 있도록 지원한다.

굿 라이프! 워크아웃은 고령화 사회에서 고령자들의 신체적, 정신적 건강을 유지하기 위한 프로그램이다. 초기에는 소규모로 시작되었으나, 점차 참여자 수가 증가하며 지역 사회에서 중요한 활동으로 자리 잡았다. 이 프로그램은 고령자들의 건강에 긍정적인 영향을 미친다는 점에서 큰 성과를 거두었다. 참여자들은 규칙적인 운동을 통해 신체적 건강과 정신적 안정을 누릴 수 있게 되었다.

2025년 현재 굿 라이프! 워크아웃은 싱가포르 전역에서 활발히 운영되고 있다. 무엇보다 고령자들의 신체적 능력과 필요에 맞춘 맞춤형 운동 프로그램에 대한 참여자들의 만족도가 높다. 또한, 디지털 기술을 활용한 온라인 운동 세션도 도입되어 이동이 어려운 고령자들도 프로그램에 참여할 수 있는 기회를 제공하고 있다.

7) 굿라이프 앳 홈(GoodLife At Home)

싱가포르의 몽포트 케어(Montfort Care)가 운영하는 '굿라이프 앳 홈'은 고령자와 그들의 돌봄 제공자를 위한 맞춤형 가정 돌봄 서비스를 제공하는 프로그램이다. 이 서비스는 고령자들이 존엄성을 유지하며 익숙한 환경에서 편안하게 생활할 수 있도록 돕는 것을 목표로 한다. 특히, 신체적 제약이 있는 고령자나 돌봄 제공자의 부담을 덜어주고 있다.

굿라이프 앳 홈은 다양한 서비스를 통해 고령자와 그 가족의 삶의 질을 향상시키고 있다. 일상적인 활동 지원, 약물 관리, 그리고 인지와 신체를 자극하는 활동을 포함한 포괄적인 돌봄 서비스를 제공한다. 특히, 침대에 누워 지내는 고령자나 허약한 돌봄 제공자를 위한 '홈 목욕 서비스(HomeBathing)'는 이 프로그램의 핵심적인 부분이다. 이 서비스는 침대에 누워 있는 고령자들에게 존엄성을 유지하며 위생을 관리할 수 있는 기회를 제공하고, 돌봄 제공자들에게는 잠시나마 휴식을 취할 수 있는 시간을 마련해 준다.

굿라이프 앳 홈은 또한 치매 진단을 받은 고령자와 그 가족을 위한 '진단 후 지원(Post Diagnostic Support)' 프로그램을 운영하고 있다. 이 프로그램은 치매 초기 단계에 있는 고령자와 그들의 가족이 새로운 상황에 적응할 수 있도록 6개월간의 전문적인 상담과 지침을 제공한다. 이를 통해 치매 환자와 가족이 보다 체계적으로 문제를 해결하고, 돌봄 과정에서의 스트레스를 줄일 수 있도록 돕는다.

이 프로그램은 고령자들이 지역사회와의 연결을 유지할 수 있도록 돕고 있다. 굿라이프 앳 홈은 고령자들이 사회적 고립을 피하고 지역사회와의 관계를 유지할 수 있도록 다양한 활동과 프로그램을 제공한다. 현재, GoodLife At Home은 싱가포르 전역에서 활발히 운영되고 있으며, 특히 고령화 사회로 접어든 싱가포르에서 중요한 역할을 하고 있다.

3. 디지털 기반 돌봄 모델

싱가포르의 디지털 기반 돌봄 모델은 병원 중심의 의료 시스템에서 벗어나 지역사회와 가정 중심의 돌봄 체계를 구축하고 있다. 이는 고령화 사회에 대응하기 위한 혁신적인 접근 방식으로, 노인들이 병원에 입원하지 않고도 자택에서 안전하고 독립적으로 생활할 수 있도록 지원하는 것을 목표로 한다. 이를 위해 싱가포르 정부는 성공적인 고령화를 위한 행동 계획을 수립하고, AI와 IoT 기술을 활용한 다양한 솔루션을 도입하고 있다.

스마트 홈 시스템은 이러한 모델의 핵심 요소 중 하나로, 낙상 감지 센서와 같은 기술이 가정에 설치되어 긴급 상황 발생 시 가족이나 콜센터에 즉각 알림을 보낼 수 있도록 설계되었다. 요양원에서는 간병인을 지원하거나 환자의 운동을 돕는 AI 기반 기술이 활용되고 있으며, 이는 간병인의 업무 부담을 줄이는 동시에 노인들의 자립적인 생활을 돕는 데 기여하고 있다.

싱가포르의 디지털 돌봄 모델은 의료 데이터와 AI를 결합하여 질병을 조기에 감지하고 관리하는 데에도 활용되고 있다. 예를 들어, 당뇨성

안구 질환과 같은 질병을 AI 기술로 조기에 진단하고 치료할 수 있는 시스템이 개발되었으며, 이는 환자의 삶의 질을 향상시키는 동시에 의료 자원의 효율적인 활용을 가능하게 한다. 또한, 병원 침대 가용성을 모니터링하거나 행정 업무를 자동화하는 데에도 AI가 사용되고 있다.

싱가포르 정부는 민관 협력을 통해 디지털 돌봄 모델을 더욱 강화하고 있다. GIC[92]와 테마섹 홀딩스[93]과 같은 국부펀드를 활용하여 기술 개발과 스타트업을 지원하며, 민간 기업과의 협력을 통해 디지털 헬스케어 생태계를 구축하고 있다. 이러한 협력은 기술 기반 돌봄 서비스의 지속 가능성을 높이고, 고령화 사회에서 증가하는 의료 및 복지 수요를 충족시키는 데 중요한 역할을 하고 있다.

보편적인 예를 들자면, AI 기반 낙상 감지 시스템은 고령자의 안전을 실시간으로 모니터링하며, 사고 발생 시 돌봄 제공자에게 즉각 경고를 보낸다. 이러한 기술은 주택개발위원회(HDB)와 같은 공공기관에서 도입되어 노인돌봄의 효율성을 높이고 있다. 또한, AI 기반 웨어러블 기기는 고령자의 생체 신호를 추적하고 이상 징후를 감지하여 신속히 대응할 수 있도록 설계되었다. AI 챗봇은 고령자들에게 건강 정보를 제공하고 개인 맞춤형 치료 계획을 수립하는 데 도움을 주며, 디지털 기술을 활용한 돌봄의 접근성을 높이고 있다.

싱가포르의 돌봄 플랫폼 기업인 오마주(Homage)[94]는 디지털 기술을 활용한 재택 돌봄 서비스를 제공하며, 고령자와 가족들에게 큰 도움을 주고 있다. 이 플랫폼은 시간제 및 전일제 돌봄 노동자를 연결하며, 고령자들이 필요한 서비스를 신속히 받을 수 있도록 지원한다. 오마주는 AI와 같은 기술을 활용해 돌봄 서비스를 더욱 효율적으로 제공하며, 말레이시아와 호주로도 사업을 확장하고 있다.

또한 싱가포르 디지털 기반 돌봄모델의 하나인 PACE-It 프로그램에 관심이 집중되고 있다. PACE-It 프로그램은 다학제적 팀 기반 접근 방식(여러 분야의 전문가들이 함께 협력하여 문제를 해결하는 방식)을 채택하여 환자의 건강과 복지를 종합적으로 관리한다. 의료진, 사회복지사, 커뮤니티 간호사 등 다양한 분야의 전문가들이 협력하여 환자의 의료적, 사회적 요구를 충족시키는 데 중점을 둔다. 의료진은 환자의 건강 상태를 관리하고, 사회복지사는 사회적 문제를 해결하며, 커뮤니티 간호사는 만성 질환 관리와 같은 지속적인 지원을 제공한다. 이러한 협력은 환자의 삶의 질을 향상시키고, 지역사회에서 독립적으로 생활할 수 있도록 돕는 데 기여한다.

기술은 PACE-It 프로그램의 핵심 요소로, 돌봄의 효율성을 높이는 데 중요한 역할을 한다. 프로그램은 모바일 애플리케이션을 통해 참여 기관 간의 정보 공유와 협업을 가능하게 하며, 데이터 보호 규정을 준수하면서도 환자 중심의 통합 돌봄을 실현한다. 이를 통해 환자의 건강 상태와 사회적 요구를 동시에 충족시키는 체계를 구축하고, 돌봄 과정에서 발생할 수 있는 비효율성을 최소화한다.

싱가포르 정부는 PACE-It 프로그램을 통해 지역사회 중심의 통합 돌봄 전략을 구현하고 있다. 이는 병원 중심의 의료 시스템에서 벗어나 커뮤니티와 가정 중심의 지속 가능한 돌봄 체계를 구축하려는 목표를 반영한다. 고령화 사회에서 증가하는 의료 및 사회적 요구를 효과적으로 해결하기 위한 중요한 모델로 자리 잡고 있으며, 다른 국가에서도 참고할 수 있는 모범 사례로 평가받고 있다.[95]

4. 세대간 돌봄 모델

싱가포르, 캄퐁 애드미럴티[96]

싱가포르의 성공적인 세대간 돌봄 센터 사례로는 싱가포르 북부 우드랜즈 지역에 위치한 캄퐁 애드미럴티(Kampung Admiralty)를 들 수 있다. 이 센터는 2018년에 설립된 싱가포르 최초의 "통합형 세대간 커뮤니티"이다. 노인과 어린이를 포함한 다양한 연령층이 함께 어울릴 수 있는 공간이다. 고령화 사회의 문제를 해결하고 세대 간 상호작용을 촉진하기 위해 설계되었다. https://www.lifein.news/news/articleView.html?idxno=5166

캄퐁 애드미럴티는 65세 이상의 노인과 지역 주민을 주요 이용 대상으로 한다. 또한 어린이와 가족들도 이 공간을 이용할 수 있어 세대 간 교류가 자연스럽게 이루어진다. 재정은 정부의 지원과 지역사회 기부를 통해 충당되며, 일부 프로그램은 소액의 참가비를 통해 운영된다. 센터의 주요 프로그램은 주중 오전 8시부터 오후 6시까지 운영된다. 'My First Skool'의 어린이들과 NTUC Health Active Ageing Centre의 노인들이 함께 로봇을 조립하고 코딩하는 프로그램이 유독 눈길을 끌고 있다.

또한 커뮤니티 농장 활동도 유명하다. 캄퐁 애드미럴티의 옥상 정원과 커뮤니티 농장은 노인들이 자연과 교감하며 활력을 되찾는 공간으로, 약 30여 종의 채소와 허브가 재배되고 있다. 이곳에서 노인들은 직접 기른 신선한 채소를 활용해 건강한 식단을 준비하거나, 수확물을 지역 주민들과 나누며 따뜻한 유대감을 쌓아간다. 특히, 이 농장은 휠체어 접근이 가능한 경사로와 손잡이를 갖추고 있어 이동이 불편한 노인들도 쉽게 참여할 수 있다.

 # 미국

북미

1. 미국의 고령화 추세와 현황

미국은 고령화가 빠르게 진행되고 있는 국가 중 하나로, 2025년 기준으로 65세 이상 인구가 전체 인구의 약 20%를 차지하며 초고령 사회로 진입하고 있다. 2025년 미국의 65세 이상 인구는 약 7,800만 명에 달할 것으로 예상되며, 이는 2022년의 5,800만 명에서 크게 증가한 수치이다. 이러한 고령화는 미국 사회의 경제적, 사회적 구조에 큰 영향을 미치고 있다.[97]

그림 26 캄퐁 애드미럴티의 옥상 정원과 커뮤니티 농장 https://www.lifein.news/news/articleView.html?idxno=5166

미국의 고령화는 출산율 감소와 기대수명 증가로 인해 더욱 가속화되고 있다. 출산율은 세대 교체를 위한 최소 수준인 2.1명보다 낮은 1.6명으로 유지되고 있으며, 이는 인구 증가를 이민에 의존하게 만드는 주요 요인이다. 또한, 2033년부터는 사망자가 출생자를 초과할 것으로 예상되며, 이로 인해 인구 구조가 더욱 고령화될 전망이다.

65세 이상 인구의 증가로 인해 사회보장제도와 의료비 지출이 급증하고 있으며, 노동력 감소로 인해 경제 성장률이 둔화될 가능성이 제기되고 있다. 특히, 2025년 기준으로 미국의 실버산업 시장 규모는 약 3.5조 달러에 이를 것으로 예상되며, 이는 고령층의 요구를 충족시키기 위한 다양한 서비스와 제품 개발을 촉진하고 있다.

미국 내 고령층의 성별 및 인종 분포를 보면, 여성과 백인이 대부분을 차지하고 있다. 2024년 기준으로 65세 이상 인구 중 여성은 약 68%, 백인은 약 77%를 차지하며, 이는 향후에도 지속될 것으로 보인다. 그러나 히스패닉과 흑인 고령층의 비율은 점차 증가할 것으로 예상된다.

고령화는 미국뿐만 아니라 전 세계적으로도 중요한 사회적 도전 과제로 떠오르고 있으며, 미국은 이를 해결하기 위해 고령친화도시 조성, 의료 기술 혁신, 이민 정책 개선 등 다양한 방안을 모색하고 있다.

65세 이상 인구 수	약 5,930만 명 (전체 인구의 약 17.7%)
65세 이상 인구 비율	약 20% (초고령 사회 진입 기준)
주별 고령화 비율	메인주: 22.94% (최고) 유타주: 12.16% (최저)
성별 구성	여성: 약 56.1% 남성: 약 43.9%

주요 고령화 지역	캘리포니아: 약 631만 명 플로리다: 약 492만 명 텍사스: 약 400만 명
최근 10년간 고령화 증가율	알래스카: 65.7% 증가 네바다: 51.4% 증가
2050년 전망	65세 이상 인구 약 8,200만 명 (전체 인구의 23%)

표 6 미국의 65세 이상 인구 (ConsumerAffairs, 2024.03.24. 'Population over 65 by state 2025'와 미국 의회예산처(CBO, Congressional Budget Office)자료를 토대로 작성.

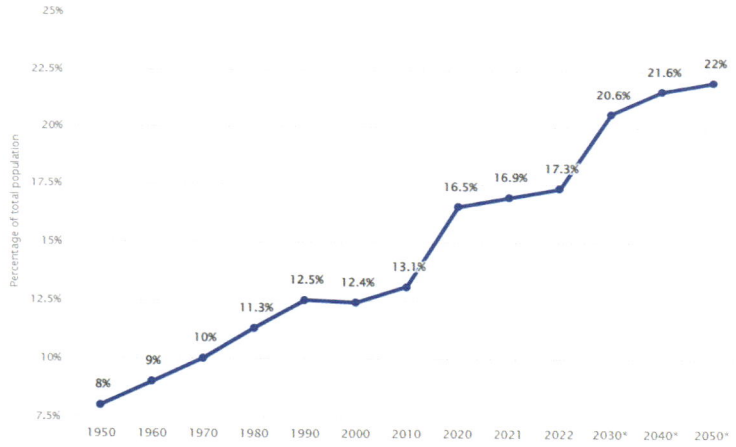

그림 27 1950년부터 2050년까지 미국 전체 인구에서 노령 인구(65세 이상)가 차지하는 비율 https://www.statista.com/statistics/457822/share-of-old-age-population-in-the-total-us-population/

2. 노인돌봄 정책의 변화

미국의 노인돌봄 정책은 20세기 초반부터 점진적으로 발전해왔다.

1935년 사회보장법(Social Security Act)의 제정은 노인복지의 기초를 마련한 중요한 전환점이었다. 이 법은 빈곤한 노인들에게 재정적 지원을 제공하는 "노령지원 프로그램(Old Age Assistance)"을 도입했으며, 공공시설(예: 빈민원)에 거주하는 노인들에게는 지원금을 지급하지 않도록 규정하여 민간 요양시설의 성장을 촉진했다. 이후 1965년 메디케어(Medicare)와 메디케이드(Medicaid)가 사회보장법의 개정안으로 도입되면서 노인 의료보장과 장기요양 서비스의 재정적 기반이 마련되었다. 메디케어는 65세 이상 노인과 특정 장애인을 대상으로 의료 서비스를 제공하며, 메디케이드는 저소득층 노인을 포함한 취약계층의 장기요양을 지원한다.

1965년에는 또 다른 중요한 법안인 "노인법(Older Americans Act, OAA)"이 제정되었다. 이 법은 노인들이 지역사회에서 독립적으로 생활할 수 있도록 다양한 사회적, 영양, 건강 관련 서비스를 제공하는 것을 목표로 했다. OAA는 연방 차원에서 노인복지 정책을 체계화한 첫 번째 법안으로, 이후 노인돌봄 서비스의 주요 기반이 되었다. 특히 OAA는 지역사회 기반의 서비스 제공을 강조하며, 주 및 지역 차원에서 노인복지 프로그램을 운영하는 "노화행정국(Administration on Aging)"을 설립했다.

1980년대 이후 미국의 노인돌봄 정책은 시설 중심에서 지역사회 기반 돌봄으로 점차 전환되었다. 1981년에는 메디케이드의 HCBS(Home and Community-Based Services) 면제 프로그램이 도입되어, 노인들이 요양시설이 아닌 가정과 지역사회에서 필요한 서비스를 받을 수 있도록 지원했다. 이는 탈시설화를 촉진하고 노인들이 가능한 한 오랜 기간 자택에서 생활할 수 있도록 돕는 데 기여했다. 2000년대에는 "가족돌봄지원 프로그램(National Family Caregiver Support Program)"이 도입되어 비공식 돌봄 제공자들에게 재정적, 교육적 지원을 제공하기 시작했다.

2025년 현재, 미국의 노인돌봄 정책은 고령화 사회의 요구에 대응하기 위해 더욱 통합적이고 포괄적인 방향으로 발전하고 있다. 미국의 65세 이상 노인 인구는 약 7,100만 명으로 전체 인구의 20%를 차지하며, 특히 85세 이상의 초고령 인구는 급격히 증가하고 있다. 이러한 인구구조 변화는 노인돌봄 서비스의 수요를 크게 증가시키고 있다. 이에 따라 연방정부는 OAA를 재승인하고, 지역사회 기반 돌봄 서비스와 장기요양 서비스의 접근성을 확대하는 데 중점을 두고 있다. 캘리포니아와 같은 일부 주는 "고령화 기본계획(Master Plan on Aging)"을 통해 노인과 장애인을 위한 통합 서비스를 제공하고 있다. 또한, 기술 발전과 함께 노인돌봄 서비스의 디지털화가 가속화되고 있다. 원격의료와 같은 기술 기반 서비스가 확대되면서, 노인들이 자택에서 의료 및 돌봄 서비스를 보다 쉽게 이용할 수 있게 되었다.

미국의 노인돌봄 시설은 사회적 변화와 법적 제도에 따라 점진적으로 발전해왔다. 초기에는 빈곤 노인을 위한 공공 빈민원이 주요 돌봄 형태였으나, 1935년 사회보장법(Social Security Act)의 제정으로 현대적인 노인돌봄 시설의 기틀이 마련되었다. 이 법은 빈민원 거주 노인에게 연방 지원금을 지급하지 않도록 규정하며, 민간 및 비영리 요양시설의 성장을 촉진했다. 이후 1950년 사회보장법 개정으로 공공기관에서도 노인돌봄 비용을 지원받을 수 있게 되면서 요양시설의 수가 급격히 증가했다.

1965년에는 노인법(Older Americans Act, OAA)이 제정되어 노인들이 지

역사회에서 독립적으로 생활할 수 있도록 다양한 사회적, 영양, 건강 관련 서비스를 제공하기 시작했다. 이 법은 노인복지 정책을 체계화하며, 연방 차원에서 노인돌봄을 지원하는 "노인복지국(Administration on Aging)"을 설립했다. 같은 해 메디케어(Medicare)와 메디케이드(Medicaid)가 도입되어 노인 의료보장과 장기요양 서비스의 재정적 기반을 마련했다. 메디케어는 65세 이상 노인과 특정 장애인을 대상으로 의료 서비스를 제공하며, 메디케이드는 저소득층 노인을 포함한 취약계층의 장기요양을 지원한다.[98]

1980년대 이후 미국의 노인돌봄 정책은 시설 중심에서 지역사회 기반 돌봄으로 전환되었다. 1931년 메디케이드의 HCBS(Home and Community-Based Services) 면제 프로그램이 도입되어 노인들이 요양시설이 아닌 가정과 지역사회에서 필요한 서비스를 받을 수 있도록 지원했다. 이는 탈시설화를 촉진하고 노인들이 가능한 한 오랜 기간 자택에서 생활할 수 있도록 돕는 데 기여했다. 또한, 1990년대에는 가정형 분위기의 소규모 노인 주거시설인 일상생활보호주거시설(Assisted Living Housing)이 등장하며 많은 호응을 얻었다. 2000년 기준으로 미국 전역에 약 32,886개의 시설이 운영되었으며, 약 80만 명의 노인이 거주했다.

2025년 현재, 미국의 노인돌봄 시설은 고령화 사회의 요구에 대응하기 위해 더욱 통합적이고 포괄적인 방향으로 발전하고 있다. 미국의 65세 이상 노인 인구는 약 7,100만 명으로 전체 인구의 20%를 차지하며, 특히 85세 이상의 초고령 인구는 급격히 증가하고 있다. 이러한 인구구조 변화는 노인돌봄 서비스의 수요를 크게 증가시키고 있다. 이에 따라 연방정부는 OAA를 재승인하고, 지역사회 기반 돌봄 서비스와 장기

요양 서비스의 접근성을 확대하는 데 중점을 두고 있다. 캘리포니아와 같은 일부 주는 "고령화 마스터 플랜(Master Plan on Aging)"을 통해 노인과 장애인을 위한 통합 서비스를 제공하고 있다.

3. 노인돌봄 시설의 유형과 특징

미국의 노인돌봄 시설로는 독립생활 커뮤니티, 일상생활보조시설, 전문요양시설, 기억관리시설, 지속돌봄 은퇴 커뮤니티 등이 있다.

1) 독립생활 커뮤니티(Independent living communities)[99]

독립생활 커뮤니티는 노인들이 독립적으로 생활할 수 있도록 설계된 주거 형태로, 기본적인 편의시설과 사회적 활동을 제공한다. 의료 서비스나 개인적인 도움을 필요로 하지 않는 노인들을 대상으로 한다. 또한, 24시간 응급 대응 시스템과 의료 경보 시스템이 마련되어 있어서 긴급 상황에서도 신속한 도움을 받을 수 있다. 2025년 기준으로 미국에는 약 31,000개의 독립생활 커뮤니티가 운영 중이며, 130만 개 이상의 허가된 침대를 보유하고 있다.

개인의 독립성을 존중하면서도 편리함을 극대화한 주거 공간, 즉 아파트, 별장, 코티지 등 다양한 형태로 제공된다. 모두 이동성을 고려한 설계와 안전 장치를 최우선으로 설계되었고, 수리, 조경, 제설 등 정기적인 유지보수 서비스도 제공된다. 청소, 세탁, 침구 커버 교체 같은 서비스가 월세에 포함되어 있어 거주자는 집안일 대신 여가와 사회 활동에 집중할 수 있다. 셰프가 준비한 맛있는 식사를 공동 식당에서 즐기거나 개인 공간에서 룸서비스를 선택할 수도 있다. 요리를 좋아하는 사람들이 직접 조리할 수 있는 주방 시설도 마련되어 있다. 피트니스 센터, 수영장, 산책로, 웰니스 프로그램 등도 체계화 되어 있다.

컨시어지 서비스와 더불어 일상생활 활동(ADL: Activities of Daily Living)에 대한 맞춤형 케어 서비스도 제공된다. 이 두 서비스는 거주자의 편안함과 독립적인 생활을 지원하는 데 중요한 역할을 한다.

컨시어지 서비스는 고객의 다양한 요구를 해결하기 위해 제공되는 맞춤형 지원 서비스다. 원래는 호텔에서 투숙객의 요청을 처리하는 관리인을 뜻했지만, 최근에는 주거 공간, 금융, 헬스케어 등 다양한 분야로 확장되었다. 레스토랑 예약, 공연 티켓 예매, 여행 준비 등 고객의 일정을 관리하고 조정하며, 교통편 마련, 짐 운반, 세탁, 청소 등 일상적인 작업을 대신 처리하여 편리함을 제공한다. 고객의 라이프스타일에 맞춘 개인화된 서비스를 제공하며, 일부 서비스는 디지털 플랫폼을 통해 24시간 지원을 받을 수 있다. 컨시어지 서비스는 고객의 시간을 절약하고 생활의 질을 높이는 데 기여하며, 특히 바쁜 현대인들에게 유용한 솔루션으로 자리 잡고 있다.

일상생활 활동(ADL)은 개인이 독립적으로 생활하기 위해 수행해야 하는 기본적인 자기 돌봄 활동을 의미한다. 이는 의료, 재활, 복지 분야에서 개인의 기능적 상태를 평가하는 중요한 지표로 사용된다. 식사, 목욕, 옷 입기, 화장실 사용, 이동 등 기본적인 신체적 활동을 포함하며, 약물 관리, 식사 준비, 쇼핑, 가사일 등 독립적인 지역사회 생활을 유지하기 위한 복합적인 활동도 포함된다. ADL 서비스는 노인, 장애인, 부상자 등 독립적인 생활이 어려운 사람들에게 맞춤형 지원을 제공하며, 삶의 질을 개선하고 안전한 생활 환경을 유지하는 데 도움을 준다.

컨시어지 서비스(Concierge Service)[100]와 ADL 맞춤형 케어 서비스는 서로 보완적인 역할을 한다. 컨시어지 서비스는 고객의 일상적인 요구를 해결하며 편리함을 제공하고, ADL 서비스는 개인의 기능적 독립성을 지원하여 건강하고 안정된 생활을 가능하게 한다. 이러한 통합적 접근은 거주자가 더욱 편안하고 만족스러운 삶을 누릴 수 있도록 돕는다.[101]

2) 생활보조시설(Assisted Living Facilities:ALF)

생활 보조 시설은 노인들의 식사 준비, 목욕, 옷 입기, 약물 관리 등 기본적인 활동에 있어 도움을 받을 수 있고, 영화 감상, 공예, 운동 수업과 같은 활동에 참여할 수 있는 돌봄시설이다. 전문 요양 시설(Skilled Nursing)과는 의료 서비스의 수준과 비용면에서 큰 차이점이 있다.

예컨대 생활 보조 시설 거주자가 가능한 많은 활동을 스스로 수행할 수 있도록 돕고, 의료 서비스는 제한적이다. 보조 시설 거주자들은 할 수 있도록 한다. 생활 보조 시설의 평균 월 비용은 약 4,500달러(약 600만 원)이며, 지역과 시설의 수준에 따라 2,800달러(약 370만 원)에서 6,000달러(약 800만 원) 이상까지 다양하다.[102]

2025년 기준으로 미국에는 약 33,500개의 생활보조시설이 운영되고 있으며, 약 85만 명의 노인이 거주하고 있다. 이들 시설은 평균적으로 27~33명의 거주자를 수용하며, 약 1,200,000개의 침대를 보유하고 있다. [103]대부분의 시설은 민간 소유로 운영되며, 약 80%가 민간 기업에 의해 관리되고 있다. 이러한 시설은 노인들에게 주거, 식사, 교통, 개인 돌봄 서비스를 제공하며, 일부는 치매와 같은 특정 질환을 가진 노인을 위한 전문적인 케어를 제공하기도 한다.

생활보조시설의 평균 거주 기간은 약 22개월로, 이는 노인들이 독립적인 생활로 복귀하거나 더 높은 수준의 간호가 필요한 요양원으로 이동하기 전에 머무는 중간 역할을 한다. 또한, 시설의 약 18%는 치매 케어를 위한 특별 구역을 운영하며, 11%는 치매 환자만을 전문적으로 돌보고 있다. 이러한 시설은 노인들의 안전과 보안을 최우선으로 하며, 특히 치매를 앓고 있는 노인들을 위한 보호 조치를 강화하고 있다.

생활보조시설은 노인돌봄 시장에서 중요한 역할을 하며, 점점 더 많은 노인들이 이러한 시설을 선택하고 있다. 2040년까지 생활보조시설에 거주하는 노인의 수는 약 200만 명으로 두 배 이상 증가할 것으로 예상되며, 이를 충족하기 위해 약 100만 개의 새로운 시설이 필요할 것으로 보인다. 이러한 성장 추세는 노인돌봄 서비스의 다양화와 품질 향상을 위한 기회로 작용하고 있다.[104]

3) 전문 요양 시설(Skilled Nursing Facility) [105]

전문 요양 시설은 수준 높은 의료 감독과 집중적인 간호를 필요로 하는 환자들을 위한 돌봄시설이다. 이 시설은 병원과 유사한 환경에서 운영되며, 약물 투여, 상처 관리, 물리치료, 호흡 치료와 같은 의료 서비스를 제공한다. 24시간 간호사와 의사가 상주하며, 만성 질환, 수술 후 회복, 또는 심각한 건강 상태를 가진 환자들에게 적합하다. 환자의 건강 상태를 지속적으로 모니터링하며, 집중적인 재활 치료 서비스를 제공한다.

전문 요양 시설의 평균 월 비용은 약 15,000달러(약 2,000만 원)에 달하며, 일부 시설은 6,000달러(약 800만 원)에서 25,000달러(약 3,300만 원)까지 다양하다. 비용은 지역, 시설의 수준, 제공되는 서비스에 따라 달라질 수 있다. 메디케어(Medicare)와 메디케이드(Medicaid)와 같은 공공 보험 프로그램에서 비용을 지원받을 수 있는 경우가 많다. 참고로 메디케어는 연방 정부가 관리하며, 모든 주에서 동일한 혜택을 제공하는 반면, 메디케이드는 주 정부가 운영하며, 주마다 자격 요건과 혜택이 다를 수 있다. 또한 메디케어는 주로 노인과 장애인을 대상으로 하지만, 메디케이드는 저소득층을 대상으로 한다.

이 시설은 24시간 의료 감독을 통해 환자의 상태를 지속적으로 관리하며, 물리치료, 작업치료, 언어치료 등 다양한 재활 프로그램을 제공한다. 환자의 건강 상태에 따라 방 안에서 제공되는 활동이 많으며, 의료적 필요를 충족시키는 데 초점을 맞춘다. 만성 질환, 퇴행성 질환, 수술 후 회복이 필요한 환자들이 주로 이용한다.

2025년 기준으로 미국에는 약 15,500개의 전문 요양 시설이 운영 중이며, 165만 개의 허가된 침대를 보유하고 있다. 이러한 시설은 의료적 필요가 높은 환자들에게 집중적인 간호와 재활 서비스를 제공한다.

기억관리시설(Memory Care Facilities)

미국의 기억관리시설은 알츠하이머병이나 치매와 같은 인지적 장애를 가진 노인들을 위한 전문 시설이다. 이곳에서는 약물 관리, 식사 제공, 개인 위생 지원, 그리고 인지 자극 활동을 제공한다. 기억관리시설은 독립형으로 운영되거나 생활 보조 시설 내에서 함께 운영된다. 2025년 현재 미국에는 약 5,000개의 기억관리시설이 운영되고 있다.

이용 비용은 시설의 위치, 제공되는 서비스 수준, 그리고 거주자의 필요에 따라 다양하다. 평균적으로 기억관리시설의 월 비용은 약 5,000~7,000(약 670만 원~ 940만 원) 정도이다. 일부 고급 시설의 경우 월 비용이 $10,000(약 1,340만 원) 이상이다. 비용은 주로 개인이 부담하며, 장기 요양 보험이나 메디케이드와 같은 공공 프로그램을 통해 일부 지원받을 수 있다.

기본 비용에는 주거 공간, 식사 제공, 청소 서비스, 약물 관리, 그리고 다양한 활동 프로그램이 포함된다. 그러나 추가적인 서비스, 예를 들어 미용실 이용, 애완동물 관리, 또는 인터넷 서비스 등은 별도의 비용이 발생할 수 있다. 일부 시설은 "올 인클루시브(All-Inclusive)" 서비스를 제공한다. 일정한 비용으로 포괄적인 서비슬 제공받는 것이다. 월별 고정 비용이기 때문에 추가 비용이 발생하지 않고, 가족들이 예산을 세우는 데 도움을 준다는 것을 장점으로 들 수 있다.

또 다른 비용 모델로는 "아라카르트(A La Carte)"가 있다. 특정 서비스만 선택하여 비용을 지불하는 방식이다. 아라카르트 모델은 기본적으로 주거 공간과 식사 제공 같은 필수적인 서비스에 대해 고정 요금을 부과하고, 추가적인 서비스는 개별적으로 비용을 청구한다. 예를 들어, 목욕 지원, 약물 관리, 개인 위생 관리, 물리치료 등의 서비스는 필요에 따라 별도로 선택하고 그에 따른 비용을 지불하게 된다.

이 모델은 독립성이 높은 노인들에게 적합하다. 그러나 추가 서비스가 많이 필요할 경우, 비용이 급격히 증가할 수 있다는 단점도 있다. 예를 들어, 미국 내 일부 시설에서는 기본 월 비용이 260만 원~400만 원이지만, 추가 서비스 비용이 더해지면 월 $5,000(약 670만 원) 이상이 될 수 있다.

아라카르트 모델은 비용을 절감하려는 가족들에게 매력적일 수 있지만, 노인의 건강 상태가 악화되거나 돌봄 요구가 증가할 경우 예상치 못한 재정적 부담이 발생할 수 있다. 따라서 이 모델을 선택할 때는 노인의 현재 상태뿐만 아니라 장기적인 돌봄 필요를 고려하는 것이 중요하다.

기억관리시설의 재정은 정부 지원, 민간 기부, 그리고 입주자의 비용 지불을 통해 마련된다. 메디케이드와 같은 공공 보험 프로그램은 저소득층 환자들에게 비용을 지원하며, 일부 시설은 비영리 단체로 운영되어 기부금을 통해 추가적인 재정을 확보한다.

지속적인 돌봄 은퇴 커뮤니티 (CCRC)

지속적인 돌봄 은퇴 커뮤니티(CCRC:Continuing Care Retirement Community)는 독립생활, 일상생활보조, 전문요양시설을 한곳에서 제공하는 통합형 주거 형태이다. 이 커뮤니티는 노인들이 평생 동안 한 장소에서 생활할 수 있도록 지원하며, 노화 과정에서 발생하는 다양한 서비스를 제공한다. 즉 독립생활 단계에서는 개인 주거 공간에서 자율적으로 생활하며, 필요에 따라 식사 제공이나 가사 지원을 받을 수 있다. 건강 상태가 악화되면 같은 커뮤니티 내에서 생활보조 서비스로 전환하여 약물 관리, 개인 위생 지원, 사회적 활동 참여 등의 도움을 받을

그림 28 미국 시니어 리빙 시장 규모 및 성장세(미국 시니어 리빙 시장 규모는 2023년에 약 9,237억 5천만 달러로 나타났으며, 2024년부터 2033년까지 연평균 성장률(CAGR) 4.18%를 기록하며 2033년에는 약 1조 3,912억 3천만 달러에 이를 것으로 예상) https://www.novaoneadvisor.com/report/us-senior-living-market

수 있다. 전문 간호 단계에서는 24시간 의료 감독과 간호 서비스를 제공받으며, 치매와 같은 인지 장애를 가진 노인들을 위한 기억 관리 프로그램이 운영된다.

CCRC에서는 독립생활부터 시작하여 건강 상태가 악화되면 생활보조 서비스로 전환하고, 이후 전문 간호와 기억 관리 서비스를 받을 수 있다. 이러한 단계적 돌봄은 노인들이 새로운 환경에 적응해야 하는 부담을 줄일 수 있다는 장점이 있다.

CCRC는 초기 계약금과 월별 관리비를 통해 서비스를 제공한다. 초기 계약금은 평균적으로 3만 달러(약 4,020만 원)에서 50만 달러(약 6억 7,000만 원)까지 다양하며, 일부 고급 시설은 200만 달러(약 26억 8,000만 원)에 이르기도 한다. 월별 관리비는 선택한 서비스 수준에 따라 달라지며, 평균적으로 3,000달러~5,000달러(약 402만 원~약 670만 원)이다. [106]

2025년 기준으로 미국에는 약 1,300개의 CCRC가 운영 중이며, 약 40만 명의 노인이 거주하고 있다. 이들 커뮤니티는 주로 비영리 단체, 종교 단체, 또는 민간 기업에 의해 운영되며, 다양한 형태와 규모로 제공된다. 대표적인 사례로는 플로리다에 위치한 '더 빌리지스(The Villages)'가 있다. 이 커뮤니티는 세계 최대 규모의 CCRC로, 다양한 주거 옵션과 휴양 시설, 골프 코스, 쇼핑센터를 제공하며 활동적인 노인들에게 인기가 높다. 또 다른 사례로는 뉴욕에 위치한 '켄달 앳 이타카(Kendal at Ithaca)'가 있으며, 이곳은 거주자의 웰빙을 최우선으로 생각하며 다양한 사회적, 문화적 활동을 제공한다. 시카고에 위치한 '더 클레어(The Clare)'는 고급형 CCRC로, 아름다운 피트니스 센터와 외부 전문가를 초청한 문화예술 프로그램을 운영한다.

4. 종교단체가 운영하는 노인돌봄 시설

1) 몬테 비스타 그로브 홈즈(MVGH:Monte Vista Grove Homes) [107]

몬테 비스타 그로브 홈즈)는 미국장로교(PCUSA)가 운영하는 노인 복지시설로, 캘리포니아주 패서디나(Pasadena)에 있다. 이곳은 1924년 캘리포니아 노회에 의해 설립되었다. 초기에는 목회자 미망인들과 그 자녀들을 보호하고 자립을 지원하는 것이 주 목적이었다. 그러나 지금은 은퇴한 목회자, 선교사, 교육사역자, 음악사역자, 평신도 교역자 등 20년 이상 교단에서 봉사한 이들을 포함하여 노인들에게 주거 및 돌봄 서비스를 제공하고 있다.

몬테 비스타 그로브 홈즈는 약 16,000평의 대지 위에 100여 가구의 연립 주택으로 구성되어 있다. 잔디, 연못, 정원수, 화단, 벤치, 운동시설, 산책로 등이 주택과 주택 사이에 배치되어 있어 공원 같은 분위기를 자아낸다. 각 주택은 부엌, 거실, 화장실, 그리고 하나 또는 두 개의 방으로 구성되어 있으며, 약 125명의 거주자가 독립적으로 생활하고 있다. 건강 상태가 나빠져 취사나 세탁이 어려운 경우에는 기숙사 또는 병원 형태의 주거 공간으로 옮겨 간호사와 도우미의 지원을 받는다. 독립 생활, 일생활 보조, 기억 관리와 같은 다양한 단계의 돌봄 서비스를 제공한다.

특기할만한 것은 '하스(The Hearth)'와 '랜치 하우스(The Ranch House)'이다. 하스는 몬테 비스타 그로브 홈즈 내의 보조 생활을 위한 공간이다. 이곳은 개인이 자유롭게 꾸밀 수 있는 개인 방과 욕실을 제공하며, 방은 식당과 캠퍼스 활동 공간에 가까운 위치에 배치되어 있다. 모든 방에는 독립적인 온도 조절이 가능한 에어컨이 설치되어 있으며, 중앙 거실은 벽난로와 함께 아름답게 꾸며져 있다.

이 공간은 조경된 안뜰을 내려다볼 수 있는 구조로 설계되어 있어 거주자들에게 쾌적한 환경을 제공한다.

랜치 하우스는 기억 관리가 필요한 노인들을 위한 공간이다. 알츠하이머나 치매와 같은 인지 장애를 가진 거주자들은 안전한 환경에서 명상, 아로마테라피, 정원 산책과 같은 프로그램 참여와 함께 전문 서비스를 받을 수 있다. 또한 거주자 5명당 최소 1명의 케어 파트너가 배치되어 24시간 동안 다양한 일상생활 활동을 지원하며, 파트타임 간호사(RN)가 상주하며, 거주자의 필요에 따라 추가적인 지원을 제공한다.

랜치 하우스에는 개인 욕실이 딸린 방이 7개, 공동욕실이 딸린 작은 방이 3개 있다. 이들 방은 입소자 가족들이 개인 물품으로 공간을 꾸밀 수 있다. 야외 정원은 거주자들이 독립적으로 접근할 수 있도록 설계되었다.

그림 30 몬테 비스타 그로브 홈즈 (공식웹사이트 :https://www.mvgh.org/)

2) 유나이티드 메소드 교회(UMC)가 운영하는 노인돌봄시설[108]

미국 유나이티드 메소드 교회(UMC)는 다양한 형태의 커뮤니티를 운영하고 있다. UMC는 비영리 단체로서, 노인들에게 신앙적 안정과 함께 독립생활, 일상생활보조, 기억 관리, 전문 요양 등 다양한 돌봄 서비스를 제공한다.

그림 29 MVGH 설립초기의 여성들, 1930
https://www.mvgh.org/about/#aboutmvgh

UMC의 노인돌봄시설은 1907년에 설립된 유나이티드 메소드 교회의 장기적인 신앙적 사명과 지역사회 봉사 정신에서 비롯되었다. 초기에는 노인들에게 안전하고 존엄성을 유지할 수 있는 주거 환경을 제공하는 데 초점을 맞췄으며, 시간이 지나면서 노인들의 다양한 요구를 충족하기 위해 서비스 범위를 확장했다. 1958년에는 뉴욕과 펜실베이니아 지역에서 노인돌봄시설을 운영하기 시작했으며, 1976년에는 펜실베이니아주 피츠턴에 위치한 웨슬리 빌리지(Wesley Village)를 설립하여 노인들에게 독립생활부터 전문 요양까지 제공하는 풀-컨티넘 커뮤니티를 구축했다. 약 100에이커(약 12만 평)의 대지 위에 설립된 웨슬리 빌리지는 현재 약 400명의 노인들이 거주하고 있다.

UMC는 노스캐롤라이나주에 위치한 여러 커뮤니티를 운영하고 있으며, 대표적으로 크로스데일 빌리지(Croasdaile Village), 사이프러스 글렌(Cypress Glen), 웨슬리 파인스(Wesley Pines) 등이 있다. 이들 커뮤니티는 독립생활부터 장기 요양까지 다양한 옵션을 제공하며, 약 1,800명의 노인들이 거주하고 있다. 장기 요양이 필요한 경우에도 커뮤니티 내에서 필요한 서비스를 받을 수 있도록 지원한다.

UMC가 운영했던 퍼시픽 홈즈(Pacific Homes)는 과거에 선불금을 지불하면 평생 돌봄 서비스를 제공하는 생애 보장 계약(life care contract)을 도입했으나, 재정적 어려움으로 인해 파산한 사례가 있다. 이 시설은 노인들의 기대 수명을 과소평가하여 계약 금액을 낮게 책정하는 실수를 저질렀고, 신규 입소자를 받을 공간 부족과 예비 자금 확보 실패로 인해 운영이 중단되었다. 당시 약 1,800명의 입소 노인들이 영향을 받았으며, 소송 규모는 약 4억 달러(약 5,600억 원)에 달했다. 이 사례는 노인돌봄시설 운영에서 재정적 안정성과 지속 가능성을 확보하는 것이 얼마나 중요한지를 보여준다.

UMC는 또한 뉴저지주에서 독립생활, 일상생활보조, 기억 관리, 전문 요양을 포함한 다양한 서비스를 제공하는 커뮤니티를 운영하고 있다. 이들 커뮤니티는 노인들이 필요에 따라 맞춤형 돌봄을 받을 수 있도록 설계되어 있으며, 신앙적 기반을 바탕으로 한 정서적 지원도 함께 제공한다. 이러한 시설은 노인들이 안정된 환경에서 생활하며, 필요한 경우 더 높은 수준의 의료 및 돌봄 서비스를 받을 수 있도록 돕는다.

UMC의 노인돌봄시설은 비영리 단체로 운영되며, 다양한 방식으로 재정을 충당하고 있다. 입주자는 자신의 경제적 상황에 따라 돌봄 서비스 비용을 부담하며, 일부 커뮤니티에서는 선불 계약을 통해 장기적인 돌봄을 보장받을 수 있다. 그러나 앞서 언급했듯이 선불 계약은 재정적 위험이 따를 수 있어 신중하게 관리해야 한다.

운영 자금은 주로 신도와 지역사회의 기부금을 통해 마련된다. 이 기부금은 시설을 개선하거나 프로그램을 운영하는 데 사용되며, 재정적으로 어려운 입주자를 지원하는 데도 활용된다. 또한, 일부 커뮤니티는 메디케이드를 통해 저소득층 노인들의 비용을 지원받기도 한다. 하지만 모든 시설이 메디케이드 지원을 제공하는 것은 아니므로, 입주를 고려할 때 사전에 확인하는 것이 중요하다.

UMC는 시설 운영을 위해 자산을 관리하며, 일부 자산은 장기적인 재정 안정성을 위해 투자 수익으로 활용하고 있다. 이러한 방식은 운영 자금을 안정적으로 확보하고, 지속 가능한 서비스를 제공하는 데 큰 도움이 되고 있다. 2025년 현재, UMC는 뉴저지주에 걸쳐 10개의 커뮤니티를 운영하고 있다.

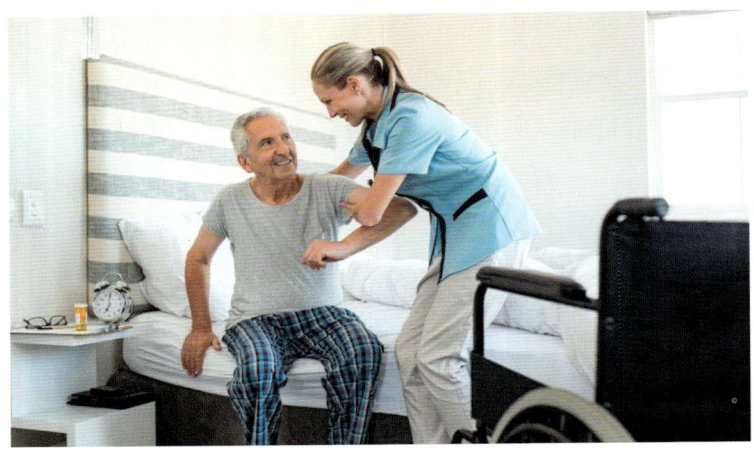

그림 31 United Methodist Village (공식 웹사이트 https://unitedmethodistvillage.com/)

3) 카멜 수녀회 돌봄 센터(Carmelite Sisters for the Aged and Infirm)[109]

노인과 장애인을 위한 카멜 수녀회 돌봄 센터는 1929년에 설립된 가톨릭 신앙 기반의 비영리 단체이다. 이 센터는 미국 전역과 아일랜드에서 여러 커뮤니티를 운영하며, 노인들이 존엄성과 삶의 질을 유지할 수

그림 32 노인과 장애인을 위한 카멜 수녀회 돌봄 센터https://cmswr.org/community/carmelite-sisters-for-the-aged-and-infirm/0

있도록 돕고 있다.

주요 목적은 노인들들이 안전하고 따뜻한 환경에서 생활하며 삶의 마지막 순간까지 평화롭고 의미 있는 삶을 살 수 있도록 돕는 것이다. 각 커뮤니티는 노인들의 독립 생활, 보조 생활, 기억 관리, 전문 간호 등 다양한 서비스를 제공한다.

재정은 주로 비영리 운영 방식으로 이루어지며, 기부금, 자선 활동, 그리고 입주자 비용을 통해 충당된다. 일부 시설은 정부 지원을 받기도 한다. 2024 기준으로 기부금과 자선 활동을 통해 연간 약 1억 2천만 달러(약 1,560억 원)를 모금한 것으로 추정된다.

입주자들이 지불하는 비용은 독립 생활 및 보조 생활의 경우 월 평균 3,000~5,000달러(약 390만~650만 원), 숙련 간호 및 기억 관리 서비스는 월 평균 7,000~10,000달러(약 910만~1,300만 원)로 책정되었다. 일부 시설은 정부로부터 지원을 받는다. 예를 들어 치매 전담형 노인요양시설 확충 및 지역 의료 돌봄 연계체계 구축을 위한 예산이 69억 원에서 71억 원으로 증액되었다.

현재, 노인과 병약자를 위한 카멜회 수녀회는 미국 내 여러 주와 아일랜드에서 12개 이상의 커뮤니티를 운영하고 있다. 주요 커뮤니티로는 뉴욕의 카멜 리치먼드 요양원, 오하이오의 마더 안젤린 맥크로리 매너 및 세인트 테레사의 빌라, 매사추세츠의 카멜 테라스 등이 있다.

북미

1. 캐나다의 고령화 추세와 당면 문제

캐나다의 고령화는 20세기 중반부터 시작되었으며, 특히 2차 세계대전 이후 출생률이 급격히 증가했던 베이비붐 세대(1945~1965년 출생)가 노년층에 진입하면서 본격적으로 가속화되었다. 2010년 기준으로 65세 이상 인구는 전체 인구의 14.1%를 차지했으며, 2023년에는 18.9%로 증가했다. 2025년 4월 기준으로 65세 이상 인구는 약 8백만 명으로 전체 인구의 약 19.5%를 차지하고 있다. 특히 85세 이상 인구는 약 2.5%로 약 100만 명에 해당하며, 향후 40년 내에 세 배 증가하여 2073년에는 약 4.3백만 명에 이를 것으로 전망된다.[110]

고령화는 의료 서비스, 장기 요양 시설, 사회적 안전망에 심각한 부담을 가중시키고 있다. 2025년 기준으로 가정의(Family Doctor)를 찾지 못하는 인구는 약 700만 명 이상으로 증가했으며, 이는 2023년 약 650만 명에서 크게 늘어난 수치다. 이러한 의료 접근성 부족은 예방 의료 서비스 결여와 건강 관리의 어려움으로 이어지고 있으며, 응급실 과밀화 문제도 심화되고 있다. 캐나다 정부는 해외 의료 종사자 영입과 면허 발급 절차 간소화를 통해 의료 인력 부족 문제를 해결하려 노력하고 있지만, 즉각적인 개선은 어려운 상황이다.(KOTRA 해외시장뉴스, 2024.04.29. "66년 만의 최대 인구 증가율 기록, 캐나다가 직면한 도전과 변화는?")

캐나다 의사협회(Canadian Medical Association (CMA):에 따르면 캐나다의 장기 요양 시설 수요가 고령화로 인해 급증하고 있으나, 공급은 여전히 부족하다고 한다. 특히 85세 이상 인구는 2025년 기준 약 100만 명에 달하며, 향후 40년 내에 세 배 증가하여 2073년에는 약 430만 명에 이를 것으로 전망한다. 캐나다 정부는 시설 확충을 위해 대규모 예산을 투입하고 있지만, 고령화 속도에 비해 공급이 따라가지 못하고 있다.[111]

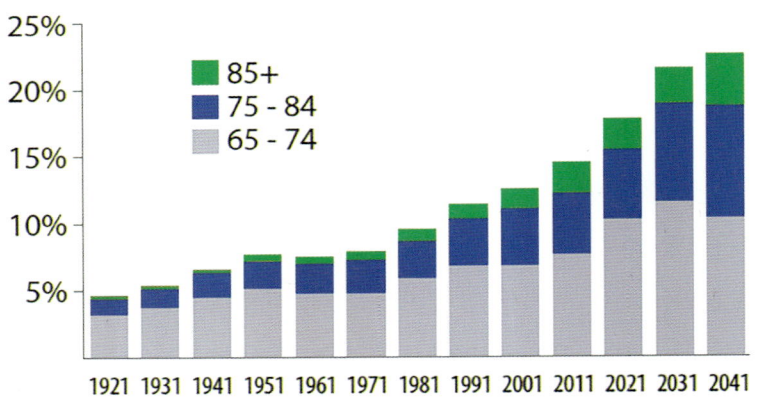

그림 33 캐나다 노인인구 증가 추세 https://www.inourcareservices.com/2014/12/25/a-summary-of-canadas-aging-population/

고령화는 사회적 안전망에도 큰 영향을 미치고 있다. 노년층의 증가로 인해 연금, 의료비, 장기 요양비 등 사회적 비용이 급증하고 있으며, 젊은 노동 인구의 감소는 경제적 부담을 가중시키고 있다. 이를 해결하기 위해 캐나다 정부는 이민자 유입을 확대하고 있으며, 2025년에는 약 50만 명의 신규 이민자를 받아들일 계획이다. 이민은 노동력 부족 문제를 완화하고 경제 성장을 유지하는 데 중요한 역할을 하고 있다.

2030년까지 베이비붐 세대(1946~1965년생)가 모두 65세 이상에 진입하면서 고령화가 더욱 가속화될 것으로 보고 있다. 이에 따라 65세 이상 인구 비율은 2030년 약 23%, 2073년에는 약 32.3%에 이를 것으로 예상된다. 고령화의 주요 원인으로는 출생률 감소와 기대수명 증가가 꼽힌다. 캐나다는 저출산으로 인해 자연적인 인구 증가율이 낮아졌으며, 이로 인해 이민이 인구 증가의 주요 동력으로 작용하고 있다. 2024년 기준으로 캐나다 인구 증가의 약 98%가 이민에 기인한 것으로 나타났다. 이민은 노동력 부족 문제를 완화하고 고령화로 인한 경제적 부담을 줄이는 데 중요한 역할을 하고 있다.[112]

고령화는 지역별로도 차이가 있다. 브리티시컬럼비아(BC)주와 같은 서부 지역은 고령화가 가장 빠르게 진행되고 있으며, 이 지역의 노인 인구 비율은 전국 평균을 상회하고 있다. 반면, 뉴펀들랜드와 래브라도, 노바스코샤, 퀘벡 등 일부 동부 지역은 인구 감소와 함께 고령화가 심화되고 있다. 이러한 지역적 차이는 각 지방 정부가 고령화에 대비한 정책을 수립하는 데 있어 중요한 고려 사항이 되고 있다.

2. 캐나다 노인정책의 역사와 현황

캐나다의 노인 정책은 노인의 기본적인 생존과 복지를 보장한다는 기초에서 시작했다. 그후 정치 사회 경제의 변화와 고령화 속도에 맞추어 조정되고 발전되었다.

1951년 노인 안전과 지원법(Old Age Security Act)의 통과되면서 노인 정책이 시작되었다고 할 수 있다. 이 법은 자산조사 없이 70세 이상의 모든 노인에게 월 40달러의 기초연금을 제공함으로써 노인의 경제적 안정성을 보장하는 최초 국가정책이다. 이후 1966년에는 캐나다 연금제도(CPP, Canada Pension Plan)가 도입되어 근로자가 소득에 따라 기여금을 납부하고 은퇴 후 안정적인 소득을 제공받게 되었다. 이 제도는 현재까지도 캐나다 노인 복지의 핵심적인 역할을 하고 있다.

1970년대에는 노인의 주거 안정성을 보장하기 위한 정책이 강화되었다. 노인 전용 공공주택과 보조금 지원을 통해 저소득층 노인들의 주거를 지원했다. 엘리베이터 설치, 무장애 공간 조성 등이 포함시켰다. 이 정책은 노인들이 자택에서 독립적으로 생활하는 데에 큰 도움이 되었다.

1980년대와 1990년대에는 의료와 요양 서비스가 확대되었다. 캐나다의 전국민 건강보험(Medicare)에 노인들에게 병원 치료, 수술, 기본적인 의약품을 무료 제공, 장기요양 및 가정 방문 의료 서비스를 포함시켰다. 그러나 장기요양 서비스는 주마다 차이가 있었고, 민간 운영 요양원과 같은 시설은 공공재정 지원이 부족한 경우가 많았다. 이에 따라 서비스의 지역적 불균형 문제가 발생하기 시작했다.

2000년대 이후에는 고령화 속도가 가속화되면서 노인돌봄 서비스의 효율성을 높이기 위한 통합 케어 시스템이 도입되었다. 대표적으로 퀘벡주에서는 SIPA(System of Integrated Care for Older Persons)와 PRISMA(Program of Research to Integrate the Services for the Maintenance of Autonomy)와 같은 프로그램이 시행되었다. SIPA는 지역사회 기반의 포괄적인 의료복지서비스를 제공하며, 노인의 건강 증진과 유지, 회복을 목표로 했다. PRISMA는 중소도시 및 농촌 지역의 허약한 노인들에게 보건의료와 복지서비스를 조정하여 지역사회에 오래 거주할 수 있도록 돕는 프로그램이었다. 이러한 통합 케어 시스템은 노인의 입원율과 응급실 이용률을 감소시키고, 높은 이용 만족도를 기록하며 성공적인 모델로 평가받았다.

2025년 현재 캐나다의 노인 정책은 첨단 기술을 활용한 스마트 헬스케어와 원격 의료 서비스로 확장되고 있다. AI 기반 건강 모니터링 시스템과 IoT 기술을 활용한 스마트 주거 환경이 구축되었으며, 노인들이 자택에서 안전하게 생활할 수 있도록 지원하고 있다. 또한, 노인의 경제적 자립을 돕기 위해 창업 및 재취업 프로그램이 확대되었으며, 저소득층 노인을 위한 추가적인 주거 보조금과 생활비 지원 프로그램도 강화되었다.

캐나다의 노인돌봄 정책은 공공 중심의 의료 시스템과 장기요양 서비스, 재가 돌봄 서비스로 나눌 수 있다. 캐나다의 노인돌봄 정책은 공공연금제도와 건강보험을 기반으로 한다. 대표적인 공공연금제도로는 OAS(Old Age Security)와 CPP(Canada Pension Plan)가 있다. OAS는 65세 이상 모든 캐나다인에게 소득 수준과 관계없이 지급되는 기본 연금이며, CPP는 근로자가 소득에 따라 납부하는 기여형 연금으로 은퇴 후 안정적인 소득을 제공한다. 저소득 노인을 위한 추가 지원금인 GIS(Guaranteed Income Supplement)도 운영되고 있다. 이러한 연금제도는 노인들이 경제적 부담 없이 안정적인 생활을 할 수 있도록 돕는다.[113]

캐나다의 건강보험제도(Medicare)는 전국민을 대상으로 하며, 노인들은 대부분 무료 의료서비스를 이용할 수 있다. 병원 치료, 수술, 기본적인 의약품이 포함되며, 장기요양 및 가정 방문 의료 서비스도 제공된다. 특히, 노인이 자택에서 편안하게 생활할 수 있도록 홈 케어(Home Care) 프로그램이 운영되고 있다. 요양시설(Long-term care homes)은 전국적으로 운영되며, 정부 보조금을 통해 저소득층도 이용 가능하다. 이러한 서비스는 노인들의 건강을 체계적으로 관리하고, 자택에서 독립적으로 생활할 수 있도록 지원한다.

캐나다의 노인돌봄 정책은 지역사회와의 연계를 강조한다. 노인들이 지역사회 활동에 참여하고 세대 간 교류를 촉진할 수 있도록 다양한 프로그램이 운영되고 있다. 예를 들어, 고령자센터(Senior Center)는 지역사회 노인들이 취미, 오락, 스포츠, 교양강좌, 생활상담 등을 통해 동료들과 여가를 즐길 수 있도록 돕는다. 또한, 대학에서는 65세 이상 노인들을 대상으로 역사, 음악, 미술, 관광, 컴퓨터 등의 강좌를 무료로 제공하며, 연방정부가 해당 프로그램에 소요되는 비용을 보조하고 있다.

2025년 현재 캐나다는 캐나다 정부는 기술 혁신을 통해 노인돌봄 서비스를 개선하려는 노력을 기울이고 있다. 원격 의료 및 AI 기반 건강관리 시스템을 도입하여 의료 접근성을 높이고, 스마트 헬스케어 기술을 활용한 맞춤형 건강관리 서비스를 제공하고 있다. 또한 노인돌봄 서비스의 수요와 공급 간의 불균형 문제를 해결하기 위해 노력하고 있다. 장기요양 대기자 명단이 급증하고 있으며, 돌봄 서비스의 부족으로 인해 많은 노인들이 필요한 서비스를 제때 받지 못하고 있기 때문이다.

3. 종교단체가 운영하는 노인돌봄 시설

1) 임마누엘 시니어 리빙 소사이어티(Emmanuel Seniors Living Society)[114]

임마누엘 시니어 리빙 소사이어티는 캐나다 에드먼턴 북동부와 서부, 두 곳에서 기독교 정신에 기반한 노인돌봄 시설을 운영하고 있다. 먼저 에드먼턴 북동부 벨베데레에 있는 임마누엘 홈(Emmanuel Home)은 1972년에 처음 문을 열었다. 당시 스위트룸으로 불리는 숙소 36개와 오두막집형 숙소 몇 개가 있었다. 대부분의 입주자는 1972년 11월 말까지 입주를 완료했으며, 공식 개관식은 1973년 2월에 열렸다. 초기 건물은 현재 "웨스트 윙"으로 불린다. 이후 시설은 확장과 개선을 거듭하며 현재의 모습을 갖추게 되었다. "라이트하우스"로 불리는 두 번째 시설은 에드먼턴 서부 잉글우드에 있다. 최신 시설에 101개의 스위트룸을 갖추고 있다. 이용자는 주로 에드먼턴 지역에 거주하는 노인들로, 독립 생활이나 보조 생활이 필요한 55세 이상이다.

임마누엘 홈은 독립 생활과 일상생활 보조 서비스를 통해 노인들이 자립적으로 생활할 수 있도록 돕는다. 거실이 딸린 스위트룸(195개), 약 15평 크기의 침실만 있는 방(12개), 그리고 약 11평 크기의 소형 방, 세 가지 옵션이 있다. 또한 임마누엘 홈은 에드먼턴 지역의 의료센터, 경전철 역, 쇼핑몰, 슈퍼마켓 등 주요 편의시설과 가까운 위치에 있어 여러모로 편리하다.

이용 비용은 시설과 제공되는 서비스에 따라 다르며, 독립 생활의 경우 월 평균 2,500~3,500(약 250만~350만 원) CAD, 보조 생활의 경우 3,500~5,000 CAD(350만~500만 원) 정도이다. 일부 서비스는 앨버타 헬스 서비스를 통해 보조금을 받을 수 있다.

임마누엘 시니어 리빙 소사이어티 노인돌봄 센터의 재정은 주로 기부금과 회원비로 충당된다. 비영리 단체이기 때문에 지역사회와 개인 기부자들의 지원으로 충당한다. 기부금은 주거 환경 개선, 건강관리 프로그램 강화, 레크리에이션 활동 확대 등에 사용된다.

Holland Christian Homes: 온타리오주에서 독립 생활과 제한적인 지원 서비스를 제공하며, 신앙을 바탕으로 한 돌봄을 실천합니다.

2) 메노나이트 산하 노인돌봄 캠퍼스, 메노 플레이스(Menno Place)

메노 플레이스는 1953년에 메노나이트 자선협회(Mennonite Benevolent Society)에 의해 설립되었다. 메노 플레이스는 기독교적 가치를 바탕으로 운영되는 대규모 노인돌봄 센터이다. 센터라고 부르기엔 규모도 크고 전문성이 강해 캠퍼스(campus)로 불린다. 메노 플레이스는 브리티시컬럼비아주에서 가장 큰 노인돌봄 캠퍼스 중 하나로 자리 잡고 있다.

현재 이곳엔 약 700명의 노인들이 거주하고 있으며, 11.5에이커(약 1만4천 평) 규모의 캠퍼스에서 독립 생활, 보조 생활, 장기 요양 등 노인돌봄 서비스를 제공한다. 메노 플레이스의 돌봄 서비스는 노인들의 몸과 정서와 영의 필요를 모두 아우른다. 메노 플레이스에는 총 6개의 건물이 있다. 일반 돌봄 시설과 함께 메노 홈(Menno Home)과 메노 병원(Menno Hospital)이 있다. 메노 홈은 주로 보조 생활 및 장기 요양을 제공하고, 메노 병원은 치매 및 중증 질환의 노인들을 돌본다.

특히 메노 플레이스의 목회 돌봄 프로그램(Pastoral Care Program)을은 입주자, 가족, 직원들의 정서적 안정과 영적 소망을 위한 것이다. 이 프로그램에는 목회자, 자원봉사자, 입주자들 누구나 원하면 이 프로그램에 참여할 수 있다.

메노 플레이스는 프레이저 헬스(Fraser Health Authority)의 지원을 받아 운영된다. 입주자의 비용은 정부가 설정한 기준에 따라 책정되며, 입주를 원하는 경우 프레이저 헬스를 통해 평가를 받아야 한다. 평가 결과에 따라 메노 플레이스 또는 다른 시설로 배정되며, 입주자는 필요에 따라 대기자 명단에 이름을 올려 메노 플레이스로 이전할 수 있다.

프레이저 헬스는 캐나다 브리티시컬럼비아주에서 가장 큰 보건 당국 중 하나로, 메트로 밴쿠버 지역과 프레이저 밸리 지역을 포함한 넓은 지역을 관할한다. 이 기관은 병원, 지역사회 기반 서비스, 장기 요양 시설 등을 포

그림 34 생동감이 넘치는 기독교 노인돌봄 센터, 임마누엘홈 (공식 웹사이트 https://esls.ca/about/)

그림 35 메노 프레이스의 자원봉사자 (공식 웹사이트 https://www.mennoplace.ca/)

함한 다양한 의료 서비스를 제공한다. 프레이저 헬스는 약 48,000명의 직원, 의료진, 자원봉사자들로 구성되어 있으며, 환자와 가족들에게 양질의 의료 서비스를 제공하는 데 중점을 둔다. 또한, 지역 주민들의 건강을 증진시키기 위해 예방 의료, 공중 보건, 정신 건강 지원 등 다양한 프로그램을 운영한다.

현재 메노 플레이스에는 약 670명의 직원이 근무하고 있다. 이곳은 기독교적 가치와 혁신적인 접근 방식을 통해 노인들의 삶의 질을 향상시키는 노인돌봄의 모범적인 사례로 인정받고 있다.

 # 독일

유럽

1. 독일의 고령화 현황

독일은 세계에서 가장 빠르게 고령화가 진행된 국가 중 하나로, 이미 1932년에 고령화 사회(65세 이상 인구 비율 7% 이상)에 진입했으며, 1972년에는 고령사회(14% 이상), 2008년에는 초고령사회(20% 이상)에 도달했다. 2021년 기준으로 독일의 65세 이상 인구 비율은 약 22%에 달하며, 85세 이상의 초고령 인구도 꾸준히 증가하고 있다. 독일의 인구 구조는 저출산과 고령화가 맞물려 급격히 변화하고 있다. 1970년대 이후 출생률 감소와 기대수명 증가로 인해 젊은 층의 비율은 지속적으로 줄어들고 있으며, 2021년 기준으로 독일 인구의 절반 이상이 45세 이상이다. 이러한 변화는 독일의 노동력 감소와 사회적 부담 증가로 이어지고 있다.

독일의 고령화 속도는 유럽 내에서도 빠른 편에 속한다. 연방통계청에 따르면, 67세 이상 인구 비율은 2018년 19.2%에서 2060년에는 27.4%로 증가할 것으로 예상된다. 반면, 20세 미만 인구 비율은 큰 변화 없이 18% 수준을 유지할 것으로 보이며, 생산 가능 인구(20-67세)는 감소할 전망이다. 특히, 베이비붐 세대(1955-1970년 출생)가 은퇴 연령에 도달하면서 고령화는 더욱 가속화될 것으로 보인다. 80세 이상의 초고령 인구는 2027년까지 약 580만 명에 이를 것으로 예상된다.

고령화는 독일 경제에 다양한 영향을 미치고 있다. 노동 가능 인구의 감소로 인해 숙련된 인력 부족이 심화되고 있으며, 이는 생산성 저하와 경제 성장 둔화로 이어질 가능성이 크다. 이를 해결하기 위해 독일은 정년 연장(2029년까지 67세로 상향)과 고령자 및 여성의 노동시장 참여 확대, 이민자 유입 정책 등을 적극적으로 추진하고 있다. 또한, 고령화로 인해 연금 및 의료비 지출이 급증하면서 사회보장제도의 재정적 부담이 커지고 있다. 독일 정부는 이를 완화하기 위해 연금 수급 연령을 점진적으로 상향 조정하고, 장기요양보험 제도를 강화하고 있다.

고령화는 독일 사회의 문화적 풍경에도 변화를 가져왔다. 노인 인구가 주요 소비 주체로 부상하면서, 노인 친화적인 상품과 서비스가 확대되고 있다. 예를 들어, 노인 친화적 슈퍼마켓, 미래형 주택, 고령자를 위한 기술(예: 돌봄 로봇) 등이 도입되고 있다. 또한, 고령화는 세대 간 갈등과 연대의 필요성을 부각시키고 있다. 독일은 노인의 사회적 참여를 장려하며, 은퇴 후에도 제2의 인생을 개척할 수 있는 환경을 조성하고 있다. 이는 노인들의 삶의 질을 높이고, 사회적 통합을 강화하는 데 기여하고 있다.

독일의 고령화 수준은 OECD 평균을 크게 상회한다. 2025년 기준 OECD 국가의 65세 이상 인구 비율 평균은 약 18%로 증가했으나, 독일은 약 23%로 여전히 상위권에 속한다. 이는 일본(29.1%)에 이어 세계에서 가장 높은 수준 중 하나다. 독일은 초고령사회(65세 이상 인구 비율 20% 이상)에 이미 진입했으며, 고령화가 지속적으로 가속화되고 있다. 특히, 80세 이상의 초고령 인구도 꾸준히 증가하고 있다.

독일 내에서도 지역별로 고령화 속도와 정도에 차이가 있다. 과거 동독과 서독으로 나뉘었던 지역을 기준으로 보면, 구 동독 지역은 상대적으로 젊은 층의 유출이 많아 고령화가 더 심각한 반면, 구 서독 지역과 대도시 지역은 상대적으로 젊은 인구가 많아 고령화 속도가 느리다. 이러한 지역적 차이는 노동시장과 주택시장 등 경제적 구조에도 영향을 미치고 있다.[115]

2. 독일의 노인돌봄 정책의 역사와 배경[116]

독일은 세계적으로도 고령화가 빠르게 진행된 국가 중 하나로, 이에 대응하기 위해 체계적이고 포괄적인 노인돌봄 시스템을 구축해왔다. 독일의 노인돌봄 정책은 사회보험 기반의 접근 방식을 중심으로 발전했으며, 가족과 지역사회의 역할을 조화롭게 통합하는 데 주력해왔다.

독일의 노인돌봄 정책은 20세기 초반부터 시작되었다. 초기에는 노인돌봄이 주로 가족의 책임으로 여겨졌으며, 국가의 개입은 제한적이었다. 그러나 1950년대 이후 경제 성장과 사회 구조의 변화로 인해 가족 중심의 돌봄 체계가 한계를 드러내기 시작했다. 이에 따라 독일 정부는 노인복지와 관련된 법적 기반을 마련하고, 노인돌봄을 위한 공공 지원을 확대하기 시작했다.

독일은 1960년대 고령화 문제를 인식하고, 지자체 중심의 행정계획을 통해 노인돌봄 인프라를 구축하기 시작했다. 이 시기에는 공공행정 중심의 계층적 관리가 특징이었다. 1980년대 후반에는 신공공관리(New Public Management) 접근법이 도입되며, 기존의 관료 중심 체계에서 벗어나 효율성과 협력을 강조하는 방식으로 전환되었다. 이는 노인돌봄 계획의 현대화를 위한 기반을 마련했다.

1995년 독일은 세계 최초로 장기요양보험제도(Pflegeversicherung)를 도입했다. 이 제도는 고령화로 인한 돌봄 수요 증가에 대응하기 위해 설계되었으며, 고용주와 피고용자가 보험료를 절반씩 부담하는 사회보험 방식으로 운영되었다. 초기에는 현물급여 중심으로 운영되었으나, 이후 현금급여와 현물급여를 병행하여 수급자의 선택권을 확대했다.

2000년대 초반 독일은 고령화와 사회 변화에 대응하기 위해 돌봄 서비스의 범위를 확대했다. 특히, 비공식 돌봄 제공자(가족, 친척)에 대한 지원을 강화하고, 재가서비스와 시설서비스를 균형 있게 제공하는 정책을 추진했다. 2008년에는 초고령사회로 진입하며, 돌봄 서비스의 질적 향상을 위한 전문 인력 양성과 평가 체계를 강화했다. 이 시기에는 돌봄 인력의 교육과 승급 체계가 더욱 체계화되었다.

2017년에는 "요양 및 돌봄 관련 직업에 대한 규정(Gesetz über die Pflegeberufe)"(노인수발 직업에 관한 법으로 번역되기도 한다.)이 제정되며, 요양보호사, 보건위생 및 환자간호사, 어린이환자 간호사의 교육과정을 통합한 3년제 직업교육 체계가 도입되었다. 이는 돌봄 인력의 전문성을 강화하고 급여 수준을 현실화하는 데 기여했다. 2019년 독일 연방정부는 자원봉사 활동을 통해 고령자의 사회 참여를 확대하는 정책을 시행했다. 65세 이상 연령대의 자원봉사 참여율은 31.2%에 달하며, 이는 고령자의 사회적 역할을 강화하는 데 중요한 역할을 했다.

2020년에는 통합교육 체계가 본격적으로 시행되며, 돌봄 인력의 전문성 강화와 급여 현실화가 이루어졌다. 전문수발사는 추가 교육을 통해 연봉이 크게 상승하며, 돌봄 인력의 처우 개선이 이루어졌다. 2024년 독일은 돌봄 인력 부족 문제를 해결하기 위해 긴급 대책을 발표했다. 연방 통계청은 2049년까지 최대 69만 명의 돌봄 인력이 부족할 것으로 추산하며, 이를 해결하기 위한 정책적 노력을 강화하고 있다.

1) 장기요양보험제도

장기요양보험은 1995년 1월 1일 세계 최초로 도입된 사회보험 제도이다. 독일의 건강보험, 연금보험, 실업보험, 산재보험에 이어 다섯 번째로 도입된 사회보장제도이다. 1995년에 도입된 장기요양보험(Pflegeversicherung)은 독일의 노인돌봄 시스템을 체계적으로 발전시키는 데 핵심적인 역할을 했다. 독일 노인돌봄 정책의 중요한 전환점이 되었다. 장기요양보험은 노령이나 질병으로 인해 일상생활에서 도움이 필요한 사람들에게 재정적 지원을 제공하며, 독립적이고 자율적인 삶을 유지할 수 있도록 돕는다. 장기요양보험은 독일의 모든 건강보험 가입자에게 의무적으로 적용되며, 공공보험(GKV)과 민간보험(PKV) 모두에서 운영된다. 보험료는 근로자와 고용주가 공동으로 부담하며, 2025년 기준으로 총 소득의 3.6%가 부과된다. 자녀가 없는 경우 추가로 0.6%가 부과된다. 이 제도는 가족 구성원(배우자와 자녀)에게도 추가 비용 없이 보험 혜택을 제공한다.

장기요양보험은 요양 필요도에 따라 5개의 등급으로 나뉘며, 등급에 따라 지원 금액과 서비스가 결정된다. 예를 들어, 2025년 기준으로 재가 요양을 위한 현금 급여는 월 316유로(2025년 3월 기준 약 50만 원)에서 901유로(약 143만 원)까지 제공되며, 전문 요양 서비스에 대한 현물 급여는 최대 월 2,200유로까지 지원된다. 이러한 지원은 가정에서의 요양, 요양 시설 이용, 보조 기구 제공, 주거 환경 개선 등 다양한 형태로 이루어진다.

장기요양보험은 도입 이후 여러 차례 개혁을 거쳤다. 2008년에는 서비스 범위를 확대하고 보험료를 1.95%로 인상했으며, 2017년에는 요양 필요성의 정의를 재구성하여 신체적, 정신적, 심리적 상태를 종합적으로 평가하는 체계를 도입했다. 2025년에는 보험료가 0.2% 인상되었으며, 지원금의 유연성과 투명성을 강화하는 개정안이 시행되었다.

장기요양보험의 주요 성과 중 하나는 고령화 사회에서 보편적 요양 서비스를 제공함으로써 개인과 가족의 재정적 부담을 줄이고, 사회적 불평등을 완화한 점이다. 2025년 기준으로 약 3,000,000명이 장기요양보험 혜택을 받고 있으며, 이 중 약 22.5%가 요양 시설을 이용하고 있다. 나머지는 재가 요양 서비스를 선호하며, 이는 가족 중심의 돌봄 문화와 비용 부담의 차이에서 기인한다. 요양 시설 이용자의 약 33%는 재정적 어려움으로 인해 사회보조금을 추가로 받고 있다.

현재 급속한 고령화로 인해 요양 서비스 수요가 지속적으로 증가하고 있으며, 전문 요양 인력 부족이 주요 과제로 대두되고 있다. 또한, 보험료 인상에도 불구하고 요양 서비스의 질적 향상과 재정적 지속 가능성을 동시에 달성하는 데 어려움이 있다. 이에 따라 독일 정부는 예방 중심의 건강 정책을 추진하고, 요양 인력 양성과 가족 요양자 지원 확대 등을 통해 이러한 문제를 해결을 위해 노력하고 있다.

2) 독일과 한국의 비교[117]

독일과 한국은 고령화 사회에서 노인돌봄의 중요성을 인식하고, 이를 체계적으로 지원하기 위해 각각 장기요양보험제도를 도입했다. 두 나라는 유사한 제도적 틀을 공유하면서도, 운영 방식과 정책적 초점에서 차이를 보인다. 독일은 1995년 장기요양보험제도를 도입하여 안정적인 사회보험 기반을 구축했으며, 한국은 이를 참고하여 2008년 노인장기요양보험제도를 시행했다.

독일은 사회보험 방식을 채택하여 고용주와 피고용자가 보험료를 절반씩 부담하는 구조를 통해 재정을 안정적으로 운영하고 있다. 초기에는 현물급여 중심으로 운영되었으나, 이후 현금급여와 현물급여를 병행하여 수급자의 선택권을 확대했다. 이러한 정책은 노인들이 자신에게 적합한 돌봄 방식을 선택할 수 있도록 돕는다. 특히 독일은 재가서비스와 시설서비스를 균형 있게 제공하며, 재가서비스의 질적 향상을 통해 노인들이 가정에서 생활할 수 있도록 지원하고 있다. 이는 노인들이 익숙한 환경에서 삶의 질을 유지할 수 있도록 돕는 중요한 요소로 평가된다. 또한, 독일은 비공식 돌봄 제공자, 즉 가족이나 친척에게도 현금급여를 지급하며, 이들이 사회보험 혜택을 받을 수 있도록 지원한다. 이를 통해 가족 돌봄의 부담을 완화하고, 돌봄의 지속 가능성을 높이고 있다.

한국은 2008년 노인장기요양보험제도를 도입하며 노인돌봄을 사회화하고, 계획적이고 전문적인 요양서비스를 제공하는 데 중점을 두었다. 이 제도는 독일의 모델을 참고하여 설계되었으며, 고령화로 인한 돌봄 수요 증가에 대응하기 위한 중요한 정책적 전환점으로 평가된다. 그러나 한국은 제도 시행 초기 단계로, 독일에 비해 몇 가지 도전 과제를 안고 있다.

　첫째, 재정적 지속 가능성에서 어려움을 겪고 있다. 보험료 부담 구조가 독일보다 제한적이며, 고령화 속도가 빠른 만큼 재정 안정성을 확보하기 위한 추가적인 노력이 필요하다. 둘째, 비공식 돌봄 제공자에 대한 지원 정책이 미흡하다. 가족 돌봄의 부담이 여전히 큰 비중을 차지하고 있으며, 이를 완화하기 위한 현금급여나 사회보험 혜택과 같은 지원이 부족하다. 셋째, 재가서비스의 질적 관리와 전문성 강화가 필요한 상황이다. 독일과 달리 재가서비스의 비중이 낮고, 서비스 제공 기관에 대한 관리 감독 체계가 상대적으로 미흡하다.

　독일은 가족 돌봄 제공자에게 현금급여를 지급하고, 이들이 사회보험 혜택을 받을 수 있도록 지원한다. 이는 가족 돌봄의 지속 가능성을 높이고, 장기적으로 사회적 비용을 절감하는 효과를 가져온다. 독일은 재가서비스의 질적 향상을 위해 전문 인력을 양성하고, 서비스 제공 기관에 대한 엄격한 평가와 인증 체계를 운영한다. 이는 노인들이 가정에서 안전하고 질 높은 돌봄을 받을 수 있도록 돕는다. 또한, 독일은 재정 적자가 발생할 경우 자동으로 재원 조달 방안을 논의하도록 제도를 설계하여 안정적인 운영을 보장하고 있다. 이는 한국이 장기적으로 고려해야 할 중요한 정책적 방향이다.

독일과 한국의 노인돌봄 정책은 고령화 사회에서 노인 복지의 핵심 과제를 해결하기 위해 설계되었지만, 운영 방식과 정책적 초점에서 차이를 보인다. 독일은 안정적인 사회보험 기반과 비공식 돌봄 제공자 지원, 재가서비스 강화 등을 통해 노인돌봄의 질적 향상과 지속 가능성을 달성하고 있다. 반면, 한국은 제도 시행 초기 단계로, 재정 안정성 확보와 비공식 돌봄 지원, 재가서비스 질 관리 등에서 개선이 필요하다. 독일의 사례는 한국이 노인돌봄 정책을 발전시키는 데 중요한 참고자료가 될 수 있다.

	독일	한국
도입 시기	1995년	2008년
대상 연령	모든 연령 대상 (요양 필요 시)	65세 이상 또는 노인성 질병을 가진 65세 미만자
재정 조달 방식	독립된 장기요양보험료 (소득 기반)	건강보험료에 연계된 장기요양보험료 (건강보험료의 12.95%)
보험료 부담 비율	소득의 약 3.05% (2025년 기준)	소득의 약 0.9182% (건강보험료 대비 12.95%)
급여 형태	현금 급여 또는 서비스 제공 선택 가능	재가급여(방문요양, 방문목욕 등) 및 시설급여(요양시설 입소)
본인 부담 비율	서비스 비용의 약 15%~20%	시설급여 20%, 재가급여 15%
등급 판정 기준	5단계로 구성된 요양 필요도 평가	1~5등급으로 구성된 장기요양 인정점수 기준
서비스 제공 방식	공공 및 민간 기관에서 서비스 제공	국민건강보험공단이 관리하며, 민간 및 공공 요양기관에서 서비스 제공
특징	모든 연령 대상, 가족 돌봄 지원 강화	고령화 대응, 가족 부담 경감 목적

| 2025년 변경 사항 | 요양보호사 배치 기준 강화 (입소자 2.1명당 1명) | 중증 재가 수급자 이용 한도액 인상 및 서비스 질 개선 추진 |

표 7 독일과 한국의 장기요양보험 비교 (2025년 기준), 독일 연방보건부 웹사이트와 보건복지부 자료 참조

3. 독일 돌봄 서비스의 종류와 특성

독일의 돌봄 서비스는 고령화 사회의 요구를 충족시키기 위해 다양한 형태로 제공된다. 독일에서는 돌봄 서비스를 크게 시설 돌봄, 가족 돌봄, 이동식 돌봄 서비스로 나눌 수 있으며, 이 외에도 여러 특화된 돌봄 형태가 존재한다.

독일의 시설 돌봄 서비스는 이러한 다양한 형태를 통해 노인과 병약자들에게 적합한 환경과 지원을 제공하며, 고령화 사회의 요구를 충족시키는 중요한 역할을 하고 있다.

1) 시설 돌봄 서비스

독일의 시설 돌봄 서비스는 장기적인 돌봄이 필요한 노인이나 병약자를 위한 전문 시설에서 제공되는 가장 일반적인 형태의 돌봄 서비스이다. 이 서비스는 다양한 유형의 시설을 통해 제공되며, 각각의 시설은 이용자의 필요에 맞춘 맞춤형 지원을 제공한다.

독일의 요양원은 시설 돌봄 서비스의 대표적인 형태로, 대부분 1인 1실로 구성되어 개인의 프라이버시를 존중한다. 요양원에서는 의료적 간호, 일상 생활 지원, 식사 제공, 그리고 사회적 활동을 포함한 종

합적인 서비스를 제공한다. 이러한 요양원은 노인들이 안전하고 편안한 환경에서 생활할 수 있도록 설계되어 있으며, 독일 전역에 걸쳐 약 11,000개 이상의 요양원이 운영되고 있다.

또한, 공동 생활 공간은 독일에서 점차 증가하고 있는 소규모 공동체 형태의 돌봄 시설이다. 이 공간은 노인들이 독립성을 유지하면서도 필요한 지원을 받을 수 있도록 설계되었다. 공동 생활 공간은 가족적인 분위기를 제공하며, 입주자들이 서로 교류하고 협력할 수 있는 환경을 조성한다. 이러한 형태의 돌봄은 특히 독립성을 중시하는 노인들에게 적합하다.

대표적인 예로 뮌헨의 "알텐하임 성 빌리브로르트 요양원(Caritas Altenheim St. Willibrord)"과 같은 요양 시설을 들 수 있다. 이 시설은 노인들의 일상 생활을 지원하고, 의료적 돌봄과 사회적 활동을 제공하는 종합적인 돌봄 센터로 잘 알려져 있다.

이용 자격은 주로 장기적인 돌봄이 필요한 노인이나 병약자를 대상으로 하며, 독일의 장기 요양보험 등급에 따라 입소가 가능하다. 입소자는 의사의 진단서와 함께 요양보험 등급을 신청해야 하며, 등급에 따라 지원받을 수 있는 서비스와 비용 보조가 결정된다. 일반적으로 2 이상의 등급을 받은 경우 입소 자격이 주어진다.

프로그램은 입소자의 신체적, 정신적 상태에 맞춰 다양하게 제공된다. 일상 생활 지원 프로그램으로는 식사 제공, 세탁, 청소, 개인 위생 관리 등이 포함되며, 의료적 돌봄으로는 약물 관리, 정기적인 건강 검진, 물리치료 등이 제공된다. 또한, 사회적 활동 프로그램으로는 미술 치료, 음악 활동, 요가, 산책, 그리고 지역 사회와의 교류를 위한 이벤트 등이 마련되어 있다. 치매 환자나 특정 질환을 가진 노인을 위한 맞춤형 프로그램도 운영되며, 전문 인력이 이를 지원한다.

비용은 입소자의 요양보험 등급과 선택한 서비스에 따라 달라진다. 일반적으로 뮌헨의 요양 시설은 월평균 약 2,500유로에서 4,000유로의 비용이 발생하며, 이는 한화로 약 360만 원에서 580만 원에 해당한다(1유로=약 1,440원 기준). 이 중 일부는 요양보험에서 보조된다. 예를 들어, 3 등급을 받은 경우 요양보험에서 약 1,262유로(약 182만 원)를 지원하며, 나머지 비용은 입소자나 가족이 부담해야 한다. 추가적으로 선택한 서비스나 개인적인 요구 사항에 따라 비용이 증가할 수 있다.

운영 시간은 24시간 상시 운영되며, 입소자는 시설 내에서 상주하며 필요한 모든 지원을 받을 수 있다. 단, 일부 시설은 단기 돌봄 서비스(Kurzzeitpflege)도 제공하여 일정 기간 동안만 입소할 수 있는 옵션을 제공한다. 이 경우, 단기 돌봄 서비스는 주로 가족 돌봄 제공자가 휴식을 취하거나 긴급 상황이 발생했을 때 이용된다.[118]

2) 가족 돌봄 서비스와 관련 정책[119]

독일의 가족 돌봄 서비스는 1990년대부터 본격적으로 체계화되기 시작했다. 가족 돌봄은 독일의 전통적인 돌봄 문화와 현대적인 사회 복지 시스템이 결합된 형태이다. 1995년 도입된 장기 요양보험은 가족 돌봄을 제도적으로 지원하는 첫 번째 주요 정책이었다. 이 보험은 가족 구성원이 직접 돌봄을 제공할 경우, 금전적 지원을 받을 수 있도록 설계되었다. 이후 2000년대에 들어서면서 가족 돌봄의 중요성이 더욱 부각되었고, 돌봄 제공자의 부담을 줄이기 위한 다양한 프로그램이 추가되었다. 특히 2015년에는 가족 돌봄 시간을 보장하는 "가족 돌봄 시간법(Familienpflegezeitgesetz)"이 도입되면서, 가족 구성원이 직장과 돌봄 책임을 병행할 수 있는 환경이 마련되었다.

가족 돌봄 시간법

독일의 가족 돌봄 시간법은 근로자가 가족 구성원의 돌봄 책임을 다할 수 있도록 근무 시간을 줄이거나 유연하게 조정할 수 있는 제도이다. 이 법은 가족 구성원의 질병, 사고, 노령 등으로 인해 돌봄이 필요한 경우 근로자가 최대 24개월 동안 근무 시간을 조정할 수 있는 기회를 제공한다. 근무 시간은 주당 최소 15시간 이상이어야 하며, 근로자는 돌봄 책임을 다하는 동안 직장을 유지할 수 있다. 이 제도는 25명 이상의 근로자를 고용한 사업장에서만 적용되며, 근로자는 돌봄 기간 동안 해고로부터 보호받는다.

그림 36 알텐하임 성 빌리브로르트 돌봄센터
https://www.caritas-nah-am-naechsten.de/de

근로시간 단축으로 인한 소득 감소를 보완하기 위해 정부는 무이자 대출을 제공하며, 신청은 최소 8주 전에 서면으로 이루어져야 한다. 고용주와 협의 후 계약을 체결해야 하며, 돌봄 대상은 부모, 배우자, 자녀, 배우자의 부모 등 가까운 가족으로 제한된다. 기존에는 근무 시간 감소로 인한 소득 손실의 50%를 보조했으나, 2025년부터는 이를 70%까지 확대하는 방안이 시행되고 있다. 이러한 변화는 돌봄 제공자의 경제적 부담을 줄이고, 돌봄 책임을 보다 원활히 수행할 수 있도록 돕는다.

2025년 현재 약 15만 명의 근로자가 이 제도를 활용하고 있으며, 특히 여성 근로자들에게 큰 호응을 얻고 있다. 이 제도는 근로자가 가족 돌봄과 직업을 병행할 수 있도록 지원하며, 일과 가정의 균형을 맞추는 데 중요한 역할을 하고 있다.

독일의 가족 돌봄 시간법과 한국의 "가족돌봄근로시간단축제"는 근로자가 가족 돌봄과 직업을 병행할 수 있도록 지원하는 제도라는 점에서 유사하지만, 적용 대상, 근로시간 단축 기간, 재정 지원 방식 등에서 차이가 있다.

한국의 가족돌봄근로시간단축제는 모든 사업장에서 근로자가 가족 돌봄을 위해 근로시간을 주당 15~30시간으로 줄일 수 있도록 보장한다. 기본적으로 1년 동안 사용할 수 있으며, 추가로 2년 연장이 가능해 최대 3년까지 근로시간 단축이 가능하다. 돌봄 대상은 부모, 배우자, 자녀뿐만 아니라 조부모, 손자녀 등으로 독일보다 폭넓게 설정되어 있다. 또한, 가족돌봄휴가를 통해 연간 최대 10일 동안 무급 휴가를 사용할 수 있으며, 정부는 가족돌봄휴가 사용 시 하루 5만 원의 지원금을 제공한다. 근로시간 단축 신청은 최소 30일 전에 이루어져야 하며, 돌봄 기간 동안 근로자는 해고로부터 보호받는다.

	독일: 가족 돌봄 시간법	한국: 가족돌봄근로시간단축제
시행 시기	2012년(2015년 개정)	2020년(기업 규모에 따라 단계적 시행)
도입 배경	고령화와 돌봄 수요 증가에 대응	일 가정 양립을 지원하고 가족 돌봄 부담을 완화
적용 대상	근로자 중 가족 돌봄이 필요한 경우	모든 근로자
근로시간 단축 범위	최대 24개월 동안 주당 최소 15시간 근무 가능	근로시간 단축 범위는 협의에 따라 결정/주 최대 52시간 단축 가능
지원 내용	돌봄 기간 동안 무급/단축 근무로 인한 소득 감소를 보전하기 위해 정부 보증 대출 제공	단축 근무로 인한 소득 감소 보전 없음/사업주는 워라밸일자리 장려금 지원 가능
신청 사유	가족 돌봄 (중증 질환, 장애, 노인돌봄 등)	가족 돌봄, 본인 건강, 은퇴 준비, 학업
법적 보장	법적으로 보장(가족 돌봄 시간법)	법적으로 보장됨 (남녀고용평등과 일 가정 양립 지원에 관한 법률)
기업의 의무	근로자의 신청을 거부할 수 없음/ 단축 근무 후 원래 근무 조건 복귀 보장	근로자의 신청을 거부할 수 없음/단축 근무 후 원래 근무 조건 복귀 보장
이용률	비교적 높음(제도에 대한 인식과 지원 체계가 잘 마련됨)	낮은 활용률(중소규모 사업장에서의 인지도와 접근성 부족)
문화적 차이	일 가정 공존을 중시하며, 기업과 정부가 적극적으로 협력/ 돌봄 문화가 사회적으로 정착됨	일 가정 양립을 위한 제도는 마련되었으나, 기업의 참여와 사회적 인식은 아직 초기 단계
2025년 주요 변경 사항	특별한 변경 사항 없음	지원 대상 연령 확대(13~39세 > 9~39세/연령 기준: 만나이제 적용)

표 8 독일의 가족 돌봄 시간법(Familienpflegezeitgesetz)과 한국의 가족돌봄근로시간단축제 비교 (2025년 기준) -독일 연방 가족부와 한국 고용노동부 웹사이트 자료 참조)

가족 돌봄 급여(Family Care Allowance)

가족 돌봄 급여는 독일 가족 돌봄 서비스의 핵심적인 지원 제도 중 하나로, 가족 구성원이 직접 돌봄을 제공할 경우 정부가 금전적 지원을 통해 경제적 부담을 완화하는 제드이다. 2025년 현재, 돌봄 급여는 돌봄이 필요한 사람의 요양보험 등급에 따라 차등 지급되며, 월 평균 316유로(약 45만 원)에서 901유로(약 130만 원)까지 지원된다. 가족 구성원이 여러 명일 경우, 돌봄 서비스를 나누어 제공하고 급여를 분배받을 수 있는 유연한 구조를 가지고 있다. 예를 들어, 한 가족에서 두 명의 자녀가 부모를 돌보는 경우, 돌봄 급여를 나누어 받을 수 있다. 이러한 제도는 가족 간의 협력을 촉진하고, 돌봄 부담을 분산시키는 데 기여하고 있다.

2025년 들어 독일 정부는 가족 돌봄 급여를 인상하여 돌봄 제공자의 경제적 부담을 더욱 완화하고자 하고 있다. 기존에는 요양보험 등급에 따라 월 평균 316유로에서 901유로까지 지급되었으나, 물가 상승과 돌봄 비용 증가를 반영하여 최대 1,000유로(약 145만 원)까지 지급하는 방안이 논의되고 있다. (독일 연방 통계청 자료 참고)

독일의 가족 돌봄 급여(Family Care Allowance)와 유사한 제도가 한국에도 존재하지만, 운영 방식과 지원 범위에서 차이가 있다. 한국에서는 가족돌봄휴가제도, 노인장기요양보험제도, 장애인 활동지원제도 등이 독일의 제도와 유사한 역할을 한다.

가족돌봄휴가제도는 근로자가 가족의 질병, 사고, 노령, 또는 자녀 양육 등으로 긴급히 돌봄이 필요한 경우 사용할 수 있는 무급 휴가 제도이다. 이 제도는 연간 최대 10일의 무급 휴가를 제공하며, 코로나19와 같은 특별 상황에서는 가족돌봄휴가 사용 시 하루 5만 원의 긴급 지원금을 제공한 사례도 있다. 그러나 이 제도는 무급으로 운영되기 때문에 경제적 지원이 제한적이라는 한계가 있다.

노인장기요양보험제도는 장기 요양이 필요한 노인을 돌보는 가족에게 지원을 제공하는 제도이다. 가족이 요양보호사 자격증을 취득한 경우, 가족인 요양보호사로 등록하여 장기요양급여를 받을 수 있다. 또한 특정 조건(섬 지역 거주 등)에서는 가족이 직접 돌봄을 제공할 경우 현금급여를 받을 수 있다. 이 제도는 독일의 재가급여 우선 원칙과 유사하게, 가능한 한 가족이 돌봄을 제공할 수 있도록 지원한다. 그러나 한국에서는 가족 수발자에 대한 법적 급여가 제한적이며, 지원 범위가 독일에 비해 좁다는 점이 지적되고 있다.

장애인 활동지원제도는 장애인을 돌보는 가족에게 활동지원 서비스를 제공하며, 일부 경우 가족이 활동지원사로 등록하여 급여를 받을 수 있다. 그러나 이 제도는 가족이 아닌 외부 활동지원사를 우선으로 하는 정책이 적용되며, 가족 지원은 제한적이다. 장애인 활동지원제도는 장애인의 자립과 가족의 돌봄 부담을 줄이는 데 기여하지만, 가족 구성원이 직접 돌봄을 제공하는 경우에 대한 지원은 충분하지 않다.

독일과 비교했을 때, 한국의 제도는 경제적 지원과 사회적 인식 측면에서 상대적으로 부족하다. 독일은 가족 돌봄 급여를 통해 가족 구성원이 돌봄을 제공할 때 현금 급여와 사회보험 혜택을 제공하며, 돌봄 제공자의 경제적 부담을 줄이고 사회적 안전망을 강화한다. 반면, 한국은 무급 휴가나 제한적인 현금 지원에 초점이 맞춰져 있어 돌봄 제공자의 경제적 부담을 완전히 해소하기에는 부족하다. 이러한 점에서 독일의 사례를 참고하여 한국에서도 돌봄 제공자에 대한 경제적 지원과 사회적 인식을 강화할 필요가 있다.

독일과 한국의 주요 차이점을 요약해본다.

	독일 가족돌봄 급여	한국의 유사 제도
지원 형태	현금 급여 또는 대출 지원 제공	일부 현금 급여(노인장기요양보험) 또는 무급 휴가 제공 (가족돌봄휴가)
적용 대상	중증 질환, 장애, 노령 등으로 돌봄이 필요한 가족 구성원	노인, 장애인, 또는 긴급 돌봄이 필요한 가족 구성원
법적 보장	법적으로 보장되며, 근로자가 돌봄을 위해 근로시간 단축을 요구할 권리 보장	법적으로 보장되지만, 경제적 지원은 제한적
사회적 인식	돌봄 제공자에 대한 사회적 인식과 지원이 높음	돌봄 제공자에 대한 지원은 초기 단계이며, 사회적 인식이 부족함

표 9 독일 연방 노동청과 한국 보건복지부 웹사이트 자료 참고

간병인 교육 및 관리 제도

독일은 초고령 사회로 진입하면서 간병인의 전문성을 강화하고 가족돌봄의 질을 높이기 위해 체계적인 간병인 교육 및 관리 제도를 운영하고 있다. 이 제도는 간병인의 역량을 강화하고 심리적 부담을 줄이는 다양한 지원을 통해 간병 문제를 해결하며, 초고령 사회에 대비하는 모범적인 사례로 평가받고 있다.

독일의 간호 전문인력 직업교육 과정(Ausbildung zum/zur Pflegefachmann/-frau:아우스빌둥)로 불리는 3년제 직업교육 과정을 중심으로 운영된다. 이 제도는 간병인의 역량을 강화하고 심리적 부담을 줄이는 다양한 지원을 통해 간병 문제를 해결하며, 초고령 사회에 대비하는 모범적인 사례로 평가받고 있다.

아우스빌둥은 3년제 직업교육 과정을 중심으로 운영된다. 이 과정은 2020년부터 기존의 간호사, 간병인, 요양보호사 교육 과정을 통합하여 하나의 체계로 운영되고 있다. 이를 통해 학생들은 병원, 요양원, 가정

돌봄 등 다양한 환경에서 전문적인 간호 및 돌봄 서비스를 제공할 수 있도록 준비된다.

아우스빌둥 과정은 이론 교육과 실습을 병행하며, 병원에서의 실습을 통해 실질적인 경험을 쌓는다. 교육 과정은 총 3년 동안 진행되며, 마지막 해에는 세부 진로를 선택하여 보다 전문적이고 심화된 교육을 받는다. 졸업 후에는 인증 시험을 통해 공인 간병인 자격을 취득할 수 있으며, 이는 간병인의 전문성을 강화하고 환자에게 양질의 돌봄 서비스를 제공하는 데 중요한 역할을 한다.

독일 정부는 가족 돌봄 제공자를 대상으로 무료 간병 교육 프로그램을 운영하고 있다. 이 프로그램은 기본적인 간호 기술, 응급 상황 대처법, 심리적 지원 방법 등 실질적인 돌봄 기술과 지식을 제공한다. 교육은 지역 사회의 요양 센터, 병원, 또는 온라인 플랫폼을 통해 이루어지며, 접근성을 높이기 위해 다양한 언어로 제공된다. 2025년 현재, 약 70%의 가족 돌봄 제공자가 이러한 교육을 이수한 것으로 나타났으며, 이는 돌봄의 질을 향상시키는 데 중요한 역할을 하고 있다.(고용노동부 공식 블로그 참조)

독일은 간병인의 심리적 스트레스를 줄이기 위한 다양한 지원을 제공하고 있다. 간병인을 대상으로 정기적인 상담 서비스와 지원 그룹을 운영하며, 이를 통해 간병 과정에서 발생할 수 있는 정서적 부담을 완화하고 있다. 특히, 간병인의 건강과 휴식을 보장하기 위해 임시 간병 제도(Verhinderungspflege)를 운영하고 있다. 이 제도는 최소 6개월 이상 간병을 제공한 가족 간병인이 신청할 수 있으며 1년에 최대 8주까지 사용할 수 있다. 간병 기간 동안 발생하는 비용은 정부가 충당하며, 간병인

의 신체적 정신적 건강을 보호하는 데 기여하고 있다.[120]

독일과 한국의 간병인 교육 및 관리 제도는 각국의 의료 및 사회적 환경에 따라 차별화된 특징을 보인다. 독일은 체계적이고 법적으로 규정된 직업교육 시스템을 통해 간병인을 양성하며, 한국은 간병인의 자격과 관리 체계가 비교적 미비한 상태로 운영되고 있다.

독일에서는 간병인을 포함한 간호 전문인력을 양성하기 위해 아우스빌둥 제도를 활용한다. 졸업생의 취업률이 약 90%에 이를 정도로 실질적인 취업과 연계되어 있다. 또한, 간병인의 급여와 근무 조건은 법적으로 보호받으며, 교대근무와 같은 유연한 근무 체계가 마련되어 있다. 반면, 한국에서는 간병인의 자격과 관리 체계가 독일에 비해 체계적이지 않다. 간병인은 환자의 위생 관리, 식사 보조, 배변 도움 등 기본적인 돌봄 업무를 수행하지만, 이를 위한 법적 자격 요건이 명확히 규정되어 있지 않다. 간병인은 대부분 민간 자격증을 통해 활동하거나 병원 및 직업소개소를 통해 고용되며, 법적으로는 가사사용인이나 자영업자로 분류된다. 이로 인해 간병인의 전문성이 부족하거나 근무 태도와 관련된 문제가 발생해도 이를 제어할 수 있는 법적 수단이 부족한 상황이다. 특히 외국인 간병인의 경우, 전문 교육 없이 간병 업무에 투입되는 사례가 많아 환자 관리의 질이 저하될 우려가 있다. 이에 따라 한국에서는 간병인의 전문성을 강화하고 법적 근거를 마련하기 위한 제도적 개선이 필요하다는 목소리가 높아지고 있다.

독일과 한국의 간병인 교육 및 관리 제도를 비교하면, 독일은 체계적이고 법적으로 규정된 직업교육 시스템을 통해 간병인의 전문성을 보장하고 있는 반면, 한국은 간병인의 자격과 관리 체계가 미비하여 개선이 필요한 상황이다. 한국은 독일의 사례를 참고하여 간병인 교육과 관리 체계를 강화하고, 간병인의 전문성을 높이기 위한 법적 기반을 마련해야 할 필요가 있다.[121]

	독일	한국
간병인 자격 요건	간병인 교육 과정 통합(3년제 직업교육)	법적 자격 요건 없음 (민간 자격증 활용)
교육 체계	이론과 실습 병행 (직업학교 및 현장 실습)	간병인 교육 체계 미비, 간호조무사 교육은 약 1년
법적 기반	간병보험법(1995년 도입) 및 사회법에 따라 관리	간병인 관련 법적 정의 및 관리 체계 부재
간병인 분류	보조 간병인, 간병인, 전문 간병인 등 단계별 전문성 구분	간병인, 요양보호사 등으로 단순 분류
간병인 급여	교육 과정 중 급여 지급 (1년차 약 876유로, 3년차 약 1,038유로)	간병인 급여는 민간 고용주에 따라 상이
서비스 제공 방식	공적 간병보험을 통해 간병 서비스 제공	사적 간병 중심, 가족 간병인 활용 비율 높음
가족 간병 지원	가족 간병인에게 급여 지급 및 단기 근로 중단 권리 보장	가족 간병인에 대한 지원 체계 부족
간병 시설 이용 비율	약 20%만 요양시설 이용, 나머지 80%는 가정 간병	요양시설 이용 비율 상대적으로 높음
외국인 간병인 활용	외국인 간병인 활용 제한적, 엄격한 자격 요건 및 언어 교육 필요	외국인 간병인 활용 논의 중, 체계적 관리 및 교육 부족
주요 문제점	재정 부족으로 인한 간병보험 지속 가능성 문제	간병인의 전문성 부족, 법적 관리 체계 부재, 간병 비용 부담

3) 이동식 돌봄 서비스(Ambulante Pflege)

독일의 이동식 돌봄 서비스(Ambulante Pflege)는 독일의 건강보험법과 장기요양보험법을 기반으로 한다. 주요 서비스는 가정 방문 간호와 단기 돌봄이다. 그 외에 사 및 일상 지원, 통합 방문 간호, 재활 중심 방문 돌봄, 심리적 및 정서적 지원 등도 이동식 돌봄 서비스에 포함된다.[122]

독일의 가정 방문 간호는 환자의 집에서 전문적인 의료 서비스를 제공하며, 환 건강 회복과 삶의 질 향상을 목표로 하는 체계적인 돌봄 모델이다. 이 서비스는 병원에서 퇴원한 후 회복 단계에 있는 환자나 만질환으로 인해 지속적인 관리가 필요한 환자들에게 적합하며, 의료적 필요와 개인적 요구를 충족시키는 맞춤형 간호를 제공한다.

가정 방문 간호는 간호사가 정기적으로 환자의 집을 방문하여 다양한 의료 및 돌 서비스를 수행한다. 상처 치료를 통해 감염 위험을 줄이고 회복을 촉진하며, 약물 관리를 통해 환자가 처방된 약물을 올바르게 복용할 수 있도록 돕는다. 또한, 위생 관리와 재활 지원을 통해 환자가 일상생활을 보다 편안하게 영위할 수 있도록 돕는다. 이러한 서비스는자의 신체적 건강뿐만 아니라 심리적 안정에도 긍정적인 영향을 미친다.

독일의 가정 방문 간호는 의료적 치료뿐만 아니라 기본적인 돌봄, 목욕 지원, 그리고 장기 요양 보험법에 따른 재활 서비스까지 포함하여 환자의 전반적인 필요를 충족시킨다 특히, 독일의 통합 방문 간호 모델은 환자가 급성기와 만성기 모두에서 동일한 간호 센터를 이용할 수 있도록 설계되어 있어, 돌봄의 연속성과 효율성을 극대화한다. 가정 방문 간호 서비스는 환자 가족에게도 큰 도움이 된다. 무엇보다 가족들의 환자 돌봄 부담을 덜 수 있다. 또한 전문 간호를 받기 때문에 안심할 수 있다. 병원 입원에 비해 비용도 절감을 할 수 있고, 환자 자신이 안정감을 느낄 수 있다.

단기 돌봄 서비스는 병원에서 퇴원한 환자가 자택에서 안전하고 효과적으로 회복할 수 있도록 설계된 간호 및 돌봄 지원 프로그램이다. 이 서비스는 장기적인 시설 입소 없이도 환자가 익숙한 환경에서 회복 과정을 이어갈 수 있도록 돕는다. 특히, 수술 후 회복 중이거나 일시적으로 추가적인 돌봄이 필요한 환자들에게 유용하다. 단기 돌봄 서비스 역시 환자뿐만 아니라 가족 구성원들에게도 큰 도움을 준다. 가족들은 환자의 돌봄 부담에서 잠시 벗어나 휴식을 취하거나 자신의 일상에 집중할 수 있는 시간을 확보할 수 있기 때문이다.

이 외에 일상생활 지원과 통합 방문 간호, 재활 중심 방문 돌봄, 심리적 및 정서적 지원이 있다. 일상생활 지원은 일상생활에서 필요로 하는 기본적인 가사 활동을 돕는 것이다. 이를테면 식사 준비, 장보기, 세탁, 청소 등이다. 고령자나 만성 질환을 가진 환자들에게 요긴한 서비스이다. 통합 방문 간호는 상처 치료, 약물 관리와 같은 의료적 처치 뿐만 아니라 목욕 지원, 위생 관리, 재활 서비스 등을 제공한다. 급성기와 만성기 환자 모두를 대상으로 한 지원이 이루어진다.

4) 특수 돌봄 시설

독일의 특수 돌봄 시설은 치매 환자나 특정 질환을 가진 노인을 위한 전문 시설로, 환자의 상태에 적합한 맞춤형 돌봄을 제공한다. 특수 돌봄 시설은 치매 환자를 위한 전문 요양원, 주야간 보호센터, 그리고 거주형 돌봄농장과 같은 다양한 형태로 운영된다.

현재 독일에는 약 180만 명의 치매 환자가 있으며, 이 중 약 25%가 요양원에서 생활하고 있다. 치매 환자의 배회와 사고를 방지하기 위해 독일의 요양원은 문과 창문에 안전 장치를 설치하고, 혼란을 줄이기 위해 공간을 체계적으로 구성한다. 일부 요양원에서는 환자의 기억을 자극하고 심리적 안정을 돕기 위해 과거의 생활 환경을 재현한 '기억 방'을 운영한다. 이 방은 환자들이 익숙한 물건과 분위기를 통해 안정감을 느끼고, 잃어버린 기억의 조각을 되찾을 수 있도록 돕는다. 또한, 독창적인 아이디어로 가짜 버스 정류장을 설치한 요양원도 있다. 환자가 배회 중 정류장에 머물며 안정을 찾을 수 있도록 돕는 이 방법은 치매 환자의 안전을 지키는 데 큰 효과를 발휘한다. 시설 내부는 친환경적이고 따뜻한 분위기로 꾸며져 있으며, 자연 채광과 정원을 활용해 환자들이 심리적 평온을 느낄 수 있도록 설계되어 있다.

독일의 치매 전문 요양원에서는 전문 간병인과 의료진이 상주하며, 환자의 상태를 지속적으로 모니터링하고 필요한 치료를 제공한다. 이들은 치매 환자 돌봄에 대한 전문 교육을 이수하여 환자의 신체적, 정신적 건강을 종합적으로 관리한다. 또한, 가족 구성원들에게 심리적 지원과 상담을 제공하여 돌봄 과정에서 겪는 스트레스를 완화하고, 환자와 가족 모두가 더 나은 삶을 누릴 수 있도록 돕는다.

독일 정부는 2020년부터 2026년까지 시행되는 국가 치매 전략을 통해 치매 환자의 자율성을 존중하고 지역 사회의 치매 친화적 인프라를 강화하는 데 주력하고 있다. 이 전략은 치매 환자가 가능한 한 오랫동안 익숙한 환경에서 생활할 수 있도록 지원하며, 지역 사회 내에서 상담 및 지원 네트워크를 구축하고 있다. 또한, 치매 환자를 위한 전문 교육과 예방 프로그램을 확대하여 치매 관리의 질을 높이고 있다.

한국은 독일의 이러한 치매 관리 시스템에서 많은 영감을 얻을 수 있다. 치매 환자의 자율성과 남아 있는 능력을 존중하는 돌봄 철학은 한국에서도 충분히 적용 가능하다. 지역 사회 기반의 치매 친화적 인프라 구축은 환자와 가족의 삶의 질을 크게 향상시킬 수 있다. 또한, 치매 전문 교육과 예방 프로그램의 확대는 간병인의 전문성을 높이고 돌봄의 질을 개선하는 데 중요한 역할을 할 것이다. 무엇보다 독일의 창의적인 시설 설계와 프로그램 운영 방식은 벤치마킹할만 하다.

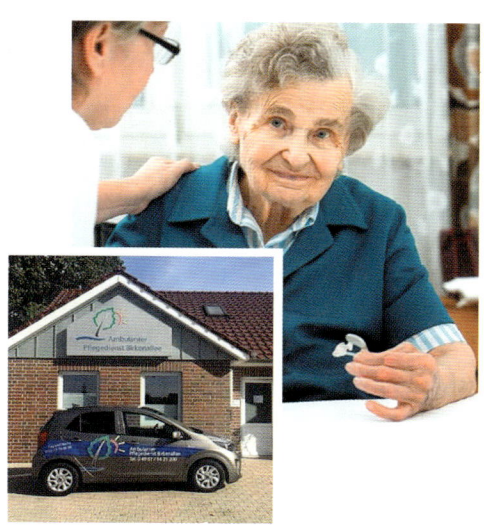

그림 37 비르켄알레 이동식 간호 서비스
https://pflegedienst-birkenallee.de/ambulante-pflege/

독일의 주야간 보호센터

독일의 주야간 보호센터는 주야간 보호 센터는 치매 환자가 낮 시간 동안 시설을 이용하며 돌봄과 다양한 활동에 참여할 수 있다. 이 시설은 환자가 집에서 생활하면서 낮 시간 동안만 전문적인 돌봄을 받을 수 있도록 설계되었다.

운영 시간은 주로 오전 8시부터 오후 6시까지이며, 일부 센터는 야간까지 연장 운영하기도 한다. 환자는 하루 일정이 끝나면 집으로 돌아간다. 제공되는 서비스로는 인지 자극 활동(음악 치료, 미술 활동 등), 신체 운동 프로그램, 식사 제공, 투약 관리, 병원 외래 동행, 사회적 교류 프로그램 등이 있다.[123]

이용 대상은 치매 진단을 받은 환자뿐만 아니라 낮 시간 동안 돌봄이 필요한 노인도 포함된다. 주로 장기요양등급 2~5등급 환자가 이용하며, 인지지원등급 환자도 포함된다. 비용은 하루 단위로 책정되며, 요양보험에서 일정 부분 지원받을 수 있다. 비용은 요양 등급과 이용 시간에 따라 달라진다.[124]

	치매 전문 요양원	주야간 보호 센터
운영 시간	24시간 상주	주간(8~10시간), 일부 야간 운영
거주 형태	장기 거주	낮 시간 동안만 이용, 귀가 가능
대상	자립 생활이 어려운 중증 치매 환자	낮 시간 동안 돌봄이 필요한 환자
서비스 내용	24시간 간호, 위생 관리, 재활 프로그램 등	인지 자극 활동, 신체 운동, 병원 동행 등
비용	상대적으로 높음	하루 단위 비용, 비교적 저렴

표 11 독일의 치매 전문 요양원, 주야간 보호 센터의 차이

거주형 돌봄농장

거주형 돌봄 농장은 기존의 요양원과는 다른 대안적 돌봄 환경을 제공하며, 치매 환자뿐만 아니라 암, 심장질환 등 만성질환을 앓고 있는

노인들에게도 적합한 공간으로 자리 잡고 있다.

거주형 돌봄농장은 단순히 돌봄을 제공하는 시설이 아니라, 노인들이 공동체의 일원으로서 자연 속에서 활동하며 자존감을 회복할 수 있는 환경을 조성한다. 이곳에서는 환자들이 농장 활동에 참여하거나 정원 가꾸기, 동물 돌보기, 간단한 농작물 수확 등 자신이 할 수 있는 일을 선택해 수행할 수 있다. 이러한 활동은 단순히 신체적 움직임을 유도하는 데 그치지 않고, 정서적 안정감을 제공하며 스트레스를 완화하는 데 효과적이다. 특히 자연과의 교감은 심리적 치유 효과를 가져와 환자들의 삶의 질을 크게 향상시킨다.

독일에서 거주형 돌봄농장이 주목받는 이유는 단순히 노인돌봄의 새로운 형태를 제시하는 데 그치지 않는다. 기존 요양원에서 흔히 발생하는 사회적 고립과 고독의 문제를 해결할 수 있는 대안으로 평가받고 있다. 연구에 따르면, 사회적 고립과 고독은 노인의 사망률을 각각 *32%*와 *12%* 증가시키며, 암과 심장질환의 발병률 또한 높이는 주요 요인으로 작용한다. 반면, 돌봄농장은 공동체 생활을 통해 대인관계를 유지하고, 자연 속에서 자유로운 일상을 누릴 수 있는 환경을 제공함으로써 이러한 문제를 완화한다.[125]

거주형 돌봄농장은 독일 정부와 지역사회에서도 긍정적인 평가를 받고 있다. 노인들이 요양원 대신 돌봄농장을 선택할 경우, 복지 비용이 절감되는 효과가 있기 때문이다. 또한, 농장 운영자들에게는 새로운 소득원을 제공하며, 지역 경제 활성화에도 기여한다. 이러한 이유로 독일에서는 돌봄농장을 개설하고 운영하기 위한 필수 교육과 인증 제도를 마련해 체계적으로 관리하고 있다. 예를 들어, 농장 운영자는 120시간 이상의 교육을 이수하고, 농장 분석 및 사업계획을 작성해야 하며, 그린케어 인증을 받아야 한다. 이러한 엄격한 기준은 돌봄농장의 품질을 보장하고, 이용자들에게 신뢰를 제공하는 데 중요한 역할을 한다.

독일의 거주형 돌봄농장은 노인, 농장 운영자, 국가 모두에게 이익을 제공하는 혁신적인 모델로 자리 잡고 있다. 노인들은 자연 속에서 존엄성과 자율성을 유지하며 여생을 보낼 수 있고, 농장 운영자는 새로운 형태의 서비스를 통해 부가적인 소득을 창출할 수 있다. 국가적으로는 요양시설에 비해 낮은 비용으로 고령화 문제를 해결할 수 있는 효율적인 대안이 된다. 이러한 모델은 단순히 돌봄의 차원을 넘어, 인간의 기본적인 삶의 질을 유지하고자 하는 욕구를 충족시키는 데 기여하고 있다.

독일의 사례는 초고령사회로 진입하고 있는 다른 국가들에게도 중요한 시사점을 제공한다. 특히, 한국과 같은 농촌 고령화가 심각한 국가에서는 독일의 거주형 돌봄농장을 참고해 지역사회와 자연을 활용한 새로운 돌봄 모델을 도입할 필요가 있다.

4. 치매 돌봄 전략국가, 독일

독일은 치매 돌봄 전략국가로 평가받을 수 있다. 이는 독일 정부가 치매 환자와 가족을 지원하기 위해 체계적이고 포괄적인 정책을 수립하고 실행하고 있기 때문이다. 독일은 2020년 9월 국가 치매 전략(Nationale Demenzstrategie)을 발표하며 치매 환자와 가족을 위한 돌봄 환경을 개선하고, 치매 친화적인 사회를 구축하기 위한 장기적인 계획을 수립했다. 이 전략은 치매 환자의 삶의 질을 높이고, 가족의 부담을 줄이며, 사회 전반의 치매 대응 역량을 강화하고 있다.

독일은 치매 환자가 자신의 생활 공간에서 사회적 활동에 참여할 수 있도록 도시계획을 설계하고, 치매 친화적 공간을 마련하고 있다. 예를 들어, 대화 장소와 문화 스포츠 교육기관을 제공하여 환자들의 사회적 고립을 방지하고 있다. 또한, 치매 환자를 돌보는 가족의 육체적 정신적 부담을 덜어주기 위해 상담 서비스와 건강 지원을 확대하고 있다. 지역 네트워크를 통해 치매 환자와 가족이 필요한 도움을 신속히 받을 수 있도록 하고 있으며, 현재 독일 전역에 약 500개의 지역연합(Lokale Allianzen für Menschen mit Demenz)이 운영되고 있다. 2026년까지 150개를 추가로 설립할 계획이다.

독일은 치매 환자를 위한 전문 인력을 육성하고, 병원 및 요양 시설의 인프라를 확충하고 있다. 이를 통해 치매 환자 치료의 질을 높이고 돌봄 서비스를 강화하고 있다. 치매 관련 연구도 활성화하여 환자와 가족의 심리적, 경제적 어려움을 분석하고, 더 나은 돌봄 방법을 개발하고 있다. 유럽연합과 협력하여 치매 연구 프로젝트를 진행하며, 치매 환자와 가족의 삶의 질을 개선하기 위한 다양한 방안을 모색하고 있다.[126]

독일은 치매 환자를 포함한 노인돌봄을 지원하기 위해 장기요양보험(Pflegeversicherung)을 운영하고 있다. 치매 환자는 요양등급 심사를 통해 적합한 등급을 부여받고, 이에 따라 다양한 혜택을 받을 수 있다. 이러한 혜택에는 가정 방문 돌봄, 요양 시설 이용, 돌봄비용 지원 등이 포함된다. 2025년 기준으로 독일의 장기요양보험 수혜자는 약 320만 명에 달하며, 이 중 약 140만 명이 치매 환자로 추정된다. 치매 환자의 요양

시설 거주 비용은 요양등급에 따라 최대 2005유로(약 270만 원)까지 보조된다.[127]

독일의 치매 돌봄 정책은 치매 환자와 가족을 위한 체계적인 지원을 통해 치매 친화적 사회를 구축하고 있다. 2025년 기준으로 독일의 65세 이상 인구는 전체 인구의 약 22%를 차지하며, 치매 유병률은 약 8.5%로 추정된다. 이는 약 153만 명의 치매 환자가 존재함을 의미하며, 매년 약 4만 명씩 증가하고 있다. 이러한 상황에서 독일 정부는 치매 환자와 가족의 삶의 질을 높이고, 사회적 부담을 줄이기 위해 지속적으로 정책을 개선하고 있다.

독일의 치매 돌봄 전략은 치매 환자와 가족을 위한 다양한 서비스를 제공하며, 연구와 인프라 개선에 지속적으로 투자하고 있다. 이러한 노력은 독일이 치매 돌봄 분야에서 선도적인 역할을 하고 있음을 보여준다. 치매 환자의 자립을 유지하고 남아있는 능력을 최대한 활용할 수 있도록 돕는 데 초점을 맞추고 있으며, 이를 통해 치매 환자와 가족, 그리고 사회 전체가 혜택을 받고 있다.

2025년 현재 독일은 국가 치매 전략의 일환으로 유럽연합과의 협력을 통해 치매 연구 프로젝트가 진행 중이다.

국가 치매 전략 성공사례 -치매친화 도시

1) 아른스베르크(Arnsberg)

아른스베르크는 독일 내에서 국가 치매 전략의 성공 사례로 꼽히는 도시 중 하나이다. 아른스베르크는 독일 서부에 위치한 인구 약 80,000

명의 도시로, 고령화와 치매 환자 증가에 대응하기 위해 선제적으로 치매 친화적인 환경을 조성했다. 이 도시는 1995년부터 미래 노화 부서(Fachstelle Zukunft Alter)를 설립하여 고령자와 치매 환자를 위한 정책을 체계적으로 추진해왔다.

아른스베르크는 치매 환자와 고령자가 사회에 적극적으로 참여할 수 있도록 다양한 프로그램을 운영한다. 예를 들어, 치매 환자와 가족이 함께 참여할 수 있는 카페 자이트로스(Café Zeitlos)와 같은 커뮤니티 공간을 제공하여 사회적 고립을 방지하고 정서적 지원을 강화했다. 노인과 젊은이, 어린이의 세대간 소통 장소로도 유명하다.

도시 계획 단계에서부터 치매 친화적인 환경을 고려했다. 예를 들어, 치매 환자가 쉽게 이동할 수 있도록 명확한 표지판과 안전한 보행

그림 38 카페 자이트로스 - 아른스베르크의 젊은이와 노인을 위한 지역 모임 장소
https://www.lokalkompass.de/arnsberg/c-ueberregionales/caf-zeitlos-der-lokale-treffpunkt-fuer-jung-und-alt_a565468#gallery=default&pid=7222704

로를 설계하고, 치매 환자를 위한 맞춤형 주거 공간을 마련했다. 아른스베르크는 지역 사회와 협력하여 치매 환자와 가족이 필요한 서비스를 신속히 받을 수 있도록 지역 네트워크를 강화했다. 이는 독일 전역에서 추진 중인 국가 치매 전략의 핵심 목표와도 일치한다.

치매 환자를 돌보는 가족의 부담을 줄이기 위해 상담 서비스와 돌봄 지원을 확대했다. 또한, 치매 환자를 위한 전문 돌봄 인력을 육성하고, 지역 의료 및 복지 시스템을 통합적으로 운영했다.

아른스베르크의 사례에서 치매 친화적인 도시를 조성하기 위해 지역 사회와 정부가 협력이 필수임을 알 수 있다. 또한, 물리적 환경 개선, 사회적 참여 증진, 그리고 가족 지원 강화가 치매 관리의 핵심 요소임을 보여준다.

2) 뒤셀도르프(Düsseldorf)-가짜 버스 정류장

독일 뒤셀도르프의 '벤라트 시니어 센터'는 치매 환자들의 배회 문제를 해결하기 위해 2008년 세계 최초로 가짜 버스 정류장을 설치했다. 이 정류장은 실제 버스가 운행하지 않지만, 외관은 일반적인 버스 정류장과 동일하게 설계되어 있다. 가짜 버스 정류장은 치매 환자들의 배회 행동을 완화하고 심리적 안정을 제공하기 위해 고안된 독창적인 아이디어다. 이 시설은 치매 환자들이 자주 보이는 "목적 없는 배회" 증상을 줄이고, 실종이나 사고를 예방하며, 약물 사용을 대체할 수 있는 비약물적 대안으로 주목받고 있다.

치매 환자의 약 40%는 목적 없이 배회하는 증상을 보인다. 이들은 종종 "집에 가야 한다"거나 "회사에 가야 한다"는 생각에 요양원을 떠

나거나 길을 나서기도 한다. 이러한 행동은 길을 잃거나 사고를 당하는 위험으로 이어질 수 있어 환자와 가족 모두에게 큰 부담이 된다. 기존에는 이러한 배회 행동을 억제하기 위해 향정신성 약물을 사용하는 경우가 많았으나, 이는 환자의 신체 기능 저하와 삶의 질 악화로 이어질 수 있다는 문제가 제기되었다.[128]

그림 39 목적지 없는 가짜 버스 정류장이 치매 환자들을 평온케 한다
https://blog.sevenponds.com/something-special/facilities-create-fake-bus-stops-for-patients-with-dementia

이 아이디어는 치매 환자들이 배회 중 본능적으로 버스 정류장을 찾는 행동에서 착안되었다. 정류장에 앉아 기다리는 동안 환자들은 "집으로 갈 수 있다"는 생각에 안심하게 되고, 이 과정에서 불안감과 초조함

이 줄어들며 더 이상 배회하지 않게 된다. 이후 직원들이 환자를 요양원으로 다시 안내하는 방식으로 운영되었다.

가짜 버스 정류장은 독일에서 성공적인 효과를 보인 후 영국, 미국, 일본 등으로 확산되었다. 영국에서는 정류장뿐만 아니라 과거를 회상할 수 있는 공간을 조성해 치매 환자들의 기억 회복을 돕고 있다. 예를 들어, 런던의 로열프리병원은 정류장과 함께 벽면을 과거 신문으로 장식했으며, 버밍엄의 로버트 하비 요양원은 1950년대의 우체국과 정육점 등을 재현해 환자들에게 추억을 떠올릴 수 있는 환경을 제공하고 있다. 일본에서도 치매 환자가 많은 지역에서 가짜 버스 정류장이 설치되었다. 특히 도요하시 시는 치매 친화적인 도시로 알려져 있으며, 치매 환자와 가족들이 모이는 치매 카페 근처에 가짜 정류장을 설치해 환자들이 안전하게 머물 수 있도록 돕고 있다.

가짜 버스 정류장은 치매 환자들에게 심리적 안정감을 제공하며, 배회 행동을 줄이는 데 효과적이다. 환자들은 정류장에 앉아 기다리는 동안 불안감이 해소되고, 자신이 왜 배회했는지 잊게 된다. 이는 환자들이 약물 없이도 안정감을 찾을 수 있는 자연스러운 방법으로 평가받고 있다. 또한, 환자들이 실종되거나 사고를 당할 위험을 줄이고, 가족과 요양원 직원들의 부담을 덜어주는 데 기여한다.

가짜 버스 정류장은 치매 환자들의 배회 행동을 완화하고, 심리적 안정감을 제공하며, 실종과 사고를 예방하는 데 효과적인 대안으로 자리 잡고 있다. 독일에서 시작된 이 아이디어는 전 세계로 확산되며 치매 환자 돌봄의 새로운 패러다임을 제시하고 있다. 한국에서도 이를 적극적으로 도입해 치매 환자와 가족들의 삶의 질을 향상시키는 데 기여하고 있다. 그러나 이 방법에 대해 일부에서는 윤리적 문제를 제기하기도 한다. 치매 환자에게 거짓 정보를 제공하는 것이 도덕적으로 적절한지에 대한 논의가 있다. 일부 연구에서는 이러한 방식이 환자에게 좌절감을 줄 수 있다는 점을 지적하기도 했다. 하지만 대다수의 전문가들은 환자의 안전과 심리적 안정을 우선시하는 점에서 이 방법이 실질적인 대안이 될 수 있다고 평가한다.

그러나 이 방법에 대해 일부에서는 윤리적 문제를 제기하기도 한다. 치매 환자에게 거짓 정보를 제공하는 것이 도덕적으로 적절한지에 대한 논의가 있다. 일부 연구에서는 이러한 방식이 환자에게 좌절감을 줄 수 있다는 점을 지적하기도 했다. 하지만 대다수의 전문가들은 환자의 안전과 심리적 안정을 우선시하는 점에서 이 방법이 실질적인 대안이 될 수 있다고 평가한다.

한국에서는 2023년 충주시에서 처음으로 가짜 버스 정류장 시범 사업이 시작되었다. 이 정류장은 치매 환자들의 배회 행동을 완화하고, 향정신성 약물 사용을 줄이기 위한 대안으로 추진되었다. 이 사업은 사물인터넷(IoT) 기술을 접목해 환자의 생체 데이터를 수집하고, 심리적 안정 효과를 수치화하는 연구도 병행하고 있다. 향후 효과가 입증되면 요양원뿐만 아니라 고령화 마을 인근 야외에도 설치를 확대할 계획이다.

5. 종교기관이 운영하는 돌봄시설

1) 디아코니아(Diakonie)

독일 디아코니아는 개신교를 기반으로 한 사회복지 단체로, 기독교 정신에 따라 약자와 소외된 이들을 돕고 있다. 디아코니아는 그리스어로 '섬김'을 뜻하며, 이는 예수 그리스도의 가르침에서 비롯된 이웃 사랑과 봉사의 정신을 담고 있다. 디아코니아의 역사는 종교개혁 시기로 거슬러 올라가며, 당시 마르틴 루터와 같은 개혁가들은 신앙과 사랑의 통합을 강조하며 사회적 실천을 중요시했다. 이러한 신학적 변혁은 빈곤층과 약자들을 위한 구체적인 복지 활동으로 이어졌고, 디아코니아는 독일과 북유럽의 복지국가 형성에 지대한 영향을 미쳤다.

디아코니아는 약 500년의 역사를 통해 지속적으로 발전해왔다. 초기에는 종교개혁의 영향을 받아 교회 중심의 복지 활동으로 시작되었으며, 이후 사회적 필요에 따라 장애인 시설, 노인돌봄 시설, 병원, 청소년 기관 등 다양한 형태의 복지 서비스를 제공하는 조직으로 확장되었다. 현재 디아코니아는 독일 전역에 약 31,000개의 기관을 운영하며, 45만 명의 직원과 40만 명의 자원봉사자가 활동하고 있다. 이들은 하루 100만 명 이상의 사람들에게 복지 서비스를 제공하며, 독일 전체 장애인 시설의 절반, 유치원의 4분의 1, 병원의 10분의 1을 운영하고 있다. 이러한 규모는 디아코니아가 독일 사회복지 시스템에서 차지하는 중요성을 보여준다.

디아코니아의 정신은 기독교의 핵심 교리인 이웃 사랑과 섬김을 우선시 한다. 예수 그리스도가 자신을 '시중드는 이'로 묘사한 것처럼, 디아코니아는 약자와 고통받는 이들을 돕는 것을 최우선으로 삼는다. 이러한 정신은 종교개혁 이후 더욱 강화되었으며, 사회적 실천을 통해 기독교 신앙을 구체화하는 데 기여했다. 디아코니아는 단순히 복지 서비스를 제공하는 것을 넘어, 사회적 약자와의 연대와 공존을 추구하며, 이를 통해 사회적 불평등을 완화하고 공동체의 화합을 도모한다.[129]

디아코니아의 설립 배경은 종교개혁과 밀접하게 연결되어 있다. 종교개혁은 신앙과 사랑의 통합을 강조하며, 교회 내적 개혁뿐만 아니라 사회적 실천을 위한 새로운 지평을 열었다. 이러한 변화는 빈자와 약자들을 위한 복지 활동으로 이어졌고, 디아코니아는 이를 제도적으로 구현하는 역할을 맡았다. 디아코니아는 초기부터 민간 주도의 복지 활동을 통해 창의적이고 지속 가능한 복지 모델을 구축했으며, 정부와의 협력을 통해 사회적 약자를 지원하는 데 효과적인 시스템을 마련했다.

디아코니아는 독일 사회복지 시스템의 발전과 긴밀히 연결되어 있으며, 그 성과는 다양한 계층을 대상으로 한 복지 서비스 제공을 통해 독일 사회의 복지 수준을 향상시키는 데 기여했다. 장애인, 노인, 아동, 청소년 등 사회적 약자들에게 실질적인 도움을 제공하며, 민관 협력을 통해 복지 서비스를 효율적으로 운영해왔다. 또한, 기독교 정신을 바탕으로 한 복지 활동을 통해 독일 사회에서 종교의 역할을 재정립하는 데 중요한 역할을 했다.

현재 디아코니아는 정부의 지원을 받아 다양한 복지 서비스를 제공하며, 사회적 약자와 소외된 이들을 돕고 있다. 디아코니아는 약 31,000개의 기관과 45만 명의 직원, 40만 명의 자원봉사자를 통해 독일 전역에서 활동하고 있으며, 이를 통해 하루 100만 명 이상의 사람들에게 복지 서비스를 제공하고 있다. 디아코니아는 기독교 정신에 기반을 둔 복지 활동을 통해 독일 사회의 복지 수준을 높이는 데 기여하고 있으며, 앞으로도 이러한 역할을 지속적으로 수행할 것으로 기대된다.[130]

디아코니아는 독일 전체 장애인 시설의 절반, 유치원의 4분의 1, 병원의 10분의 1을 운영하고 있다. 디아코니아는 유치원, 병원, 장애인 재활센터, 노인돌봄 시설 등 다양한 형태의 복지 서비스를 통해 사회적 약자를 지원하고 있다.

그림 40 디아코니아 살렘
https://www.diakonie-stiftung-salem.de/index.php/36-diakonie-stiftung-salem/aktuelles/658-beschaeftigte-der-diakorischen-werkstaetten-feiern-jubilaeum

베를린 라자로의 집

베를린은 디아코니아의 중심지로서, 독일 전역의 사회복지 활동을 조율하며, 사회적 약자를 위한 정책을 제안하고, 사회적 불평등 완화에

힘쓰고 있다. 베를린에서 디아코니아는 노인돌봄, 장애인 지원, 아동 및 청소년 복지, 난민 지원 등 다양한 분야에서 활발히 활동하고 있다.

그 대표적인 예가 '라자로의 집(Lazarus-Diakonie)'이다. 라자로의 집은 독일의 사회복지 전통과 디아코니아의 신학적 기반을 바탕으로 설계된 대표적인 돌봄 시설이다. 특히 치매 환자와 청각장애인을 위한 전문적인 서비스를 제공하고 있으며, 독일 내에서도 모범적인 복지 모델로 인정받고 있다.

라자로의 집은 치매 2등급 이상의 환자를 대상으로 하며, 현재 약 148명의 환자가 입원해 있다.[131] 치매 환자들을 위한정기적인 활동 프로그램과 치료를 병행하고 있다. 또한 라자로의 집은 치매 환자뿐만 아니라 청각장애인을 위한 맞춤형 돌봄 서비스도 제공한다. 청각장애인들의 의사소통과 사회적 참여를 돕기 위한 전문 인력이 배치되어 있다.

2) 카리타스(Caritas)

독일의 가톨릭 교회는 사회복지 분야에서 중요한 역할을 담당하며, 그 중심에는 카리타스(Caritas)가 있다. 카리타스는 독일 전역에서 약 25,453개의 시설과 739,410명의 직원이 활동하는 대규모 사회복지 단체로, 병원 및 의료 서비스, 노인돌봄 시설, 아동 보호 및 교육 시설, 장애인 지원 프로그램, 긴급 구호 및 재활 서비스 등을 제공한다. 이 단체는 독일 가톨릭 교회의 공식적인 사회복지 기구로, 독일 주교회의의 인정을 받은 기관이다. 카리타스는 종교적 배경과 관계없이 모든 사람을 대상으로 서비스를 제공한다.[132] 카리타스는 독일에서 독일 전역에 걸쳐 다양한 노인 요양 시설을 운영하면서 노인돌봄 분야에서 중요한 역할을 해왔다.

특기할만한 사실은 카리타스(Caritas)가 1996년부터 북한에서 인도주의적 지원 사업을 시작했으며, 이후 다양한 분야에서 지속적으로 지원을 이어오고 있다는 것이다. 카리타스는 2016년 평양에 처음으로 노인복지시설을 건립하며 본격적으로 노인돌봄 사업을 시작했다. 이 시설은 노인들이 함께 시간을 보내고 의료 상담을 받을 수 있는 공간으로 설계되었으며, 북한 내 노인 복지 향상을 위한 중요한 첫걸음으로 평가받고 있다.[133]

2016년 이후부터 현재까지 카리타스는 매년 북한 내 취약 계층을 위한 지원을 확대해왔으며, 노인돌봄과 의료 지원 분야에서 지속적인 성과를 거두고 있다. 2025년에도 카리타스는 북한을 지원하고 있다. 정치적 상황과 관계없이 인도주의적 지원을 지속해야 한다는 원칙 아래, 북한 주민들의 보건의료, 영양 강화, 농업 개발 등 다양한 분야에서 지원을 이어가고 있다. 특히, 취약 계층인 어린이, 노인, 임산부를 우선적으로 지원하며, 지속 가능한 개발 사업을 통해 북한 주민들의 삶의 질을 개선하기 위해 노력하고 있다. ('Caritas Korea' 자료 참고)

카리타스 센터 발트호프(Caritas Centre Waldhof)[134]

카리타스 센터 발트호프(Caritas Centre Waldhof)는 독일 만하임(Mannheim) 지역에 위치한 노인돌봄 및 복지 시설로, 카리타스의 오랜 역사와 철학을 기반으로 운영되며 지역사회와 긴밀히 협력하여 노인복지의 새로운 기준을 제시하고 있다. 이 시설은 노인들이 독립적으로 생활할 수 있는 환경을 제공하면서도 필요한 경우 돌봄 서비스를 받을 수 있도록 설계되었다.

카리타스 센터 발트호프의 설립 시기는 카리타스의 국제적 확장과 독일 내 사회적 요구가 증가하던 시기와 맞물려 있다. 카리타스는 1897년 독일에서 로렌츠 베르트만(Lorenz Werthmann)에 의해 설립되었으며, 이후 "사랑과 연민"이라는 라틴어 의미를 바탕으로 성장하여 세계적인 복지 및 개발 기관으로 자리 잡았다. 20세기 중반, 카리타스는 국제적 네트워크를 구축하며 복지 활동을 전문화하고 확장했으며, 이러한 흐름 속에서 독일 내 지역사회 요구를 충족시키기 위한 다양한 시설들이 설립되었다. 만하임 지역의 발트호프 센터는 이러한 배경에서 지역 노령화 문제를 해결하고 노인들의 삶의 질을 향상시키기 위해 설립된 대표적인 시설 중 하나이다.

발트호프 센터는 카리타스의 철학을 반영하여 노인들의 독립성과 존엄성을 존중하는 환경을 제공하며, 지역사회의 복지 요구를 충족시키기 위해 다양한 프로그램과 서비스를 운영하고 있다. 특히, 노인들이 자립적으로 생활할 수 있도록 지원하면서도 필요할 경우 맞춤형 돌봄 서비스를 제공하는 방식으로 운영된다.

카리타스 센터 발트호프의 설립 배경은 독일의 노령화 사회와 이에 따른 복지 수요 증가에 있다. 독일은 노인 복지와 돌봄 서비스에 있어 선진적인 시스템을 갖추고 있으며, 카리타스는 이러한 흐름 속에서 지역사회의 요구를 충족시키기 위해 발트호프 센터를 설립했다. 이 시설은 접근 가능한 아파트와 요양 공간을 포함하여, 노인들이 자립적으로 생활하거나 필요에 따라 돌봄을 받을 수 있는 환경을 제공한다. 특히,

노인들의 삶의 질을 높이는 데 초점을 맞추고 있으며, 이를 위해 다양한 프로그램과 서비스를 운영하고 있다. 운영 방식은 노인들의 개별적인 필요를 고려한 맞춤형 서비스를 중심으로 한다.

발트호프 센터는 노인들이 독립적으로 생활할 수 있도록 지원하며, 필요한 경우 돌봄 서비스를 제공한다. 시설 내에는 공동 생활 공간, 간이 취사장, 노인 전용 욕실 등이 마련되어 있어 입주자들이 편안하게 생활할 수 있다. 또한, 직원들은 노인들의 과거 경력과 생활 습관을 고려하여 개인화된 돌봄 계획을 수립하며, 노인들이 스스로 할 수 있는 일을 최대한 독려하는 방식으로 운영된다.

특기할 만한 프로그램으로는 노인들의 사회적 교류를 촉진하는 활동과 치매 환자를 위한 특별 프로그램이 있다. 예를 들어, 과거의 기억을 회상하며 정서적 안정감을 느낄 수 있도록 돕는 바이오그라피룸(Biographie Room)이 마련되어 있다. 바이오그라피룸은 말 그대로 (영어로 Biography Room)개인의 삶의 이야기를 반영하거나 기록하는 데 사용되는 공간을 의미한다. 바이오그라피룸은 치매 환자를 위한 특별한 공간으로, 과거의 기억을 회상하고 정서적 안정감을 제공하기 위해 설계된 치료적 환경이다. 이 공간에서 치매노인들은 자신의 삶의 이야기를 되돌아볼 수 있다.

바이오그라피룸은 치매 환자의 기억 회복과 정서적 안정감을 돕는 데 중요한 역할을 한다. 이 공간은 환자가 자신의 삶의 이야기를 되돌아보며 자아 존중감을 회복하고 긍정적인 감정을 느끼는 데 도움을 준다. 또한, 가족과의 상호작용을 통해 환자의 사회적 관계를 강화하고 치매로 인한 고립감을 줄이는 데 기여한다. 바이오그라피룸은 치매 치료와 돌봄에서 점점 더 중요한 역할을 하고 있으며, 환자의 삶의 질을 향상시키는 데 효과적인 방법으로 평가받고 있다.

이를 위해 바이오그라피룸은 환자의 과거 경험과 추억을 반영하여 개인화된 장식과 물품으로 꾸며진다. 가족 사진, 과거에 사용했던 물건, 음악, 환자가 좋아했던 색상과 디자인 요소를 포함하여 환자가 친숙함을 느끼고 기억을 회상하는 데 도움을 준다. 또한, 시각, 청각, 촉각 등 다양한 감각을 자극하는 요소들이 포함된다. 과거의 사진이나 영상, 환자가 좋아했던 음악, 촉감과 관련된 물건들을 배치하며, 조명과 인테리어에도 세심한 주의를 기울인다.

최근엔 벽지만 바꾸어도 치매치료에 긍정적인 영향을 미칠 수 있다는 주장에 해외의 많은 요양원에서 50년대, 60년대, 70년대, … 의 이미지를 담은 일명 '치매 친화 벽지'를 사용하고 있다.

그림 41 치매환자들을 위해 바깥 풍경을 실내로 옮긴 치매 병동(작가는 해변 풍경을 그렸고 직원들은 갈매기 소리를 재생해 해변 분위기를 연출했다고 함. BBC.2021.12.02.)
https://www.bbc.com/news/world-europe-jersey-59504433

발트호프 돌봄 센터의 재원 마련 방식은 카리타스의 비영리적 특성을 그대로 반영한다. 즉 지역사회와 정부의 지원, 기부금, 자원봉사자들의 도움을 통해 운영된다. 이러한 재원은 시설의 유지와 프로그램 개발에 사용되며, 노인들에게 양질의 서비스를 제공하는 데 기여한다. 또한, 카리타스는 지역사회와의 협력을 통해 지속 가능한 운영 모델을 구축하고 있다. 이용자와 가족들의 반응은 매우 긍정적이다. 노인들은 발트호프 센터에서 제공하는 맞춤형 돌봄과 독립적인 생활 환경에 만족감을 표현하며, 가족들은 노인들이 안전하고 존엄한 환경에서 생활할 수 있다는 점에 대해 안심하고 있다. 특히, 직원들이 노인들의 개별적인 필요를 세심하게 고려하고, 스스로 할 수 있는 일을 독려하는 방식은 이용자와 가족들로부터 높은 평가를 받고 있다.

노이베르크 카리타스 하우스(Neuwerk Caritas-Haus)[135]

노이베르크 카리타스 하우스는 독일 묀헨글라드바흐의 노이베르크 지역에 위치한 유럽 최초의 패시브 하우스(Passive House) 표준으로 설계된 노인 요양 시설이다. 패시브 하우스는 에너지 효율성을 극대화하고 실내 환경의 쾌적함을 유지하기 위해 설계된 건축 표준을 의미한다. 이 개념은 독일 다름슈타트(Darmstadt)의 패시브하우스 연구소(Passivhaus-Institut)에 의해 1991년에 공식적으로 정립되었다. 패시브 하우스는 난방 및 냉방 에너지 소비를 최소화하면서도 실내 온도와 습도를 적정 수준으로 유지할 수 있도록 설계된 건축물이다.

이 시설은 2003년에 완공되었으며, 설계와 건축 과정은 1999년부터 2003년까지 약 4년에 걸쳐 진행되었다. 노이베르크 카리타스 하우스의 설립 배경은 기존 요양 시설의 구조적 문제와 운영상의 비효율성에서 비롯되었다. 기존 건물은 노인돌봄에 필요한 현대적 요구를 충족하지 못했으며, 공간 배치와 위생 시설이 비효율적이었다. 또한 높은 인건비와 운영 비용으로 인해 경제적 부담이 컸다. 이러한 문제를 해결하기 위해 기존 건물의 개보수 대신 새로운 건물을 짓는 방향으로 결정되었고, 패시브 하우스 표준을 적용하여 에너지 절약과 환경 친화적인 설계를 도입하게 되었다.

노이베르크 카리타스 하우스는 특히 치매 환자를 위한 맞춤형 설계와 프로그램을 제공한다. 시설은 80명의 입주자를 수용하며, 입주자들은 10명씩 소규모 그룹으로 나뉘어 생활한다. 이러한 그룹 생활 방식은 입주자들에게 가족과 같은 친밀한 분위기를 제공하며, 정서적 안정감을 높이는 데 기여한다. 각 그룹은 공용 거실과 주방을 공유하며, 입주자들은 함께 요리하거나 식사를 하는 등 다양한 활동을 통해 사회적 유대감을 형성한다. 또한, 치매 환자들을 위해 별도로 설계된 야외 공간이 마련되어 있으며, 이 공간은 환자들의 안전과 편의를 고려하여 설계되었다.

노이베르크 카리타스 하우스의 재원 마련은 지역 카리타스 협회와 같은 비영리 단체의 지원을 통해 이루어졌다. 건축 비용은 약 602만 유로(약 87억 원, 세전 기준)로, 이 중 일부는 독일 정부의 보조금을 통해 충당되었다. 독일 정부는 지속 가능한 건축과 에너지 효율성을 장려하기 위해 패시브 하우스 표준을 적용한 프로젝트에 재정적 지원을 제공하고 있다. 이러한 지원은 노이베르크 카리타스 하우스가 질 높은 시설을 제공하면서도 운영 비용을 절감할 수 있도록 돕는 중요한 요소로 작용했다.

노이베르크 카리타스 하우스는 입주자들의 개인 공간과 사생활을 존중하는 설계를 채택하였다. 각 입주자는 개인 방을 가지며, 방은 필요에 따라 두 개의 방을 연결하여 부부가 함께 사용할 수 있도록 조정이 가능하다. 방 사이의 벽은 방음 기능이 있는 옷장으로 구성되어 있어, 간단한 조정만으로 방을 분리하거나 통합할 수 있다. 이러한 유연한 설계는 입주자들의 다양한 요구를 충족시키는 데 기여한다.

노이베르크 카리타스 하우스는 에너지 효율성을 극대화하기 위해 패시브 하우스 표준을 적용하였다. 이 표준은 건물의 단열 성능을 극대화하고 에너지 소비를 최소화하는 것을 목표로 한다. 이를 통해 연간 약 8,500유로(약 1,230만 원)의 에너지 비용 절감 효과를 거두었으며, 최근 몇 년간 에너지 가격 상승으로 인해 절감 효과는 더욱 커졌다. 이러한 경제적 이점은 시설 운영의 안정성을 높이는 데 기여하고 있다.[136]

6. 세대간 돌봄 모델, 메어게네라치오넨호이저

독일의 대표적인 세대 간 돌봄 성공 사례로 꼽히는 "메어게네라치오넨호이저(Mehrgenerationenhäuser)"는 독일 전역에서 운영되는 다세대 교류 공간이다. 이 프로그램은 세대 간의 상호작용을 촉진하고, 고령화 사회와 관련된 다양한 사회적 문제를 해결하기 위해 설립되었다. 메어게네라치오넨호이저는 독일 연방정부의 지원을 받아 2003년부터 시작되었으며, 2012년 정책 개편을 통해 더욱 체계적으로 발전했다.[137]

메어게네라치오넨호이저는 전통적인 독일식 목조 주택을 개조하거나 새로운 건물을 지어 운영되며, 각 지역사회의 중심 역할을 한다. 이곳에서는 어린이 돌봄, 노인 지원, 가족 상담, 기술 교육 등 다양한 서비스를 제공한다. 노인들은 어린이들과 함께 시간을 보내며 따뜻한 돌봄의 손길을 나누고, 젊은 세대는 노인들에게 기술을 가르치며 새로운 세상을 열어주는 다리 역할을 한다.

독일의 급격한 고령화와 도시화는 세대 간의 단절을 심화시키며 전통적으로 중요한 역할을 해왔던 세대 간 상호부조의 기반을 약화시켰다. 현대화와 노동 이동성의 증가로 인해 이러한 관계가 흔들리자, 독일 정부는 새로운 방식으로 세대 간 유대를 회복하고자 메어게네라치오넨호이저 프로그램을 도입했다. 이 혁신적인 프로젝트는 연방가족노인여성청소년부(BMFSFJ)의 주도로 시작되었으며, 지역 자치단체와의

그림 42 노인들이 일주일에 한 번 아이들에게 책을 읽어주고 있다. (The Guardian, "Germany's 'multigeneration houses' could solve two problems for Britain", 2014.5.2. https://www.theguardian.com/world/2014/may/02/germany-multigeneration-house-solve-problems-britain

협력을 통해 각 지역 사회에 맞는 세대 통합의 장을 만들어가고 있다.

2025년 현재, 독일 전역에는 540개 이상의 메어게네라치오넨호이저가 운영 중이며, 매일 약 61,400명의 사람들이 이 공간을 이용하고 있다. 이 프로그램은 약 20,000명의 자원봉사자와 함께 운영되며, 이들은 어린이 돌봄, 노인 지원, 언어 교육 등 다양한 활동에 참여하고 있다. 자원봉사 활동은 이 프로그램에는 쇼핑, 청소, 식사 준비 같은 실질적인 도움이 포함되어 있다.

유럽

스웨덴

1. 스웨덴의 고령화 현황과 정책변화

스웨덴은 1971년에 이미 65세 이상 인구 비율이 14%를 넘는 고령화 사회에 진입했다. 이후 2019년에는 65세 이상 인구 비율이 20%를 초과하며 초고령사회로 진입했다. 2025년 기준으로 스웨덴의 총 인구는 약 1,065만 명으로 추산되며, 이 중 65세 이상 인구는 약 222만 명으로 전체 인구의 20.91%를 차지하고 있다. 특히 80세 이상 인구는 전체의 약 7%에 달하며, 이는 고령화가 심화되고 있음을 보여준다이는 스웨덴이 유럽연합(EU) 국가 중에서도 고령화 속도가 빠른 국가 중 하나임을 보여준다.[138]

여느 나라와 마찬가지로 스웨덴 고령화도 높은 기대수명과 저출생의 복합현상이다. 또한 스웨덴은 의료 기술의 발달과 복지 시스템의 안정된 국가이기에 국민의 평균 기대수명은 남성 81세, 여성 84세로 세계적으로도 높은 편이다.

2025년 스웨덴의 인구 피라미드를 살펴보면, 생산 가능 인구(15~64)

는 약 62.38%로 감소하고, 청소년 인구(15세 미만)는 16.71%에 불과하다. 반면, 노년 인구(65세 이상)는 20.91%로 증가하며, 이는 노동력 부족과 경제적 부담 증가로 이어질 가능성을 시사한다. 특히, 80세 이상 초고령 인구의 비율이 지속적으로 증가하고 있어 장기적인 노인돌봄 정책의 중요성이 더욱 부각되고 있다.

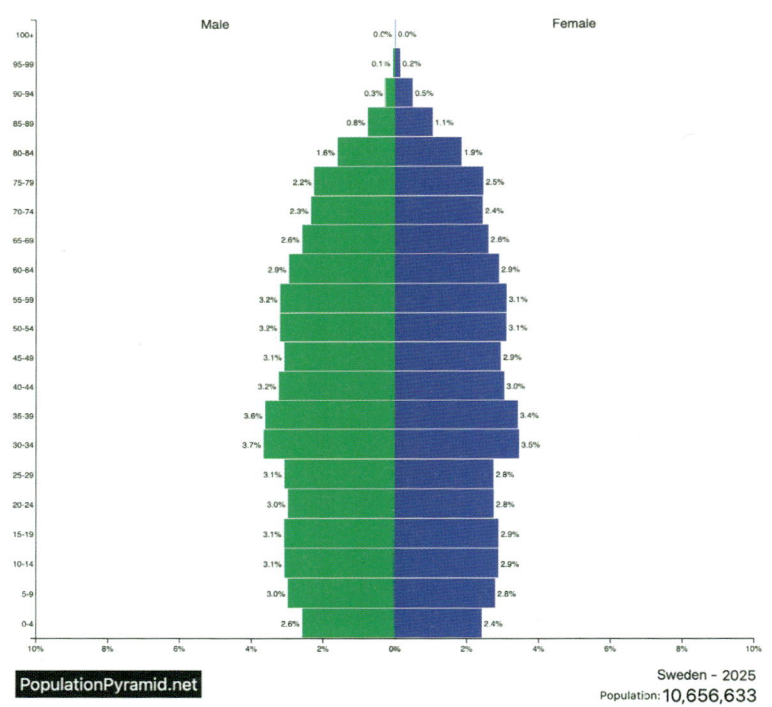

그림 43 스웨덴 인구피라미드(2025년 3월 기준)
https://www.populationpyramid.net/sweden/2025/

고령층의 비중 증가로 인해 정책 우선순위가 노인 복지와 의료 서비스 강화로 이동하고 있다. 스웨덴은 전통적으로 합의주의 정치 문화를 바탕으로 사회적 논의를 통해 정책을 결정해 왔으며, 고령화 문제 역시 이러한 방식으로 다뤄지고 있다. 노인층의 정치적 참여가 활발해지면서 복지 확대와 안정적인 연금 제도 유지가 주요 정치적 의제로 부상했다.

또한 이러한 고령화 주세로 인해 전통적인 대가족 중심의 돌봄 체계가 약화되었다. 과거에는 가족 구성원 간의 상호 의존을 통해 노인돌봄이 이루어졌으나, 지금은 점차 공공 서비스로 대체되고 있다. 경제적인 측면에서 볼 때, 고령화 현상으로 생산 가능 인구의 비중이 줄어들면서 노동 시장의 활력이 약화되고 있다. 그러나 스웨덴은 자동화와 기술 혁신을 통해 노동 생산성을 높이고, 고령층의 경제활동 참여를 유도하는 정책을 통해 이러한 문제를 완화하려 하고 있다. 또한, 고령화로 인한 의료비와 연금 지출 증가를 감당하기 위해 높은 세율을 유지하며 재정을 안정적으로 관리하고 있다.

이러한 과정에서 주목할만한 것이 1992년에 시행된 '에델 개혁'이다. 에델 개혁은 노인 복지 및 보건 시스템의 대대적인 개혁이다. 이 개혁은의 핵심은 책임의 이관, 재가 요양 서비스 확대, 의료와 복지의 통합, 재정 분권화, 지역별 맞춤형 서비스 제공과 효율성 증대이다.

따라서 노인돌봄 서비스의 책임을 광역자치단체인 란드스팅(Landsting)에서 기초자치단체인 코뮨(Kommun)으로 이관되었다. 지방자치단체가 돌봄 서비스의 기획과 실행을 주도하게 된 것이다. 또한 노인들이 자택에서 독립적으로 생활할 수 있도록 지원하는 재가 요양 서비스가 대폭 확대되었다. 의료 서비스와 복지 서비스를 하나의 체계로 통합하여 서비스 간의 연계를 강화하였다.

이후 기초자치단체는 지방소득세인 코뮨세를 통해 필요한 재원을 조달할 수 있는 권한을 부여받아 자율적인 재정 운영이 가능해졌다. 이를 통해 중앙정부의 재정 부담을 줄이고 지역별 맞춤형 복지 서비스 제공에 기여하였다.

에델 개혁은 노인돌봄 서비스의 효율성을 높이고, 지역별 특성을 반영한 맞춤형 복지 체계를 구축하는 데 성공했다. 특히, 공공 서비스의 보편성과 민간 부문의 혁신성을 결합하여 고령화 사회에 대응하는 선진적인 모델로 평가받고 있다.

2. 공공-민간 협력의 글로벌 모델

특히 스웨덴의 공공과 민간의 협력 복지 시스템은 고령화 사회에 대응하기 위한 선진적인 모델로 평가받고 있다. 즉 공공 서비스의 보편성과 민간 부문의 혁신성을 결합하여 고령화 사회의 복잡한 요구를 충족시키는 데 성공했다. 스웨덴의 노인돌봄 체계는 지방자치단체를 중심으로 운영되며, 예방적 건강관리와 포괄적인 복지 정책을 펼치고 있다.

스웨덴의 노인돌봄 시스템은 공공 부문이 기본적인 서비스 제공을 책임지고, 민간 부문이 보완적 역할을 수행하는 구조를 가지고 있다. 전체 노인돌봄 서비스의 약 80%는 공공 자금으로 운영되며, 나머지 20%는 민간 부문이 담당한다. 이러한 구조는 공공 서비스의 접근성을 보장하면서도 민간 부문의 경쟁을 통해 서비스 품질을 향상시키는 데 기여한다.[139]

스웨덴의 공공 부문은 노인돌봄 서비스에서 핵심적인 역할을 수행하며, 주로 지방 정부가 이를 주도한다. 스웨덴은 290개의 지방 자치단체로 구성되어 있으며, 각 자치단체는 노인돌봄 서비스의 재정 지원, 관리 감독, 그리고 서비스 제공의 전반적인 책임을 맡고 있다. 예를 들어, 지방 정부는 민간 부문과 계약을 체결할 때, 서비스 품질과 관련된 엄격한 기준을 설정하고 이를 지속적으로 모니터링한다. 또한, 지방 정부는 노인돌봄 서비스의 접근성을 보장하기 위해 재정적 지원을 제공한다.

스웨덴의 노인돌봄 서비스는 주로 지방세와 정부 보조금으로 운영되며, 이용자 본인이 부담하는 비용은 소득에 따라 제한된다. 예를 들어, 재가 돌봄 서비스나 시설 이용료는 일정 금액 이상을 초과하지 않도록 상한선이 설정되어 있어, 경제적 이유로 서비스를 이용하지 못하는 일이 발생하지 않도록 하고 있다. 스웨덴의 공공 부문은 노인돌봄 서비스의 지속 가능성을 확보하기 위해 예방적 접근도 강조한다. 지방 정부는 노인의 건강을 유지하고 악화를 방지하기 위해 다양한 예방 프로그램을 운영한다. 예를 들어, 의사의 처방에 따라 특정 신체 활동을 권장하거나, 정기적인 건강 검진을 통해 노인의 건강 상태를 모니터링하는 방식이 이에 해당한다.

한편 민간 부문은 공공 서비스의 한계를 보완하며, 혁신적인 기술과 맞춤형 서비스를 통해 사회적 돌봄의 질을 높이는 데 중요한 역할을 한다. 특히 스웨덴의 사례는 민간 부문이 어떻게 공공 서비스와 협력하여 노인돌봄의 효율성과 품질을 향상시키는지 주목할만 하다. 예컨대 스웨덴의 민간 기업들은 디지털 헬스케어 기술, 원격 모니터링 시스템, 그리고 AI 기반 돌봄 솔루션을 개발하여 노인의 독립성과 안전성을 강화하고 있다.

민간 부문은 또한 경쟁을 통해 서비스 품질을 향상시키는 역할을 한다. 스웨덴의 일부 지방 정부는 민간 기업과의 계약을 통해 노인돌봄 서비스를 제공하는데 이 과정에서 가격과 품질 기준을 모두 충족하는 기업을 선정한다. 이러한 경쟁은 서비스 제공자들이 더 나은 품질의 서비스를 제공하도록 유도하며, 결과적으로 이용자들의 만족도를 높이는 데 기여한다. 스톡홀름 지역에서는 민간 부문이 노인돌봄 서비스의 약 40%를 담당하고 있으며, 이는 전국 평균보다 높은 비율이다.[140] 이 지역에서는 민간 기업들이 디지털 기술을 활용한 맞춤형 서비스를 제공하며, 노인들의 만족도가 높게 나타났다.

	공공부문	민간부문
운영 주체	지방정부, 중앙정부, 지역 의회 등 공공 기관	개인, 기업, 비영리 단체 등 민간 조직
재원	지방세, 국세, 정부 보조금	투자, 수익 창출, 민간 자본
목적	공공복지 증진, 사회적 형평성 유지	이윤 창출, 경쟁력 강화, 혁신적 서비스 제공
제공방식	보편적이고 규제된 서비스 제공 (예: 의료, 교육, 사회복지)	맞춤형 서비스 제공 및 기술 혁신 활용 (예: 디지털 헬스케어, AI 기반 솔루션)
효율성	상대적으로 낮은 효율성, 관료주의적 절차로 인해 비용 증가 가능성	경쟁을 통한 효율성 증대, 기술 혁신으로 비용 절감 가능
규제	엄격한 법적 규제 및 감독	일정 수준의 규제는 있지만 상대적으로 자율성 높음
고용 비율	공공부문 고용 비율이 높음 (전체 노동력의 약 30%)	민간부문 고용 비율이 더 높음, 특히 기술 및 창의적 서비스 분야

담당 영역	노인돌봄, 의료, 교육 등 복지 서비스의 대부분을 담당	복지 서비스의 약 20%를 담당하며, 주로 혁신적 기술과 맞춤형 서비스 제공
기술 활용	제한적 기술 활용, 디지털화 진행 중	AI, 원격 모니터링 등 첨단 기술 적극 활용

표 12 스웨덴 공공부문과 민간부문의 차이점 (2025년, Statistics Sweden, Swedish National Data Portal, National Board of Health and Welfare 자료를 토대로 작성)

3. 공공-민간 협력의 성공사례

1) 리딩예(Lidingo)

리딩예시는 스웨덴 스톡홀름 동쪽에 위치한 지방자치단체로, 고령 인구 비율이 높은 지역 중 하나이다. 이 지역은 노인돌봄 체계를 효율적으로 운영하며, 공공과 민간의 협력을 통해 다양한 서비스를 제공하는 성공적인 사례로 평가받고 있다.

리딩예시의 노인돌봄 체계는 1992년 스웨덴 정부가 단행한 에델개혁 이후 본격적으로 정비되었다. 이 개혁은 노인돌봄 서비스를 기초자치 단체로 이관하여 지역사회 중심의 돌봄 체계를 구축하는 데 초점을 맞췄다. 리딩예시는 이러한 개혁의 일환으로 노인돌봄 서비스를 세분화하고, 개인의 필요에 맞춘 맞춤형 서비스를 제공하기 시작했다.[141]

리딩예시의 돌봄 서비스는 크게 홈케어, 보호주택, 노인주택, 요양원으로 구성되어 있다. 노인들은 홈케어 제공자와 가정 간호 제공자를 선택할 수 있으며, 서비스는 7단계로 세분화되어 있다. 예를 들어, 가장 기본적인 단계에서는 안전 경보나 도시락 배달 서비스를 제공하며, 단

그림 44 24시간 지원과 치료가 가능한 바기비의 숙박시설 https://lidingo.se/toppmeny/omsorgstod/aldreomsorg/boendeforaldre.4.3d1e5816979fc250c8820.html

계가 높아질수록 가정 간호의 빈도와 강도가 증가한다. 이러한 세분화된 서비스는 노인들이 자택에서 가능한 한 독립적으로 생활할 수 있도록 돕는 데 중점을 둔다. 보호주택은 65세 이상 노인들이 입주할 수 있으며, 24시간 미만의 서비스가 필요한 경우 제공된다. 노인주택은 70세 이상 노인을 대상으로 하며, 요양원은 광범위한 보살핌이 필요한 노인들에게 제공된다. 현재 리딩예시의 노인돌봄 체계는 한 직원이 5명에서 8명의 노인을 담당하는 구조로 운영되고 있다.(《뉴스핌》, 2024.10.22. 기사 "스웨덴, 노인돌봄 어떻게…"집, 돌봄 주요 플랫폼으로 발전"" 참조)

리딩예시의 노인돌봄 체계는 공공과 민간의 협력을 통해 운영된다. 대부분의 비용은 지방자치단체의 세금으로 충당되며, 추가적인 민간 서비스는 개인이 선택적으로 구매할 수 있다. 이러한 구조는 공공 서비스의 보편성과 민간 서비스의 선택적 다양성을 결합하여 노인들의 다양한 요구를 충족시키는 데 기여하고 있다. 리딩예시는 예방적 돌봄도 주요시 한다. 돌봄 체계에 쉽게 근할 수 있도록 하고, 노인들의 독립성을 촉진하며, 질병 발생 시 회복을 지원하는 방식으로 운영된다.

바기비(Baggeby)를 예로 들 수 있다. 바기비는 리딩예시 내에서 노인 돌봄 체계와 주거 환경이 조화를 이뤄낸 지역이다. 특히 노인돌봄 체계의 중간 거주 시설로서 중요한 역할을 함으로써 리딩예시의 성공적인 노인돌봄 모델 지역중 하나로 평가받고 있다.

2) 뇌르텔리에(Norrtalje)

뇌르텔리에는 스톡홀름 북쪽에 위치한 지역이다. 뇌르텔리에 모델은 뇌르텔리에 지역에서 시작된 통합 건강 및 사회 돌봄 시스템을 지칭한다. 이 모델은 건강 관리와 사회 돌봄 서비스를 하나의 조직으로 통합했다. 특히, 고령자를 위한 맞춤형 돌봄을 제공한다.

뇌르텔리에 모델은 스웨덴의 보편적 복지 시스템과 긴밀히 연결되어 있으며, 지역 및 국가 간 협력을 통해 자원을 효율적으로 활용함으로써 팬데믹과 같은 위기 상황에서도 뛰어난 대응력을 발휘한 사례로 평가받고 있다. 이 통합된 건강 및 사회 돌봄 시스템은 건강 관리와 사회 돌봄을 하나의 조직으로 결합하여 환자와 사용자에게 매끄럽고 일관된 서비스를 제공하며, 고령자가 자택에서 독립적으로 생활할 수 있도록 지원한다. 또한, 행정 절차를 간소화하고 자원의 효율성을 극대화하며, 건강 증진과 예방을 핵심 목표로 삼는다. 이 시스템은 수직적 수평적 협력을 통해 환자 전환 과정을 원활히 하고, 위기 상황에서도 신속하고 효과적인 대응이 가능하도록 설계된 점에서 혁신적이다.

뇌르텔리에 모델은 스웨덴르텔리에 지역에서 서비스와 사회 복지 서비스를 통합적으로 제공하기 위해계된 독특한 운영 체계이다. 이 모델은 티오훈드라 AB(TioHundra AB: 스톡홀름 카운티 의회와 뇌르텔리에 지방 자치 단체가 공동으로 관리하는 공공 회사)가 중심이 되어, 지역 주민들에게 합적 효율적인 서비스를 제공한다.

티오훈드라 AB는 의료 서비스와 사회지 서비스를의 조직에서 관리하여 환와 사용자들이 보다 편리하게 서비스를 받을 수 있도록 한다. 이를 통해 특정 지역 주민들에게 자금을 집중적으로 지원하며, 지역 주민 전반적인 건강 증진을 목표 다양한 프로그램과 서비스를 운영한다.

티오훈드라 AB는 뇌텔리에 지역 내에서 급성 병, 진료소, 정신과 서비스, 인 주택, 어린이 건강 관리 센터, 장애인을 위한 지원 서비스, 가정호 서비스 등 다양한 의료 및 복지 서비스를 제공한다. 급성 병원은 응급 상황과 중증 질환 치료를 담당하며, 진료소는 기본 의료 서비스를 제공한다. 정신과 서비스는 정신 건강 문제를 다루는 전문 치료 및 상담을 제공하며, 노인 주택은 노인들이 안전하고 편안하게 생활할 수 있는 주거 시설을 운영한다. 어린이 건강 관리 센터는 어린이의 건강과 발달을 지원하며, 장애인을 위한 지원 서비스는 스웨 장애인법에 기반한 서비스를 제공한다 또한 가정 간호 서비스는 환자가 집 필요한 및 간호를 수 있도록 지원한다.

티오훈라 AB는 의료 및 간호 서비스를 간소하기 위해 원격 의료 상담과 자가 관리를 위한 디지털 기술 솔루션을 도입했다. 또한, 시민 제안을 반영하고 비즈니스 개발 포럼에 공동 투자함으로써 시민 대화를 개선하고 있다.

특히, 뇌르리에는 정신 문제에 대한속 가정 기반 치료를 제공하고 입원 필요성을 줄이기 모바일 통합 정신과 진 및 치료(MIVO-team)을 운영하고, 팀은년 월 1 영구 운영 예정이다.[142]

뇌르텔리에 모델은 중복된 관리 절차를 줄이고 자원을 효율적으로 활용함으로써 비용 절감과 서비스 품질 향상을 동시에 이루는 혁신적인 시스템이다. 특히 재정과 조직 구조를 통합하여 65세 이상 고령자와 같은 특정 인구 집단에 자원을 책임감 있게 배분할 수 있는 체계를 갖추고 있다. 이 모델은 환자 중심의 접근 방식을 채택하여 개인의 필요에 맞춘 맞춤형 치료 계획을 수립하고, 환자와 가족의 적극적인 참여를 유도한다. 또한, 고령자들이 가능한 한 오랫동안 자립적으로 생활할 수 있도록 가정 간호, 재활, 영양 지원 등 다양한 서비스를 제공하며 이를 뒷받침한다.

뇌르텔리에 모델은 의료와 사회 복지 간의 수평적 협력뿐만 아니라 지역 및 국가 간의 수직적 협력을 강화하여 더 나은 조정과 연계를 가능하게 한다. 이를 통해 병원에서 요양원으로, 또는 집으로 이동하는 환자들의 전환 과정이 원활하게 이루어질 수 있다. 통합된 조직 구조 덕분에 뇌르텔리에 지방 자치 단체는 COVID-19 팬데믹과 같은 예기치 못한 상황에도 신속히 대응할 수 있었다. 예를 들어, 의료진과 직원을 재배치하고, 집중 치료 병상을 세 배로 늘리며, 병원과 연결된 모바일 팀을 확충하는 등의 조치를 빠르게 취할 수 있었다. 또한, 보호 장비의 조정 및 재배치도 통합된 시스템을 통해 효율적으로 이루어졌다.

이 통합 의료 및 간호 모델은 고객 만족도 조사에서 긍정적인 평가를 받았으며, 작업 과정을 간소화하고 관리 비용을 절감하는 등 여러 면에서 성과를 거두었다. 연구에 따르면, 뇌르텔리에의 통합 간호 시스템은

그림 45 티오훈드라 요양원의 잔디 볼링 대회
https://www.tiohundra.se/omsorg/aldreboenden/

응급실 방문율에 큰 변화를 주지는 않았지만, 취약 계층의 응급실 방문율은 감소한 것으로 나타났다. 이는 이 모델이 특히 도움이 필요한 집단에 실질적인 영향을 미쳤음을 보여준다. 결과적으로, 뇌르텔리에 모델은 자원의 효율적 활용과 환자 중심의 접근 방식을 통해 의료 및 복지 서비스의 새로운 기준을 제시하며, 지역 사회의 건강과 복지를 증진시키는 데 기여하고 있다.

3) 예테보리(Gothenburg)

예테보리는 공공-민간 협력을 통해 노인돌봄 분야에서 성공적인 사례로 자주 언급된다. 스웨덴의 두 번째로 큰 도시인 예테보리는 지속 가능한 도시 개발과 혁신적인 협력 모델을 통해 지역 사회와 복지 시스템을 발전시키고 있다. 특히, 노인돌봄 서비스에서 공공과 민간의 협력이 두드러진 성과를 보이며, 고령화 사회의 도전에 효과적으로 대응하고 있다.

예테보리의 대표적인 성공 사례 중 하나는 노인돌봄 서비스의 디지털화와 맞춤형 돌봄 시스템 구축이다. 이 프로젝트는 예테보리시와 민간 기업인 툰스톨(Tunstall), 텔리아(Telia), 그리고 지역 보건 기관들이 협력하여 추진되었다. 디지털 기술을 활용한 원격 모니터링 시스템과 스마트 센서를 통해 노인들의 건강 상태를 실시간으로 확인하고, 긴급 상황 발생 시 신속히 대응할 수 있는 체계를 마련했다.

또 다른 주목할 만한 사례는 노인돌봄 서비스에서의 민간 기업 참여 확대이다. 예테보리는 민간 돌봄 서비스 제공업체인 아텐도(Attendo)와 휴마나(Humana)와 협력하여 노인들에게 맞춤형 돌봄 서비스를 제공하고 있다. 예를들자면 사회적 고립을 방지하기 위한 커뮤니티 활동, 인지 기능 강화를 위한 디지털 게임 프로그램, 그리고 물리적 건강을 유지하기 위한 운동 프로그램 등을 운영한다.

예테보리의 노인돌봄 분야에서 공공-민간 협력의 또 다른 중요한 성과는 지속 가능한 주거 환경 조성이다. 스칸스카(Skanska)와 NCC와 같은 민간 건설 회사들과 협력하여 노인 친화적인 주거 단지를 개발하고, 접근성이 높은 주택과 커뮤니티 공간을 제공하고 있다. 예테보리의 노인 친화적인 주거 단지는 고령화 사회의 요구를 충족시키기 위해 설계된 혁신적인 공간으로, 노인들의 독립성과 삶의 질을 동시에 보장하고 있다.

이 주거 단지는 노인들의 편안하고 안전한 생활을 최우선으로 고려하여 설계되었다. 휠체어나 보행 보조 기구를 사용하는 노인들도 불편

함 없이 이동할 수 있도록 엘리베이터와 경사로가 설치되었으며, 복도와 문은 넓게 설계되어 이동의 제약을 최소화했다. 바닥재는 미끄럼 방지 기능을 갖추고 있어 낙상의 위험을 줄이고, 손잡이와 같은 안전 장치가 곳곳에 배치되어 있어 세심한 배려가 돋보인다. 첨단 기술은 이 주거 단지의 또 다른 핵심 요소로, 노인들의 독립적인 생활을 지원하면서도 안전을 강화하는 데 중요한 역할을 한다. IoT(사물인터넷) 기술이 도입되어 음성 명령만으로 조명, 난방, 가전제품을 제어할 수 있으며, 긴급 상황 발생 시 자동으로 응급 서비스를 호출하는 시스템이 마련되어 있다. 예를 들어, 낙상 감지 센서는 노인이 넘어졌을 때 즉시 가족이나 의료진에게 알림을 보내고, 스마트 도어는 외부인의 출입을 통제하여 보안을 강화한다. 이러한 기술은 노인들이 스스로의 일상을 관리하면서도 안전하게 보호받을 수 있도록 돕는다.

단지 내에는 노인들의 사회적 교류와 여가 활동을 지원하기 위한 다양한 커뮤니티 공간이 마련되어 있다. 카페, 정원, 운동 시설, 공용 주방 등은 단순한 시설을 넘어 노인들이 서로 소통하고 활력을 찾을 수 있는 장소로 기능한다. 정기적으로 요가 수업, 예술 워크숍, 영화 상영회와 같은 프로그램이 운영되며, 특히 정원은 계절마다 다양한 꽃과 식물을 감상할 수 있도록 조성되어 자연과의 교감을 통해 심리적 안정감을 제공한다.

노인들의 다양한 요구를 충족시키기 위해 맞춤형 주거 옵션도 제공된다. 독립적으로 생활할 수 있는 아파트형 주거부터 더 많은 돌봄이 필요한 노인들을 위한 지원 주택까지, 각자의 필요에 맞춘 선택지가 마련되어 있다. 특히 치매를 앓고 있는 노인들을 위해 혼란을 최소화하는

그림 46 노인 친화 환경의 일환으로 시 전체를 파란색, 보라색, 분홍색 톤으로 물들인 약 9,000개의 봄꽃(2025년, 예테보리 시 공식 웹사이트)
https://goteborg.se/wps/portal/aktuelltarkivet/aktuellt/5a9efe1d-4bbb-4bcd-98c0-8cde4614fab4

직관적인 공간 배치와 안내 표지판이 설치되어 있으며, 따뜻한 색조의 벽과 부드러운 조명은 심리적 안정감을 높이는 데 기여한다. 가구 배치는 이동 동선을 고려해 효율적으로 배치되어 있어 생활의 편리함을 더한다.

이 주거 단지의 또 다른 강점은 의료 및 돌봄 서비스와의 긴밀한 연계다. 지역 의료 기관 및 돌봄 서비스 제공업체와 협력하여, 노인들이 필요할 때 신속하게 의료 및 돌봄 서비스를 받을 수 있는 체계가 구축되어 있다. 일부 단지에는 간호사나 돌봄 인력이 상주하며, 정기적인 건강 검진과 상담 서비스를 제공한다. 또한, 치매를 앓고 있는 노인들을 위한 전문 돌봄 프로그램도 운영되어, 개별적인 건강 상태에 맞춘 맞춤형 지원이 가능하다.

에너지 효율적인 건축 자재와 설계를 통해 단열 성능을 극대화하고, 태양광 패널과 같은 재생 가능 에너지를 활용하여 탄소 배출을 줄이고 있다. 빗물 재활용 시스템은 물 자원을 효율적으로 관리하며, 단지 내 녹지 공간은 생태계를 보호하고 주민들에게 쾌적한 환경을 제공한다. 이러한 지속 가능한 설계는 환경 보호와 노인들의 건강한 생활을 동시에 실현하며, 미래 세대를 위한 책임 있는 도시 모델을 제시한다.

현재 예테보리는 공공과 민간의 협력을 통해 노인 복지에 대한 종합적인 해결책을 더욱 강화하고 있다. 예테보리시는 2030년까지 모든 노인들이 안전하고 존엄한 삶을 누릴 수 있는 포용적인 도시를 조성하겠다는 비전을 제시하며, 이를 실현하기 위해 다양한 혁신적 노력을 기울이고 있다. 노인들이 나이와 상관없이 삶의 질을 유지하며 행복한 일상을 영위할 수 있도록, 예테보리는 사회적 연대와 지속 가능한 발전을 기반으로 한 미래 지향적인 도시 모델을 만들어가고 있다.[143]

4) 웁살라(Uppsala)

웁살라의 노인돌봄 시스템은 공공 민간의 협력 시스템을 지역적 특성에 맞게 발전시킨 사례로 평가받고 있다. 공공 부문이 기본적인 돌봄 서비스를 제공하는 한편, 민간 기업들이 전문화된 서비스와 추가적인 지원을 담당한다. 또한 중앙 정부의 가이드라인과 지방 정부의 독립적인 운영을 조화롭게 이루어 각 지역에 최적화된 서비스를 제공하는 구조를 갖추고 있다. 웁살라 노인돌봄 시스템은 지역 맞춤형 서비스 제공, 재가 돌봄 강화, 통합적 돌봄 시스템, 그리고 예방 중심 접근이라는 주요 특징을 기반으로 운영된다.[144]

웁살라는 노인들이 가능한 한 오랫동안 자택에서 생활할 수 있도록 돕는 에이징 인 플레이스(aging in place) 접근 방식을 채택하고 있다 . 이를 위해 간호사, 의사, 돌봄 제공자가 팀을 이루어 노인의 집에서 필요한 서비스를 제공한다. 웁살라에서는 재가 서비스를 원하는 경우 '재가돌봄서비스(Hemstjänst)'를 신청할 수 있으며, 복지 담당자가 필요성을 심사하여 서비스 제공 여부와 범위를 결정한다. 재가돌봄서비스는 쇼핑, 심부름, 세탁, 청소, 식사 배달, 약물 관리, 사회 활동 등을 지원한다.

또한, 가정에서 간호가 필요한 경우에는 '재가 의료서비(Hemsjukvård)'를 받을 수 있는데, 이는 간호사, 작업 치료사, 물리 치료사가 투약 지원, 상처 치료, 보조 기구 지원, 재활 등의 전문적인 의료 서비스를 가정에서 제공하는 방식이다. 재가의료서비스엔 약물 관리, 상처 치료, 정맥 주사, 재활 치료 등이 포함된다. 아울러 정기적인 건강 검진과 상담을 통해 환자의 상태를 지속적으로 평가하고, 조기 개입을 통해 심각한 건강 문제를 방지한다. 특히 만성질환 환자나 치매 환자에게는 각별한 주의를 기울인다.

병원 방문이 어려운 환자들은 재가돌봄서비스와 연계하여 포괄적인 서비스를 받을 수 있다. 즉 재가의료서비스 팀이 노인의 건강 상태를 모니터링하면서 재가돌봄서비스 팀과 협력해 식사 준비, 청소, 개인 위생 관리 등을 조율한다. 이러한 협력 시스템은 시너지 효과를 발휘한다.

웁살라에서는 대표적인 민간 기업으로는 아텐도(Attendo)와 후마나(Humana)가 있다. 아텐도는 노인돌봄 분야에서 오랜 경험을 가진 기업이다. 후마나는 노인돌봄뿐만 아니라 장애인 지원과 정신 건강 관리에도 전문성을 가진 기업으로, 웁살라 지역에서 노인들이 지역사회와 연결될 수 있도록 다양한 활동과 프르그램을 운영한다.

아텐도는 웁살라 지역에서 노인들에게 맞춤형 돌봄 서비스를 제공하며, 가정 돌봄 서비스와 요양원 운영을 통해 다양한 활동을 펼치고 있다. 아텐도의 가정 돌봄 서비스는 "아텐도 가정돌봄(Atter.do Hemvård)"라는 이름으로 운영되며, 노인의 자택에서 이루어진다. 이 서비스는 주 7일, 하루 24시간 필요에 따라 제공되며, 돌봄이 필요한 노인과 전문 간호사 및 돌봄 제공자가 함께 참여한다. 주로 개인 위생 관리, 약물 복용 지원, 식사 준비, 가사 활동 지원, 외출 동행 등이 포함된다. 아텐도의 가정 돌봄 서비스에 대한 이용자들의 만족도는 아주 높게 나타난다.

"아텐도 요양원(Attendo Äldreboende아텐도 요양원)"은 웁살라 지역 내 여

그림 47 아텐도가 운영하는 웁살라 지역 노인돌봄시설의 야외활동과 원예
https://www.attendo.se/aldreboende/hitta-aldreboende/uppsala/fortuna-onnela/#start

러 곳에 있으며, 그 가운데 루타겐 지역의 아텐도 요양원이 제일 유명하다.

후마나(Humana)는 노인돌봄뿐만 아니라 정신 건강 관리와 장애인 지원에도 전문성을 지닌 북유럽의 주요 사회복지 및 헬스케어 서비스 제공 기업이다. 후마나는 웁살라 지역에서 사회적 활동 프로그램과 기술 기반 돌봄 솔루션을 통해 다양한 활동과 프로그램을 운영하고 있다.

그중에서도 "후마나 활동과 공동체(Humana Aktivitet och Gemenskap)" 프로그램이 특히 유명하다. 이 프로그램은 지역 커뮤니티 센터와 후마나 운영 시설에서 매주 화요일과 목요일 오후 2시부터 5시까지 진행된다. 지역사회 노인, 자원봉사자, 후마나 직원이 함께 참여하며, 미술 수업, 음악 치료, 요리 워크숍, 산책 및 야외 활동 등을 진행한다.

또한, 후마나는 "후마나 디지털 돌봄(Humana Digital Vård)"이라는 기술 기반 돌봄 솔루션을 통해 디지털 기술을 활용한 서비스를 제공하고 있다. 이 프로그램은 노인의 자택이나 후마나 시설에서 필요 시 예약제로 운영되며, 기술 사용이 가능한 노인들과 후마나의 기술 지원 팀이 함께 참여한다. 디지털 돌봄 솔루션은 원격 의료 상담, 건강 모니터링, 가족과의 화상 통화 지원을 간단히 실행할 수 있어 의료 접근성을 높이고 가족과의 연결을 유지하도록 돕는다. 이용자들은 기술 사용의 간편성과 후마나의 전문적인 지원에 높은 만족도를 보이고 있다. 후마나는 스웨덴을 포함한 북유럽 전역에서 활동하며, 노르웨이, 덴마크, 핀란드 등지에서도 서비스를 운영하고 있다.

5) 세대간 돌봄, 스웨덴, 셀보

스웨덴의 대표적인 세대 간 돌봄 센터 성공 사례로는 셀보(SallBo)를 들 수 있다. 셀보는 2019년에 설립된 세대 통합형 주거 및 돌봄 커뮤니티로, 스웨덴 남부 헬싱보리(Helsingborg)에 위치하고 있다.

셀보는 원래 1960년대에 고령자를 위한 주거 시설로 지어진 건물을 개조하여 설립되었다. 이후 2015년 유럽 난민 위기 당시 난민 수용소로 사용되었고, 2019년에는 세대 간 통합 주거 모델로 새롭게 탄생했다. 이곳은 총 51개의 아파트로 구성되어 있으며, 고령자, 젊은 성인, 그리고 난민이 함께 거주하며 다양한 프로그램에 참여한다.

2025년 현재, 셀보는 스웨덴 내에서 세대 간 돌봄 모델의 성공 사례

그림 48 세대간 돌봄을 위한 혁신적인 주거 프로젝트 셀보(The Guardian, "'It's like family': the Swedish housing experiment designed to cure loneliness", 2020, 09.15)
https://www.theguardian.com/world/2020/sep/15/its-like-family-the-swedish-housing-experiment-designed-to-cure-loneliness

로 널리 알려져 있으며, 다른 지역에서도 유사한 모델을 도입하려는 움직임이 이어지고 있다. 통계적으로 셀보 입주자의 85%가 프로그램에 적극적으로 참여하고 있으며, 90% 이상이 거주 경험에 대해 긍정적인 피드백을 제공했다. 특히 고령 입주자의 70%는 셀보 입주 후 사회적 고립감이 크게 줄었다고 응답했다.[145]

셀보의 재정은 주로 지방 정부의 세금으로 충당되며, 일부 프로그램은 민간 후원과 입주자들의 소액 기여로 운영된다. 예를 들어, 입주자들은 워크숍이나 공동 식사에 소정의 비용을 지불한다.

셀보의 주요 프로그램으로는 공동 식사, 문화 교류 활동, 언어 학습, 정원 가꾸기, 공예 워크숍, 운동, 공동 취미활동 등이 있다. 프로그램에 따라 입주자들은 각 층에 마련된 공동 주방에서 함께 요리하고 식사를 한다. 다양한 문화적 배경을 가진 입주자들이 서로의 문화를 배우고 나눌 수 있도록 각국의 전통 요리를 함께 만들면서 자연스럽게 대화를 나눈다.

네덜란드   유럽

1. 네덜란드의 노인인구 현황

　네덜란드는 2020년대 초반에 이미 초고령사회(65세 이상 인구가 전체의 20% 이상인 사회)에 진입했으며, 2025년 현재 65세 이상 인구는 전체 인구의 약 20.5%를 차지하고 있다. 이러한 변화는 특히 농촌 지역에서 두드러지며, 젊은 세대의 도시 이동으로 인해 농촌 지역의 고령화가 더욱 심화되고 있다. 네덜란드의 고령화는 20세기 중반부터 시작된 출산율 감소와 베이비붐 세대의 고령화로 인해 가속화되었다. 1970년대부터 출산율이 급격히 하락하며 현재는 대체 출산율을 밑도는 수준에 머물러 있다. 1950년대에는 65세 이상 인구가 전체의 8% 미만이었으나, 2025년에는 이 비율이 20%를 초과하며 초고령사회로 전환되었다. 2035년에는 65세 이상 인구 비율이 약 24%에 이를 것으로 예상되며, 2050년에는 25%를 초과할 것으로 전망된다.[146]

　초고령사회로의 진입은 네덜란드의 경제적 안정성과 복지 시스템에 중요한 영향을 미치고 있다. 고령화는 노동 인구의 감소와 노인 부양비 증가를 초래하며, 이는 공공 재정에 부담을 가중시킨다. 특히, 노인 복지와 의료 서비스에 대한 수요가 증가하면서 정부의 지출이 확대되고 있다. 네덜란드는 이러한 문제를 해결하기 위해 다양한 정책을 시행하고 있다. 예를 들어, 장기 요양법과 사회 지원법을 통해 노인들이 가정에서 의료 서비스를 받을 수 있도록 지원하며, 제도적 치료보다 비용 효율적인 가정 건강 관리에 우선순위를 두고 있다.

네덜란드의 노인 빈곤율은 세계적으로 가장 낮은 수준을 유지하고 있다. 2025년 기준, 네덜란드의 노인 빈곤율은 약 1~2%로, 이는 OECD 평균인 11%를 크게 밑도는 수치이다. 이는 연금 제도와 복지 정책의 효과로 볼 수 있다. 네덜란드는 노인 빈곤율을 줄이기 위해 퇴직연금 개혁을 추진하며, 기존의 확정급여(DB)형 연금을 확정기여(DC)형으로 전환하여 기업의 부담을 줄이고 개인의 연금 선택권을 확대하고 있다. 또한, 네덜란드는 고령층의 노동시장 참여를 장려하며, 정년 이전 고령층의 고용률이 OECD 평균을 상회하는 높은 수준을 기록하고 있다. 이는 고령층의 경제적 자립을 지원하고 사회적 참여를 촉진하는 데 기여하고 있다.[147]

네덜란드의 고령화는 사회 전반에 걸쳐 다양한 영향을 미치고 있기에 의료 서비스, 주택 수요, 노동시장, 연금 시스템 등 여러 분야에서 적극적이고 지속적인 정책적 대응을 해오고 있다.

2. 노인돌봄 정책의 역사와 현황

네덜란드의 노인돌봄 정책은 20세기 중반부터 본격적으로 발전하기 시작했다. 1968년, 네덜란드는 유럽 최초로 일반 특별의료비보장제도(AWBZ:Algemene Wet Bijzondere Ziektekosten)을 도입하며 공공 장기요양보험 제도를 마련했다. 이 제도는 포괄적 의료 서비스로 노인뿐만 아니라 장애인과 만성질환자 등 장기적인 돌봄이 필요한 사람들을 대상으로 한다.

1970~1980년대에는 경제 성장과 함께 노인돌봄 시설이 확충되었고, 노인들이 자녀에게 의존하지 않고 독립적으로 생활할 수 있는 환경을 조성하기 위한 노력이 이루어졌다. 이 시기에는 노인 주택과 요양시설이 대중화되었으며, 노인들이 "자녀에게 부담을 주지 않는 삶"을 선호하는 경향이 강해졌다. 그러나 그령화와 복지 비용 증가로 인해 2013년부터 네덜란드 정부는 기존의 요양시설 중심 체계를 축소하고, 지역사회 기반의 돌봄 체계로 전환하기 시작했다. 이는 노인들이 가능한 한 자택에서 생활하며 필요한 서비스를 받을 수 있도록 하는 방향으로 정책을 재편한 중요한 전환점이었다. 2015년에는 장기요양 시스템에 대대적인 개혁이 이루어졌다. 기존의 AWBZ를 폐지하고 새로운 법률과 체

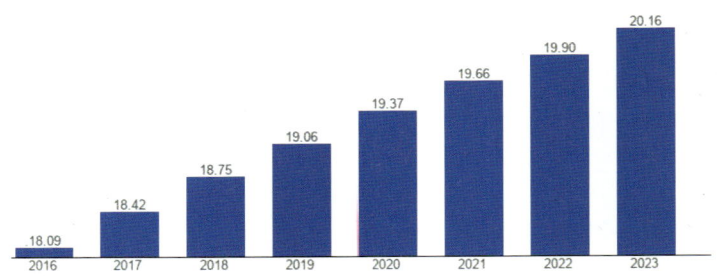

그림 49 네덜란드의 65세 이상 인구증가(2016-2023)
https://www.theglobaleconomy.com/Netherlands/elderly_population/

계를 도입한 것이 핵심이었다.[148]

이 개혁의 주요 내용으로는 지역사회 중심 돌봄 체계로의 전환이 있었다. 지방자치단체가 노인의 돌봄 필요도를 평가하고 이에 따라 맞춤형 서비스를 제공하도록 하여, 노인들이 자택이나 지역사회 내에서 가능한 한 오래 거주할 수 있도록 지원했다. 또한 가족, 이웃, 자원봉사자 등 비공식적 돌봄 자원을 적극 활용하여 국가의 재정 부담을 줄이고 지역사회의 연대를 강화했다. 예를 들어, 은퇴한 시민들이 자원봉사자로 참여해 노인가정을 방문하거나 돌봄 서비스를 제공하는 사례가 늘어났다. 이와 함께 지역 간호사 제도가 부활하여, 간호사들이 노인들의 가정을 방문해 의료 및 돌봄 서비스를 제공하는 체계가 재도입되었다.

이 개혁은 노인들이 자립적으로 생활할 수 있는 환경을 조성하고 요양시설 입소를 줄이는 데 기여했다. 그러나 일부 지역에서는 서비스의 질과 접근성에 차이가 발생하며, 지방정부 간의 격차가 문제로 지적되기도 했다.

2025년 현재, 네덜란드의 노인돌봄 정책은 여전히 고령화 사회의 도전에 대응하기 위해 진화하고 있다. 네덜란드 인구의 약 20.5%가 65세 이상이며, 80세 이상의 인구도 급격히 증가하고 있다. 이에 따라 노인돌봄 서비스에 대한 수요가 지속적으로 증가하고 있다. 노인들이 자택에서 생활하며 필요한 서비스를 받을 수 있도록 지역사회 기반의 통합적 돌봄 체계가 더욱 정교화되었으며, 의료, 요양, 사회복지 서비스 간의 연계를 통해 이루어지고 있다.

또한 정보통신기술(ICT)을 활용한 스마트 돌봄 서비스가 확대되고 있다. 원격 의료와 스마트 홈 기술 등이 노인의 자립 생활을 지원하는 데 중요한 역할을 하고 있다. 이와 함께 농업과 돌봄을 결합한 케어팜 (Care Farm)은 치매 노인을 포함한 다양한 노인들에게 신체적 정신적 건강을 지원하는 공간으로 자리 잡았다.[149]

3. 장기요양제도의 개요와 주요 법률 (WLZ, WMO, ZVW)[150]

네덜란드는 세계에서 가장 선진화된 장기요양제도를 운영하는 국가 중 하나로, 고령화 사회와 장기적인 돌봄 수요 증가에 대응하기 위해 지속적으로 제도를 개혁해왔다. 네덜란드의 장기요양제도는 주로 장기요양법(Wet langdurige zorg, WLZ), 사회지원법(Wet maatschappelijke ondersteuning, WMO), 건강보험법(Zorgverzekeringswet, ZVW)이라는 세 가지 주요 법률에 의해 운영된다.

1) 장기요양법(WLZ)

장기요양법은 2015년에 도입된 법률로, 기존의 특별의료비보장제도(AWBZ)를 대체하며 24시간 지속적인 돌봄이 필요한 중증 환자와 노인을 대상으로 한다. 이 법은 중증 장애인, 치매 환자, 만성질환자 등 돌봄이 필요한 사람들에게 요양시설 입소, 재가 돌봄, 간호 및 치료, 일상생활 지원 등의 서비스를 제공한다. WLZ는 소득 기반의 사회보험료로 운영되며, 본인 부담금은 개인의 소득 수준에 따라 차등 부과된다. 예를 들어, 2023년 기준으로 보험료는 임금의 9.65%로 책정되었으며, 상한액은 연간 9,598유로로 설정되었다. 이 법은 중앙정부와 장기

요양 관리 기관이 주도하며, 서비스 제공은 비영리 단체와 민간 기관이 담당한다. WLZ는 특히 중증 환자 보호를 중심으로 설계되어, 시설 요양뿐만 아니라 재가 돌봄을 원하는 경우 패키지화된 재가서비스를 제공하거나 현금급여를 통해 수급자가 자율적으로 서비스를 구매할 수 있도록 한다. 서비스 이용을 위해서는 중앙 서비스 평가 기관(Centrum Indicatiestelling Zorg, CIZ)의 판정을 받아야 하며, 판정 후 입소시설을 선택하여 서비스를 받을 수 있다.

2) 사회지원법(WMO)

사회지원법은 지역사회 기반의 돌봄을 강화하기 위해 설계된 법률로, 지방자치단체가 주도하여 노인과 장애인의 자립적인 생활을 지원한다. 이 법은 2015년 개혁 이후 AWBZ의 일부 기능을 이관받아 지역사회 중심의 돌봄 체계를 구축하는 데 기여했다. WMO는 경증 장애인, 노인, 정신질환자 등 지역사회에서 자립 가능한 사람들을 대상으로 가사지원, 식사 배달, 주택 개조, 교통 서비스, 사회복지 서비스 등을 제공한다. 이 법은 Aging in Place(지역사회 내 거주) 개념을 실현하여 노인들이 시설에 의존하지 않고 자택에서 생활할 수 있도록 지원하며, 가족과 이웃의 참여를 장려한다. WMO는 지방자치단체가 서비스 제공 및 관리 책임을 맡으며, 지역사회 네트워크와 협력하여 돌봄을 제공한다.

3) 건강보험법(ZVW)

건강보험법은 네덜란드의 기본 의료보험 체계로, 의료 서비스와 관련된 비용을 보장한다. 2015년 개혁 이후 AWBZ에서 제공하던 의료 관련 서비스, 예를 들어 가정 간호가 ZVW로 이관되었다. ZVW는 네덜란드에 거주하거나 일하는 모든 사람을 대상으로 하며, 병원 치료, 가정 간호, 일부 의료 기기 제공 등의 서비스를 포함한다. 이 법은 민간 건강보험사가 관리하며, 정부가 규제와 감독을 담당한다. ZVW는 소득 기반 보험료와 정부 보조금으로 운영되며, 모든 국민이 의무적으로 가입해야 한다. 예를 들어, ZVW 보험료는 매년 네덜란드 국세청을 통해 징수되며, 이를 통해 국민들이 기본적인 의료 서비스를 받을 수 있도록 보장한다.

4. 성과로 증명된 돌봄 정책의 혁신 사례

네덜란드는 지방분권화와 맞춤형 돌봄 서비스를 통해 노인의 자립성과 삶의 질을 높이는 데 성공적인 사례로 평가받고 있다. 특히, 자택 중심의 돌봄 확대와 비용 절감은 OECD 국가들 내에서도 높은 평가를 받고 있다. 2015년 개혁을 통해 기존의 중앙집권적 돌봄 체계를 지방정부 중심으로 전환하고, 지역사회 기반의 맞춤형 돌봄 서비스를 강화함으로써 돌봄 서비스의 효율성과 접근성을 크게 향상시켰기 때문이다.

무엇보다 지방분권화는 지역 주민의 필요에 맞춘 맞춤형 서비스를 가능하게 했으며, 지방정부가 지역 특성에 맞는 돌봄 모델을 개발할 수 있도록 자율성을 부여했다. 이를 통해 돌봄 서비스의 질적 수준이 향상되었고, 지역사회와의 협력을 통해 커뮤니티 기반의 돌봄 체계가 구축되었다. 시설 입소 대신 재가 돌봄을 선호하는 수급자에게는 현금급여나 패키지화된 서비스를 제공하여 불필요한 시설 이용을 줄였다. 예를 들어, 네덜란드의 장기요양 지출은 2013년 GDP 대비 2.7%에서 2016년 2.3%로 감소하며, 지속 가능한 재정 운영을 가능하게 했다. 이후 2025년 기준, 네덜란드는 여전히 GDP 대비 장기요양 지출 비율이 높은 국가로, 최신 자료에 따르면 2025년에는 GDP 대비 약 2.87%를 기록하며 OECD 국가 중 가장 높은 수준을 유지하고 있다.(《동아일보》 2025.03.19. "장기요양보험 지출 올해 18조 넘을듯… 수급자 6년새 2배로"참조)

또한 통합돌봄체계를 통해 병원이나 시설 중심의 돌봄에서 벗어나 자택 중심의 돌봄을 확대했다. 이는 노인들이 익숙한 환경에서 생활하며 돌봄을 받을 수 있도록 지원하는 에이징 인 플레이스(Aging in Place) 개념을 실현했다. 대표적인 사례로는 치매 환자를 위한 호그벡(Hogeweyk) 마을이 있다. 이 마을은 치매 환자들이 평범한 일상을 유지하며 자율적으로 생활할 수 있도록 설계되었으며, 소규모 가정형 주택과 지역사회와의 통합을 통해 돌봄의 새로운 패러다임을 제시했다.

네덜란드는 OECD 국가들 내에서도 노인돌봄 정책에서 높은 평가를 받고 있다. 2010년대 초반 기준으로 65세 이상 인구의 7%가 시설 돌봄 서비스를, 13%가 재가 돌봄 서비스를 이용했으며, 이는 북유럽 수준에 가까운 높은 이용률이다. 또한, 65세 이상 인구 100명당 공식적인 장기요양 돌봄 종사자가 12명에 달하며, 이는 돌봄 서비스의 노동집약적 성격을 감안할 때 매우 중요한 고용 창출 효과를 보여준다.[151]

네덜란드의 노인 빈곤율은 OECD 국가 중 가장 낮은 수준이며, 복지 수준은 4위로 평가된다. 이는 노령연금과 소득 기반의 사회보험료 체계, 그리고 지방분권화를 통한 효율적인 돌봄 서비스 제공이 결합된 결과이다. 이러한 성과는 다른 국가들에게도 중요한 정책적 시사점을 제공하며, 특히 고령화 사회에 대응하기 위한 지속 가능한 돌봄 모델로 주목받고 있다.

1) 케어팜(Care Farm) : 농업과 돌봄의 융합

네덜란드의 케어팜은 농업과 돌봄을 결합한 독특한 복지 모델로 케어팜은 치매 환자, 발달장애인, 정신질환자 등 사회적 약자를 대상으로 자연과 농업 활동을 통해 신체적, 정신적 치유를 제공하는 시스템이다. 케어팜은 1995년부터 본격적으로 시작되었으며, 현재 네덜란드에는 약 1,200~1,400개의 케어팜이 운영되고 있다.[152] 탈시설의 대표적인 예인 케어팜은 요양원의 대안으로 널리 활용되고 있다. 케어팜은 소규모이면서 가정과 같은 환경이다.

네덜란드의 케어팜은 정부와 지자체의 전폭적인 지원 아래 운영되며, 돌봄이 필요한 사람들에게 새로운 희망을 제공하는 복지 시스템이다. 이용자는 먼저 지자체 복지 부서나 보건 공공기관을 방문하여 상담을 진행하며, 자신의 상황과 필요를 설명한다. 이후 전문 의료진이나 보건 전문가의 진단을 통해 이용자의 상태와 요구에 맞는 케어팜 이용 방안이 결정된다. 진단 결과에 따라 케어팜 이용이 적합하다는 처방이 내려지면, 이용자는 자신에게 적합한 케어팜을 직접 선택하거나 지역

협회로부터 추천을 받을 수 있다.

케어팜은 이용자의 필요와 선호를 반영하여 다양한 프로그램과 환경을 제공하며, 선택 과정에서 이용자의 의견이 중요하게 반영된다. 선택한 케어팜에서 서비스를 이용하게 되면, 농장은 이용자에 대한 비용 청구서를 지자체나 관련 기관에 발송한다. 서비스 비용은 건강보험 체계와 지자체 복지 예산을 통해 처리되며, 이용자는 별도의 비용 부담 없이 서비스를 받을 수 있다.

케어팜의 돌봄은 보통 6~8명의 거주자가 있는 작은 단위로 조직되며, 개인적인 돌봄과 일상적인 활동이 통합된 방식으로 운영된다.[153] 돌봄 직원들은 요리, 청소, 정원 가꾸기와 같은 작업을 거주자들과 함께 수행하며, 이를 통해 심리사회적 돌봄의 개념을 실현한다. 이러한 접근은 입소 전의 삶을 최대한 지속할 수 있도록 돕고, 사람 중심의 돌봄과 삶의 질 향상을 목표로 한다. 또한, 거주자들이 스스로 선택할 수 있는 기회를 제공하고, 사회적 상호작용과 활동 참여를 장려함으로써 자율성을 최대한 지원한다.

케어팜에는 간호사와 사회복지사가 상주하며 전문적인 돌봄 서비스를 제공한다. 이러한 소규모 돌봄 환경은 이용자들에게 개인적인 관심과 돌봄을 제공할 수 있는 기반을 마련하며, 이용자들이 자신감을 회복하고 자립적인 삶을 준비할 수 있도록 돕는다.[154]

케이스 오란예의 81세 어머니인 파울라는 일주일에 네 번 로테르담 서쪽에 위치한 브리엘 마을의 한 농장으로 출근한다. 파울라는 요일에 따라 닭에게 먹이를 주거나 집안일을 돕고, 따뜻한 점심을 준비하는 일을 한다. 이 농장은 고기를 위한 돼지를 키우며, 큰 채소밭에서 호박,

콩, 케일 등을 재배한다.

보에르데레이 오프 아르더(Boerderij Op Aarde, "지구 위의 농장")는 일반적인 네덜란드 농장과 비슷하지만, 한 가지 중요한 차이점이 있다. 이곳에서 일하는 파울라와 그녀의 동료 농장 일꾼 대부분이 치매를 앓고 있다는 점이다.

보에르데레이 오프 아르더는 네덜란드 전역에서 운영되는 수백 개의 "케어팜(care farm)" 중 하나로, 신체적 또는 정신적 질환이나 어려움을 겪는 사람들이 운영에 참여한다. 이 농장들은 농업 환경에서 의미 있는 일을 제공하며, 사람들이 더 이상 할 수 없는 것에 초점을 맞추는 대신, 그들이 할 수 있는 것과 성취할 수 있는 것을 강조하고 활용하도록 설계되어 있다.(Reasons to be Cheerful, 2022.03.07. 인용-)

그림 50 보에르데레이 오프 아르더 케어팜에서 맡은 일을 성실히 해내는 노인 (Boerderij Op Aarde, "지구 위의 농장") https://reasonstobecheerful.world/netherlands-care-farms-aging-dementia-work/

한 예로 네덜란드 에익후버(Eekhoeve) 케어팜 거주자들은 매일 아침 그날의 작업을 논의하며 자신이 하고 싶은 활동을 선택 한다. 예를 들어, 동물에게 먹이를 주거나 채소밭을 관리하거나 점심을 준비하는 등 다양한 작업 중에서 선택할 수 있다. 또한 농작물 재배 계획과 같은 중요한 농장 운영 결정에 거주자들도 참여한다. 아울러 케어팜은 거주자들의 개별적인 요구와 선호를 고려하여 맞춤형 활동과 프로그램을 제공한다. 케어팜의 활동은 다양하다. 농작물 재배, 동물 돌보기, 식사 준비 등 농업과 관련된 일상적인 활동, 또 농산물 가공, 포장, 판매와 같은 생산적인 활동을 한다. 또한 조용한 환경을 선호하는 사람들을 위해 별도의 휴식 공간을 마련하고, 야외 활동을 좋아하는 사람들을 위해 넓은 테라스를 제공한다.[155]

2) 호그벡 치매마을(Hogeweyk Dementia Village)

네덜란드의 호그벡 치매마을은 2009년에 설립된 세계 최초의 치매마을로, 치매 환자들이 평범한 삶을 영위할 수 있도록 설계된 혁신적인 요양 시설이다. 이 마을은 암스테르담 외곽의 작은 마을 베스프(Weesp)에 위치하며, 약 1만5000㎡의 부지에 23개의 주택과 슈퍼마켓, 극장, 카페, 레스토랑, 공원, 미용실 등 다양한 편의시설을 갖추고 있다. 치매 환자들은 이곳에서 자유롭게 생활하며, 자신이 하고 싶은 일을 선택하고 수행할 수 있다. 텃밭에서 채소를 키우거나, 공방에서 그림을 그리거나, 교회에서 예배를 보는 등 일상적인 활동을 통해 삶의 질을 높이는 것이 가능하다.

호그벡 마을의 설립 배경은 기존 요양원의 한계를 극복하려는 노력에서 시작되었다. 전통적인 요양원은 치매 환자들을 병원과 같은 환경에 격리시키는 방식으로 운영되었으며, 이는 환자들에게 스트레스와 우울증을 유발하고 증상을 악화시키는 결과를 초래했다. 이에 간호사 이본 반 아메롱겐(Yvonne van Amerongen)을 비롯한 관리팀은 치매 환자들이 일상적인 삶을 영위할 수 있는 환경을 제공해야 한다는 비전을 제시하며, 치매 환자를 위한 정규화된 소규모 생활 모델을 구상했다. 이 모델은 치매 환자들이 과거 직업, 취미, 성향 등을 기준으로 비슷한 배경을 가진 사람들과 함께 생활하도록 설계되었다.

(김소원, 2022, "치매마을의 치유 환경적 공간 특성과 조성과정의 참여 주체 역할에 관한 연구 : 네덜란드 Hogeweyk을 중심으로 "참조)

호그벡 마을은 네덜란드의 사회복지제도와 지역사회의 협력을 통해 조성되었다. 마을의 환경 설계는 치매 환자들의 라이프스타일에 대한 데이터베이스를 기반으로 이루어졌으며, 이는 환자들의 높은 만족도와 긍정적인 의료적 결과를 가져왔다. 또한, 마을 운영을 위해 자체적으로 기부금을 모집하고 재정 구조를 다각화하는 노력을 기울였다. 지역 주민들과의 적극적인 소통을 통해 갈등을 예방하고, 지역사회와 지속적으로 연결될 수 있는 방안을 마련했다.

호그벡 마을의 성과는 여러 측면에서 두드러진다. 치매 환자들은 이곳에서 자유로운 생활을 통해 스트레스와 우울증이 감소하고, 신체적 정신적 건강이 개선되는 효과를 경험했다. 예를 들어, 1993년에는 마을 내 치매 환자의 50%가 향정신성 약물을 복용했으나, 2015년에는 이 비율이 8%로 크게 감소했다는 통계가 있다. 이는 치매 환자들에게 최소한의 개입과 통제를 제공하며, 인간 중심의 케어를 실현한 결과로 평가된다.[156] 프랑스, 스위스, 독일, 영국 등 여러 국가에서 호그벡 모델을 기반으로 치매 친화적 마을을 조성하고 있다.

이처럼 케어팜은 네덜란드뿐만 아니라 유럽 여러 국가에서도 확산되고 있다. 벨기에, 이탈리아, 독일 등에서도 케어팜이 운영되고 있으며, 각국의 사회적 환경과 복지 체계에 맞게 발전하고 있다. 네덜란드의 경우, 농업과 복지의 결합이 특히 체계적으로 이루어져 있으며, 이를 통해 농촌 문제와 복지 문제를 동시에 해결하는 모델로 자리 잡았다.

그림 51 세계 최초의 치매마을 호그벡 (MedicalExpo e-Magazine 2024.12.17.) https://emag.medicalexpo.com/worlds-first-dementia-village-hogeweyk-inspires-many/

3) 후버 클라인 마리엔달(Hoover Klein Marieendal) [157]

네덜란드의 후버 클라인 마리엔달은 2007년 와게닝겐(Wageningen) 대학의 치유농업 전문가 얀 하싱크(Jan Hassink) 박사에 의해 설립된 도시형 케어팜이다. 얀 하싱크 박사는 도시 생활로 인해 상처받은 사람들이 주거지와 멀지 않은 곳에서 자연과 교감하며 치유받을 수 있는 공간의 필요성을 절감했다. 이를 위해 농업과 복지를 결합한 도시형 케어팜을 구상했다.

후버 클라인 마리엔달은 아른헴(Arnhem) 지역의 환경단체가 소유한 약 1만 평의 부지에 설립되었으며, 초기에는 낡은 시설을 리모델링하기 위해 시민단체와 협력하여 약 100만 유로(약 13억 원)를 모금했다. 이후 시설 확장을 위해 추가로 40만 유로(약 5억 2천만 원)를 모금하며 현재의

그림 52 후버 클라인 마리엔달 도시형 치유 케어팜
https://www.hoevekleinmariendaal.nl/winkelen/

모습을 갖추게 되었다.

후버 클라인 마리엔달은 자연친화적인 환경에서 농업 활동과 동물 돌봄, 이른바 치유농업의 가능성을 보여준 모델이다. 무엇보다 후버 클라인 마리엔달은 이용객들을 "환자"가 아닌 "고객" 또는 "이용객"으로 대한다.

후버 클라인 마리엔달 케어팜과 여느 케어팜과 다른 점이 있다면 도시형 케어팜이라는 것이다. 따라서 전통적인 농촌 중심의 케어팜과 달리, 도시 거주자들이 쉽게 방문할 수 있는 주거지와 가까운 곳에 위치한다. 또 다른 차이점이 있다면, 치매 환자, 자폐 환자, 실직자, 학교 부적응 학생 등 이용객이 다양하다는 점이다.

그뿐 아니라 후버 클라인 마리엔달은 텃밭 가꾸기, 동물 돌보기, 요리, 예술 활동 등 프로그램이 다양해서 이용객들의 선택의 폭이 넓다. 후버 클라인 마리엔달 농장에는 담장이 없어서 닭과 당나귀 같은 동물들이 자유롭게 돌아다니기도 한다. 그리고 후버 클라인 마리엔달은 네덜란드 정부의 사회복지 시스템과 결합하여 운영된다. 이용객들은 의사의 소견서를 통해 농장을 이용할 수 있으며, 정부는 반나절 이용에 대해 비용을 지원한다.

	후버 클라인 마리엔달	네덜란드의 대다수 케어팜
위치	도시 근교 (아른헴 교외)	주로 농촌 지역 또는 도심 외곽
대상	치매 환자, 자폐 환자, 장기 실직자, 학교 부적응 학생 등	특정 집단에 초점 (예: 치매 노인, 자폐 아동, 약물 중독자 등)
활동 유형	텃밭 가꾸기, 동물 돌보기, 요리, 예술 활동, 커피와 빵을 즐기는 휴식 등 다양한 활동	농업 중심 활동(예: 농작물 재배, 동물 돌보기) 또는 특정 치료 프로그램(예: 미술치료, 승마치료)

운영 철학	도시형 케어팜으로, 주거지와 가까운 곳에서 정서적 안정과 치유	농업과 복지의 결합을 통해 지역사회와의 연계를 강화하거나 특정 치료 효과를 극대화
환경	담장이 없고 닭, 당나귀 등 동물이 자유롭게 돌아다니는 자연 친화적 환경	전통적인 농업 환경 또는 특정 치료 시설을 갖춘 구조
운영 방식	방문형 데이케어 중심으로 매일 20~25명의 이용객을 수용	방문형과 거주형 혼합, 일부는 주말 거주형 프로그램 제공
설립 목적	상처받은 도시인들이 자연 속에서 치유를 경험할 수 있도록 설계	농업 경쟁력 약화로 어려움을 겪는 농장주들이 돌봄 서비스를 통해 농업과 복지를 결합하거나, 특정 치료 목적 달성
정부 지원	의사 소견서를 통해 이용 가능하며, 정부가 반나절 이용 비용(35유로)을 지원	대부분 정부 또는 지자체의 복지 시스템과 연계, 바우처 프로그램을 통해 비용 지원
운영 주체	와게닝겐 대학의 얀 하싱크 박사가 설립 (2007년)	농업 종사자, 복지 전문가, 또는 지역사회 단체가 운영
수익구조	주로 케어서비스 제공을 통한 수익, 일부 농작물 판매	농산물 및 가공식품 판매, 체험 프로그램 운영 등으로 수익 다각화

표 13 후버 클라인 마리엔달과 네델란드의 보편적인 케어팜 비교(ACADEMIA 탑재 자료와 후버 클라인 마리엔달 공식 웹사이트 자료 참조하여 작성)

4) 뷔르트조르흐(Buurtzorg) 모델, 재가 돌봄 혁신[158]

네덜란드의 재가 돌봄 혁신인 뷔르트조르흐는 간호사 주도의 자율적 팀 운영 방식을 통해 높은 품질의 돌봄 서비스를 제공하며 전 세계적으로 주목받고 있다. 이 모델은 "인간성 우선, 관료주의 배제"라는 철학을 바탕으로 설계되었으며, 환자 중심의 통합적이고 지속 가능한 돌봄 모델이다.

뷔르트조르흐는 2006년 요스 데 블록(Jos de Blok)에 의해 설립되었다.

당시 네덜란드의 재가 돌봄 시스템은 비용이 높고, 서비스가 분절적이며, 간호사들이 과도한 행정 업무로 인해 불만족스러운 상황에 처해 있었다. Jos de Blok은 이러한 문제를 해결하기 위해 기존의 관료적 구조를 제거하고, 간호사들에게 자율성을 부여하는 새로운 모델을 제안하였다. 뷔르트조르흐는 처음에는 단 한 팀으로 시작했지만, 10년 만에 네덜란드 전역으로 확산되며 850개 이상의 팀을 운영하게 되었다.

뷔르트조르흐 모델의 핵심인 자율적 팀(Self-Managing Teams)은 최대 12명의 간호사로 구성되며, 자율적 의사결정을 통해 환자 관리, 일정 조정, 인력 채용, 교육 필요성 평가 등 모든 운영 결정을 한다. 중간 관리자가 없는 단순한 조직 체계를 통해 팀은 현장 멘토와 소규모 운영팀의 도움을 받아 간호사들이 환자 돌봄에만 집중할 수 있도록 돕는다.

뷔르트조르흐는 설립 이후 여러 면에서 성공을 거두었다. 비용 절감 측면에서 뷔르트조르흐의 평균 재가 돌봄 비용은 다른 네덜란드 재가 돌봄 제공자보다 낮다. 예를 들어, 뷔르트조르흐의 연간 평균 재가 돌봄 비용은 약 €6,428(약 9,240,000원)로, 경쟁사의 €7,995(약 11,490,000원)보다 저렴하다. 환자 만족도 또한 높아, 뷔르트조르흐는 환자와 가족들로부터 높은 만족도를 기록하며 환자 중심의 돌봄이 효과적임을 입증하였다. 직원 만족도 역시 높아, 간호사들은 자율성과 전문성을 존중받으며 높은 직업 만족도를 보고하고 있다. 뷔르트조르흐의 직원 만족도는 10점 만점에 8.7~9점으로 매우 높은 수준이다. 이 모델은 일본, 영국, 미국 등 여러 국가에서 채택되거나 변형되어 적용되며 글로벌 확산에도 성공하였다.[159]

2025년 현재 뷔르트조르흐는 네덜란드에서 가장 큰 재가 돌봄 제

그림 53 Buurtzorg PG Nieuw-Amsterdam(뷔르트조르흐 모델을 기반으로 운영되는 지역 간호 팀)https://www.facebook.com/buurtzorgpgnieuwamsterdam/

공자로 자리 잡았으며, 약 10만 명의 환자를 돌보고 있다. 조직은 약 14,700명의 간호사와 사회복지사를 고용하고 있으며, 연간 약 4억 4천만 유로(약 6,300억 원)의 매출을 기록하고 있다. 뷔르트조르흐의 성공은 네덜란드뿐만 아니라 전 세계적으로 재가 돌봄 시스템의 혁신적 모델로 평가받고 있다.[160]

뷔르트조르흐 모델 성공도시로는 알멜로, 암스테르담. 로테르담, 헤이그 등을 꼽을 수 있다. 그 가운데 암스테르담의 사례를 살펴본다.

암스테르담에서 뷔르트조르흐 2013년에 처음 활동을 시작했다. 이 시기에 암스테르담뿐만 아니라 암스테르포르트와 로테르담에서도 소규모 팀들이 빠르게 설립되며 활동을 확장해 나갔다. 초기 팀은 소규모로 구성되어 각 지역의 환자들에게 맞춤형 돌봄 서비스를 제공하며, 환자와 가족, 지역사회 간의 네트워크를 구축하는 데 집중했다. 아울러 지역 내 물리치료사, 약사, 의사 등 다양한 의료 전문가들과 협력했다. (《이코

노미 인사이트》 2018.04.01. "간호 상품화 벗어나 통합적 보살핌" 기사 참조)

　암스테르담은 네덜란드의 수도이자 문화와 경제의 중심지로, 다양한 의료 서비스와 혁신적인 접근 방식을 실험하기에 적합한 환경이었다. 특히 도시의 특색을 살린 의료 인프라와 지역사회 중심의 접근법을 통해 뷔르트조르흐 모델을 성공적으로 정착시켰다. 이후 도시 전역으로 확장될 수 있는 기반을 마련했다. 예컨대 정보통신기술을 적극 활용하여 행정 업무를 간소화함으로써 간호사들이 환자 돌봄에 더욱 집중할 수 있도록 지원했다.

5) CIZ(Centrum Indicatiestelling Zorg), 맞춤형 케어 플랜[161]

　네덜란드의 CIZ는 노인돌봄 체계에서 핵심적인 역할을 해왔다. 네덜란드는 1970년대부터 고령화 문제를 해결하기 위해 의료와 요양을 통합한 돌봄 체계를 구축하기 시작했다. 이후 2015년 통합 돌봄 체계가 완성되었으며, CIZ는 노인의 건강 상태, 인지 기능, 주거 환경 등을 종합적으로 평가한다. 그리고 그 결과를 토대로 의료, 간호, 요양, 사회복지 서비스를 유기적으로 연결해준다. 또한 CIZ는 뷔르트조르흐와 협력관계를 맺고 경증 치매 환자들에게는 주 3회 치유농장 방문을 권유한다.

　2018년, '집에서 더 오래(Langer Thuis Longer Home)' 프로그램이 도입되면서 노인들은 가능한 한 오랫동안 자택에서 독립적으로 생활할 수 있게 되었다. '집에서 더 오래' 프로그램은 지방자치단체, 의료계, 보험사 등이 협력하여 노인돌봄의 새로운 패러다임을 제시하며, 병원이나 요양시설에 의존하지 않고 자택에서 건강하게 노후를 보낼 수 있도록 다양한 서비스를 제공한다. 이로인해 치매와 같은 만성 질환을 가진 사람들이 병원에 의존하지 않고도 자택에서 독립적으로 생활할 수 있게 되었다.

CIZ는 무엇보다 병원 입원과 관련된 비용을 줄이는 데 기여하고 있다. 특히, 네덜란드는 노인들이 병원에서 사망하는 비율이 23.3%로 OECD 국가 중 가장 낮은데 CIZ의 역할이 크다. CIZ의 맞춤형 케어 플랜은 개인화된 돌봄과 사회적 비용 절감이라는 두 가지 목표를 동시에 달성하며, 다른 국가들에게도 모범 사례로 주목받고 있다.

6) 세대간 돌봄, 휴마니타스

네덜란드 데벤터에 위치한 휴마니타스 요양원은 2012년부터 세대 간 교류를 촉진하는 독특한 주거 모델을 도입해 운영되고 있다. 이 요양원은 비영리 기관으로, 노인돌봄 서비스와 학생 주거 지원을 결합한 형태로 설계되었다. 이 모델은 노인과 젊은 세대가 함께 생활하며 서로의 필요를 보완하는 방식으로 운영된다. 이 프로그램은 주로 네덜란드 정부와 지역 사회의 지원을 통해 재정을 확보하고 있다. 이러한 운영 방식은 기존 요양원과는 차별화된 형태를 보여준다.

휴마니타스 요양원은 대학생들에게 무료 숙박 공간을 제공한다. 대신, 학생들은 매달 최소 30시간을 노인들과 함께 시간을 보내야 한다. 이 시간 동안 노인들에게 이메일 사용법을 가르치거나, 산책을 함께하거나, 단순히 대화를 나눈다.

그림 54 네덜란드, 휴마니타스 요양원
https://innovationinpolitics.eu/showroom/project/humanitas-retirement-village/

현재 휴마니타스 요양원에는 약 160명의 노인과 6명의 학생이 함께 생활하고 있다. 세대간 돌봄 모델로서의 휴마니타스는 네덜란드뿐만 아니라 전 세계적으로도 주목받고 있으며, 다른 국가에서도 유사한 모델을 도입하려는 움직임이 이어지고 있다.

미래 노인돌봄을 위한 제언

1. 정부 기업 민간 종교단체의 협력

　노인돌봄은 초고령사회에서 필수적인 과제로, 정부, 기업, 민간, 종교단체가 협력하여 통합적이고 지속 가능한 돌봄 체계를 구축하는 것이 매우 중요하다. 특히 정부는 노인돌봄의 공공성을 강화하고 이를 뒷받침할 정책적 기반을 마련하는 데 핵심적인 역할을 맡아야 한다. 돌봄 서비스의 품질을 높이고, 취약계층을 위한 지원을 확대하며, 민간과 종교단체가 적극적으로 참여할 수 있는 제도적 환경을 조성해야 한다. 이를 위해 정부는 주거, 의료, 요양, 일상생활 지원을 아우르는 통합적 서비스를 제공해야 한다.

　기업은 돌봄 서비스의 혁신과 효율성을 높이는 데 앞장서야 한다. 가족친화적 기업 환경을 조성하고, 돌봄 관련 기술 개발과 서비스 제공에 적극적으로 나섬으로써 사회적 책임을 다해야 한다. 특히, 기업은 돌봄 노동자들이 더 나은 환경에서 일할 수 있도록 근무 조건을 개선하고, 지속 가능한 일자리를 창출하는 데 중추적인 역할을 해야 한다. 이는 단순한 의무를 넘어, 더 나은 사회를 위한 기업의 비전이 되어야 한다.

민간단체는 지역사회를 기반으로 돌봄 서비스를 제공하며, 정부와 기업이 미처 손길을 미치지 못한 복지 사각지대를 밝혀야 한다. 자원봉사 네트워크를 활성화하고, 지역 주민들과 협력하여 맞춤형 돌봄 서비스를 설계해야 한다. 또한, 돌봄 서비스의 품질을 높이고 돌봄 노동자의 역량을 강화하기 위해 체계적인 교육 프로그램을 운영하며, 지역사회의 든든한 버팀목이 되어야 한다. 이는 단순한 지원을 넘어, 사람과 사람을 잇는 따뜻한 연결고리가 되어야 한다.

종교단체는 노인돌봄에서 정서적 지원과 영적 치유를 제공하는 독특한 역할을 반드시 감당해야 한다. 지역사회와 긴밀히 연결된 종교단체는 노인들에게 소속감과 안정감을 심어주고, 신앙적 접근을 통해 삶의 의미를 재발견하도록 이끌어야 한다. 또한, 자원봉사 네트워크를 조직하여 노인들에게 실질적인 도움을 제공하고, 세대 간 연대를 강화하는 데 앞장서야 한다. 종교단체는 단순한 돌봄을 넘어, 노인들이 자신이 존중받는 존재임을 느끼게 하고, 그들의 삶에 새로운 빛을 비추는 역할을 해야 한다.

따라서 정부 기업 민간 종교단체의 각 주체가 고립된 섬에서 벗어나 연대의 파장을 일으켜야 한다. 이를 위해 정부는 민간과 종교단체가 함께할 수 있는 제도적 다리를 놓아야 하며, 기업은 혁신적인 돌봄 서비스를 통해 희망의 씨앗을 심어야 한다. 민간단체와 종교단체는 지역사회의 중심에서 따뜻한 돌봄의 울타리를 세워 공동체의 온기를 더해야 한다. 이 연대가 강화되면 될수록 노인돌봄의 척박한 토양은 기름진

토양으로 바뀔 것이다.

2. 기술과 돌봄의 융합 방안

기술과 돌봄의 융합이란 첨단 기술을 활용한 돌봄 서비스를 의미한다. 인공지능(AI), 사물인터넷, 빅데이터, 디지털 헬스 등을 예로 들 수 있다.

1) AI 기반 노인돌봄 서비스[162]

한국은 초고령사회로 진입하며 증가하는 노인돌봄 수요를 해결하기 위해 AI 기반의 돌봄 서비스를 적극적으로 도입하고 있다. 기술을 통해 독거노인의 정서적 안정과 건강 관리를 지원하며, 돌봄 인력 부족 문제를 완화하고 있다. AI 기반 노인돌봄 서비스 정책 수립과 실행은 정부와 민간 기업의 협력으로 이루어졌으며, 기술과 돌봄의 융합을 통해 새로운 돌봄 패러다임을 제시하고 있다.

AI 기반 노인돌봄 서비스의 정책 수립과 실행은 고령화 문제를 해결하기 위한 국가적 노력의 일환으로 이루어졌다. 특히, 코로나19 팬데믹 이후 비대면 돌봄 서비스의 필요성이 강조되면서 AI 기술을 활용한 돌봄 서비스가 본격적으로 도입되었다. 정부는 2024년부터 '스마트 사회서비스 시범사업'을 통해 AI와 IoT 기술을 활용한 노인돌봄 서비스를 확대하고 있으며, 이를 통해 복지 사각지대를 줄이고 돌봄의 효율성을 높이는 데 주력하고 있다. 이러한 정책은 중앙정부뿐만 아니라 지방자치단체에서도 적극적으로 추진되고 있다.

구체적인 모델로는 네이버의 CLOVA CareCall과 효돌 로봇이 대표적이다. CLOVA CareCall은 독거노인의 건강 상태와 정서적 안부를 확인하는 AI 전화 서비스이다. 이 서비스는 전국적으로 확대되며, 특히 비동거 가족과의 소통을 강화하는 데 효과적이라는 평가를 받고 있다. 효돌 로봇은 AI를 탑재한 돌봄 로봇으로, 독거노인에게 정서적 지원을 제공하며 일상생활을 돕는다. 이 로봇은 지자체를 통해 보급되며, 노인의 고독감 해소와 안전 관리에 도움을 주고 있다.

2) 클로바 케어콜(CLOVA CareCall) 서비스

CLOVA CareCall은 네이버의 초대규모 AI 기술인 하이퍼클로바(HyperClova)를 기반으로 개발된 AI 안부 전화 서비스로, 독거노인 및 중장년 1인 가구의 정서적 안정과 안전을 돕는 데 중요한 역할을 하고 있다. 이 서비스는 정서적 공감을 기반으로 한 자연스러운 대화를 제공한다. 즉 문답형 대화가 아닌 사용자의 과거 대화를 기억하고 이를 바탕으로 연속성 있는 대화를 이어간다. 대화 중 건강 이상 징후나 위기 상황을 감지할 수 있는 기능을 갖추고 있어, 사용자의 응답에서 건강 문제나 긴급 상황이 의심될 경우 지역 복지 기관에 이를 알리고 신속히 대응할 수 있도록 돕는다.

CLOVA CareCall은 독거노인의 식사, 수면, 건강 상태 등을 주제로 주기적으로 안부를 확인하며, 이를 통해 노인들이 일상생활에서 필요한 관심과 돌봄을 받을 수 있도록 지원한다. 이 서비스는 전국적으로

128개 이상의 시군구에 도입되어 독거노인 및 중장년 1인 가구를 대상으로 서비스를 제공하고 있다.

성공 사례로는 경기도와 서울시의 AI 기반 돌봄 서비스가 주목받고 있다. 경기도는 '늘편한 AI케어'와 'AI 시니어 돌봄타운'을 통해 노인의 건강 상태를 실시간으로 모니터링하고, 맞춤형 돌봄 서비스를 제공하고 있다. 특히, 포천시 관인면에서 시행된 'AI 시니어 돌봄타운'은 지역사회 기반의 통합 돌봄 모델로, 노인의 자율성과 안전성을 높이는 데 성공했다. 서울시는 '스마트 돌봄 서비스'를 통해 고독사 위험 가구를 대상으로 24시간 관리 체계를 구축하며, 정서적 지원과 복지 서비스 연계를 통해 노인의 삶의 질을 향상시키고 있다.

이처럼 AI 기술은 돌봄 서비스의 새로운 지평을 열어가고 있다. 앞으로는 AI 기술의 정교화와 서비스의 확장이 필수적이다. 이를 위해 데이터 플랫폼을 구축하여 돌봄 대상자와 가족이 실시간으로 정보를 공유할 수 있는 체계를 마련하고, AI를 활용한 맞춤형 돌봄 서비스를 더욱 세밀하게 설계해야 한다. 또한, 사회적 신뢰를 얻기 위해 윤리적 문제와 데이터 보호에 대한 체계적인 정책 지원이 반드시 뒤따라야 한다. 기술이 인간의 삶에 깊숙이 스며드는 만큼, 이를 둘러싼 윤리적 기준과 데이터 활용의 투명성을 확보하는 것이 중요하다.

정부는 AI 기반 돌봄 서비스의 표준화와 상호운용성을 강화하여, 전국적으로 통합된 돌봄 네트워크를 구축할 계획이다. 이는 노인뿐만 아니라 어린이, 장애인 등 다양한 취약 계층에게도 포괄적인 돌봄 서비스를 제공할 수 있는 기반이 될 것이다. 이러한 노력은 초고령사회에서 지속 가능한 돌봄 생태계를 구현하는 데 핵심적인 역할을 할 것이다.

그림 55 '초고령화 위기를 완화하기 위해 AI를 활용하는 나라, 한국(The Telegraph 2023.12.23. 기사) https://www.telegraph.co.uk/global-health/climate-and-people/south-korea-elderly-care-robots-artificial-intelligence/

3) IoT와 디지털 헬스케어 기술

IoT(사물인터넷)와 디지털 헬스케어 기술은 의료와 정보통신기술(ICT)을 융합하여 개인의 건강을 관리하고 질병을 예방, 진단, 치료하는 데 활용되는 기술이다. IoT는 센서와 네트워크를 통해 환자의 생체 데이터를 실시간으로 수집하고, 이를 분석하여 의료진에게 전달하거나 원격 모니터링을 가능하게 한다.

디지털 헬스케어는 웨어러블 기기, 스마트폰 앱, 원격 진료 시스템 등을 통해 개인 맞춤형 건강 관리 서비스를 제공하며, 의료 접근성을 높이고 비용을 절감하는 데 기여한다. 예를 들어, 스마트워치로 심박수나 혈압을 측정하고, 이상 징후가 발견되면 즉시 알림을 보내는 방식으로 건강을 관리할 수 있다.

한국건강증진개발원(KHPI)은 IoT 기반 디지털 헬스케어 프로젝트를 통해 노인의 건강 관리에 혁신을 가져왔다. 이 프로젝트는 IoT 기술과 AI 스피커를 활용하여 노인의 건강 상태를 모니터링하고 예방적 관리를 제공하는 시스템을 구축하였다. 특히 외출이 어려운 노인을 대상으로 원격 의료와 건강 관리 서비스를 제공함으로써 의료 접근성을 크게 향상시켰다. 이러한 서비스는 코로나19 팬데믹 이후 비대면 의료의 필요성이 증가하면서 더욱 주목받고 있다. 노인들은 AI 스피커를 통해 건강 정보를 얻고, 운동 방법을 안내받으며, 약물 복용을 관리할 수 있다. 이로 인해 노인의 자립적 생활이 가능해지고, 돌봄 노동자의 부담도 줄어들고 있다.(보건복지부 2023.12.12. 보도참고자료)

웨어러블 기기의 도입은 노인의 안전과 건강 관리를 실시간으로 지원하는 데 중요한 역할을 하고 있다. 낙상 사고 방지 기술은 노인의 이동과 자세를 감지하여 사고를 예방하고, 긴급 상황 시 신속한 대응을 가능하게 한다. 또한, 웨어러블 기기는 약물 복용 관리와 생활 데이터 분석을 통해 노인의 건강 상태를 지속적으로 모니터링한다. 예를 들어, 혈압, 혈당, 심박수 등의 데이터를 실시간으로 측정하여 건강 이상을 조기에 발견하고 필요한 조치를 취할 수 있도록 돕는다. 이러한 기술은 노인의 자립적 생활을 지원하며, 돌봄 노동자의 업무 부담을 줄이는 데 기여하고 있다.

전국적으로 IoT와 디지털 헬스케어 기술을 활용한 성공 사례도 다수 존재한다. 예를 들어, 의왕시 보건소는 디지털 기반 프로그램을 방문 건강 관리 사업에 성공적으로 접목하여 노인들에게 맞춤형 건강 관리 서비스를 제공하였다. 이 사업은 노인의 신체 활동 증가와 건강 지표 개선을 이끌어내며 높은 만족도를 기록하였다. 또한, 성남시에서는 스마트폰 앱과 스마트 기기를 활용하여 간호사, 물리치료사, 영양사 등 각 분야의 전문가들이 비대면으로 노인의 건강을 관리하는 시스템을 운영하고 있다. [163]

4) 국내 통신사의 AI 돌봄 서비스[164]

SKT

SK텔레콤의 AI 돌봄 서비스는 독거노인 및 사회적 고립 계층을 대상으로 한 혁신적인 인공지능 기반 돌봄 시스템으로, 음성인식 AI 스피커인 NUGU(누구)를 활용하여 다양한 기능을 제공한다. 이 서비스는 SK텔레콤과 사회적 기업인 행복커넥트가 협력하여 2019년 4월부터 시작되었으며, 현재 전국적으로 확대 운영되고 있다.

AI 돌봄 서비스는 독거노인의 안전과 심리적 안정을 지원하며, 긴급 구조와 안전 확인 기능을 통해 사용자가 긴급 상황에서 "아리아, 살려줘" 또는 "아리아, 긴급 SOS!"라고 외치면 AI 스피커가 이를 인식하여 ICT 케어센터와 ADT 캡스에 즉시 알린다. 필요 시 119 응급 서비스와 연결되어 구조를 지원하며, 이 시스템은 2023년 기준으로 500건 이상의 긴급 구조를 성공적으로 수행했다.[165]

AI 스피커는 뉴스, 일정 관리, 코로나19 관련 정보, 감염 예방 팁, 면역력 강화 레시피 등을 음성으로 전달하며, 특히 코로나19 팬데믹 기간 동안 정보 전달 기능의 사용률이 크게 증가했다. 또한, SK텔레콤은 서울시 치매센터와 협력하여 Memory Test와 Brain Tok Tok 서비스를 제공한다. 사용자는 집에서 간단한 인지 테스트를 수행할 수 있으며, 이를 통해 치매 예방 및 인지능력 향상어 도움을 받을 수 있다.

AI 스피커는 음악 스트리밍, 음성 검색, 대화 기능을 통해 독거노인의 심리적 안정과 정서적 교감을 지원한다. 조사에 따르면, 서비스 이용자의 70%가 매일 AI 스피커를 사용하며, 이 중 95%는 주 3회 이상 사용한다고 응답했다. 2025년 기준으로 긴급 구조 사례는 600건을 넘어섰고, 60,000가구 이상에 서비스가 제공되었으며, 500명 이상의 생명을 구하는 데 성공했다.[166]

SK텔레콤은 AI 돌봄 서비스를 지속적으로 고도화하고 있다. 최근에는 발달장애인을 위한 행동 분석 서비스와 같은 새로운 돌봄 영역으로 확장하고 있으며, 이를 통해 더 많은 사회적 약자를 지원하고 있다. 또한, AI 기술을 활용한 ESG(환경 사회 지배구조) 목표를 달성하기 위해 노력하고 있다.

KT[167]

KT의 AI 돌봄 서비스는 독거노인과 취약계층을 대상으로 한 인공지능 기반 돌봄 시스템으로, 음성인식 기술과 빅데이터, 클라우드 기술을 활용하여 노인의 안전과 정서적 안정을 지원한다. 이 서비스는 KT의 AI 스피커인 기가지니를 중심으로 운영되며, 긴급 상황에서 "지니야 살려줘"라는 음성 명령을 통해 KT 텔레캅과 119 연계 시스템이 즉시 작동하여 24시간 구조를 제공한다. 또한 복약 알림, 인지장애 예방 게임, AI 말벗 대화, 음악 감상 등 다양한 기능을 통해 노인의 일상생활을 돕는다.

KT는 2025년 기준으로 AI 돌봄 서비스를 전국적으로 확대하여 약 60,000가구에 제공하고 있다. 이 서비스는 노인의 고독감과 우울감을 감소시키는 데 효과를 입증했으며, 연구 결과에 따르면 우울감은 63.5%, 고독감은 65.9% 감소한 것으로 나타났다. 특히 긴급 구조 사례는 600건을 넘어섰으며, 이를 통해 수많은 생명을 구하는 데 성공했다. 기가지니는 음성 인식률이 90% 이상으로 향상되어 노인이 위급 상황에서 말을 정확히 하지 못하더라도 시스템이 이를 인식하고 신속히 대응할 수 있다.

KT는 AI 돌봄 서비스를 지속적으로 고도화하고 있다. 최근에는 지니TV를 활용한 돌봄 서비스로 확장하여 독거노인뿐만 아니라 만성질환자와 같은 취약계층을 대상으로 한 원격 케어를 제공하고 있다. 이 서비스는 복약 알림과 건강 관리 기능을 강화하여 노인의 삶의 질을 더욱 향상시키고 있다. 또한, AI 스피커를 통해 노인의 생활 패턴을 분석하고 이상 징후를 감지하여 복지사에게 실시간으로 정보를 전달하는 통합 관제 시스템을 운영하고 있다.

KT는 AI 돌봄 서비스의 성공적인 운영을 바탕으로 AI 사업을 다각화하고 있다. 이를 위해 초거대 AI 기술을 적용하여 서비스의 정확성과 효율성을 더욱 높이고, 다양한 IoT 센서를 연동하여 노인의 안전과 건강을 실시간으로 모니터링할 수 있는 기능을 추가하고 있다.

LG유플러스

LG유플러스는 고령화 사회에 대응하기 위해 AI 기술을 활용한 다양한 돌봄 서비스를 제공하고 있다. 이 회사는 특히 노인과 같은 사회적 배려 대상자를 위한 맞춤형 솔루션을 개발하며, 돌봄 공백을 메우는 데 주력하고 있다. LG유플러스의 주요 돌봄 서비스 중 하나는 레이더 센서를 활용한 낙상 감지 시스템이다. 이 시스템은 전자기파를 이용해 사람의 움직임을 실시간으로 감지하며, 어두운 환경이나 욕실과 같은 특수한 조건에서도 높은 정확도를 유지한다. 낙상 사고가 발생하면 즉시 알림을 통해 신속한 대응이 가능하도록 설계되었다. 이 서비스는 2024년 서울 구로구의 요양병원에서 실증을 거쳐 상용화 준비를 마쳤다.[168]

또한 LG유플러스는 공중화장실과 같은 공공장소에 스마트 레이더를 설치하여 쓰러짐 사고나 장기 재실 여부를 감지하는 시스템을 구축했다. 이 시스템은 영상 기반이 아닌 레이더 주파수를 활용하기 때문에 사생활 침해 우려가 없으며, 응급 상황 발생 시 경찰서나 관리 기관에 즉각 통보할 수 있다. 이러한 기술은 공공기관뿐만 아니라 병원, 요양시설 등으로도 확대 적용되고 있다.

LG유플러스는 AI 기술을 활용한 시니어 전용 공간 개발에도 참여하고 있다. 신한라이프케어와 협력하여 데이케어센터와 실버타운 같은 시설에 AI 기반 헬스케어 서비스를 적용하고 있으며, 건강 관리와 생활 편의를 위한 맞춤형 솔루션을 제공하고 있다. 이와 함께, 요양원 전용 지능형 CCTV를 통해 어르신의 안전을 모니터링하고, 이상 징후를 감지하여 신속히 대응할 수 있는 시스템도 운영 중이다.

2025년 기준으로 LG유플러스는 이러한 AI 돌봄 서비스를 통해 노인 돌봄 환경을 크게 개선하고 있으며, 특히 낙상 감지와 같은 안전 관련 기술은 요양병원과 복지시설에서 높은 평가를 받고 있다. 회사는 앞으로도 치매 노인의 배회 감지, 이상 호흡 감지 등 실버 헬스케어 서비스를 지속적으로 확대할 계획이다. LG유플러스는 이러한 기술적 발전을 통해 고령화 사회에서의 돌봄 공백을 줄이고, 사회적 가치를 실현하는 데 기여하고 있다.[169]

3. 교회의 역할과 정부의 협력 제안

한국 교회는 전통적으로 종교적 활동과 지역사회의 연대 강화에 중심적인 역할을 해왔다. 최근에는 고령화, 저출생, 돌봄 사각지대와 같은 사회적 문제를 해결하기 위한 복지 허브로서의 가능성이 주목받고 있다. 특히, 2025년 1월 14일 개정된 건축법 시행규칙에 따라 종교시설 내에서 아동, 노인, 장애인을 위한 돌봄시설을 운영할 수 있는 법적 기반이 마련되었다. 이로인해 향후 교회는 새로운 복지 패러다임을 제시할 수 있는 중요한 위치에 서게 되었다.

교회는 예배당, 교육관, 강당, 주방 등 다양한 공간을 보유하고 있어 돌봄시설로 전환하거나 병행 운영하기에 적합하다. 주중에는 유휴 공간을 활용해 아동 방과 후 돌봄, 노인 주간보호, 장애인 재활 프로그램 등을 운영하고, 주말에는 종교 활동에 집중하는 방식으로 공간을 다목적으로 활용할 수 있다. 특히 농어촌이나 도시 외곽 지역처럼 돌봄시설이 부족한 지역에서는 교회가 돌봄시설로 전환될 경우 돌봄 사각지대를 해소하는 데 중요한 역할을 할 수 있다.

또한, 교회는 기존에 구축된 교인 네트워크와 자원봉사 인프라를 활용해 돌봄시설 운영에 필요한 인적 자원을 확보할 수 있다. 즉 교인들은 자원봉사자로 참여하거나 재정적 지원을 통해 시설 운영을 돕는 등 다양한 방식으로 기여할 수 있다. 교회는 아동, 노인, 장애인을 위한 프로그램을 동시에 운영하며 세대 간 교류를 촉진할 수 있다.

이렇듯 교회는 초고령사회에서 노인돌봄의 중심적인 역할을 감당할 수 있는 잠재력을 발휘할 수 있다. 따라서 정부와의 협력은 이러한 교회의 역할을 더욱 체계적이고 지속 가능하게 만드는 데 필수적이다. 종교단체와 정부의 협력은 글로벌 추세이기도 하며, 종교인에게는 사회적 책임이기도 하다. 유럽과 북미와 유럽에서는 교회가 노인돌봄의 중요한 파트너로 자리 잡고 있으며, 정부와 협력하여 돌봄 서비스를 제공하는 사례가 늘어나고 있다. 이러한 글로벌 흐름에 한국 교회도 합류해야 한다.

정부와 교회 간 협력은 지속 가능한 돌봄 체계를 구축하는 데 필수적이다. 교회가 지역사회의 돌봄 사역에 효과적으로 참여하기 위해서는 정부의 법적, 행정적 지원이 반드시 필요하다. 이를 위해 먼저, 교회 내 시설을 돌봄 프로그램 운영에 활용할 수 있도록 법적 근거를 발전시켜 나가야 한다. 이를테면 교회가 지역사회의 돌봄 센터로 기능할 수 있도록 돌봄 활동에 필요한 인허가 절차를 보다 간소화할 필요가 있다.

또한, 정부는 교회의 돌봄 활동을 지원하기 위해 재정적 지원을 확대해야 한다. 예를 들어, 교회가 운영하는 돌봄 프로그램에 보조금을 지급하거나, 자원봉사자 교육 및 훈련 비용을 지원하는 방안을 고려할 수 있다. 이러한 재정적 지원은 교회가 보다 안정적으로 돌봄 서비스를 제공할 수 있는 기반을 마련해 줄 것이다. 아울러 정부와 교회가 협력하여 지역사회의 요구를 지속적으로 파악하고 이에 적합한 서비스를 제공하기 위한 공동 네트워크를 구축해야 한다. 다행히 법적 근거는 이미 마련되었으나, 이를 기반으로 더욱 강화하고 발전시켜 돌봄 체계의 실효성을 높이며, 지역사회의 다양한 요구에 유연하게 대응할 수 있는 제도적 틀을 지속적으로 보완해야 한다.

끝으로, 성경은 서로 다른 세대가 지혜와 경험을 나누는 것이 얼마나 중요한지를 가르치고 있다. 이를 통해 공동체는 더 단단해지고, 오래도록 지속될 수 있는 힘을 얻게 된다. 이런 점에서 '세대 간 돌봄'은 고령화와 돌봄 문제라는 현대 사회의 큰 숙제를 풀어갈 중요한 열쇠로 주목받고 있다.

한 마을에 오래된 나무 한 그루가 있었다. 이 나무는 수백 년 동안 마을 사람들에게 그늘을 제공하고, 열매를 나누며, 폭풍이 몰아칠 때는 피난처가 되어주었다. 하지만 시간이 지나면서 나무는 점점 쇠약해졌고, 열매도 적게 맺히게 되었다. 마을의 젊은이들은 나무가 더 이상 쓸모없다고 생각하며 베어버리려 했다. 그러나 마을의 한 노인은 나무 아래에서 자라난 작은 묘목을 가리키며 말했다.

"이 나무가 우리에게 준 것은 단지 열매와 그늘만이 아니야. 이 나무는 우리에게 기다림과 인내, 그리고 세대 간의 연결을 가르쳐줬지. 묘목은 이 나무가 남긴 선물이야. 우리가 이 묘목을 잘 돌본다면, 다음 세대도 이 나무의 가르침을 이어받을 수 있을 거야."

젊은이들은 노인의 말을 듣고 나무를 베는 대신 묘목을 돌보기 시작했다. 시간이 지나면서 묘목은 튼튼한 나무로 자라났고, 마을은 다시 풍요로워졌다.

세대 간 돌봄의 본질을 상징적으로 일깨우는 이야기이다. 글로벌 대세로 자리 잡고 있는 세대 간 돌봄은 이미 여러 국가에서 성공적인 사례를 통해 그 효과를 입증하고 있다. 한국에서도 세대 간 돌봄의 필요성이 점차 강조되고 있다. 급격한 고령화와 저출생 문제를 해결하기 위해서는 세대 간의 연대를 강화하고, 서로의 삶을 이해하며 존중하는 문화가 필요하다. 이를 위해 정부, 기업, 민간, 종교단체가 협력하여 세대 간 돌봄을 활성화할 수 있는 정책과 프로그램을 개발해야 한다. 또한, 지역 사회와 공동체가 중심이 되어 세대 간 돌봄을 실천할 수 있는 환경을 조성하는 것이 중요하다.

노인의 삶을 존중하고 그들의 지혜를 다음 세대에 전달하는 과정은 곧 우리 사회의 미래를 준비하는 일이다. 세대 간 돌봄을 통해 우리는 고령화 사회의 도전을 기회로 바꾸고, 더 나은 공동체를 만들어갈 수 있다. 마을의 오래된 나무가 묘목을 남겼듯, 우리도 세대 간 돌봄을 통해 다음 세대에게 풍요로운 미래를 선물할 수 있을 것이다.

참고자료

1. 국내 문헌

강민석. (2025). 『사회과학의 지평: 지역어르신 돌봄 네트워크와 고령친화정책』. 루미너리북스.

곽민정, 박명화. (2021). ICT 기반 커뮤니티케어 서비스 요구분석. 디지털콘텐츠학회논문지, 22(7), 1059-1068. 10.9728/dcs.2021.22.7.1059 김경인. (2025). 『나이 들어 어디서 살 것인가』. 투래빗.

김웅철. (2018). 『초고령사회 일본에서 길을 찾다』. 페이퍼로드.

김웅철. (2024). 『초고령사회 일본이 사는 법: 10년 앞선 고령사회 리포트』. 매일경제신문사.

김웅철. (2024). 『초고령사회 일본 은퇴자가 사는 법』. 부키.

김은경. (2024). 커뮤니티케어를 위한 방문간호 기관의 ICT 영상 협진 경험에 관한 연구: 건강관리강화 시범사업 참여기관을 중심으로. 생명연구, 73, 1-25.

박명숙, 남영신. (2010). 한국과 일본의 노인복지제도에 관한 비교 연구. 유라시아연구, 7(1), 301-318.

오세란. (2008). 「교회사회복지의 이해」. 기운실 e-도서관.

유영규, 임주형, 이성원, 신융아, 이혜리. (2019). 『간병살인, 154인의 고백』. 루아크.

이영욱. (2022). 「고령화시대에 노인돌봄을 위한 가족과 정부의 역할분담」. 한국개발연구원.

최민재. (2025). 『사회과학의 지평: 초고령사회 대비 돌봄 서비스 확대』. 루미너리북스.

하세가와 가즈오, 이노쿠마 리쓰코. (2021). 『나는 치매 의사입니다』. 라이팅하우스.

엔도 히데토시. (2021). 『치매 전문의도 실천하는 치매 예방법 9가지』. 현대지성.

2. 국외 문헌

Baba, Yoshihiko & Ooyame, Chika (2025). Chap. 4. Comprehensive community care in Japan. In: *Ageing and Urban Planning*. DOI:10.4324/9781003144441-6.

Martela, F., & Nandram, S. (2025). Buurtzorg : scaling up an organization with hundreds of self-managing teams but no middle managers. *JOURNAL OF ORGANIZATION DESIGN*. Advance online publication. https://doi.org/10.1007/s41469-024-00184-y

Wang, Q., Ma, Y., & Chen, J. (2023). ELDERLY CARE POLICY IN CHINA: ITS EVOLUTIONARY PATH AND IMPLICATIONS ON GOVERNANCE. *Innovation in Aging*, 7(Suppl 1), 1026. https://doi.org/10.1093/geroni/igad104.3298

| 미주 |

1. https://www.hkbs.co.kr/news/articleView.html?idxno=746611 《환경일보》 2024.03.04
2. http://www.betterfuture.go.kr/front/policySpace/scrapDetail.do?articleId=252&listLen=10&searchKeyword=&position=S
3. https://ert.korcham.net/2410/?bmode=view&idx=121901280
4. https://fruit9.tistory.com/entry/%EB%85%B8%EC%9D%B8-%EB%B3%B5%EC%A7%80%EC%A0%95%EC%B1%85-%EB%B0%9C%EC%A0%84-%EA%B3%BC%EC%A0%95-%EC%97%B0%EB%8F%84%EB%B3%84
5. https://link.springer.com/10.1007/978-981-16-1914-4_207-1
6. https://www.law.go.kr/LSW//lsInfoP.do?lsiSeq=2026410000
7. 《월간 요양》, "대한민국 노인복지 70년의 시대별 정의"
8. https://imdaon.com/entry/%EA%B3%A0%EB%A0%B9%ED%99%94-%EC%82%AC%ED%9A%8C%EC%99%80-%EB%85%B8%EC%9D%B8-%EB%8F%8C%EB%B4%84-%EC%A0%95%EC%B1%85-2025%EB%85%84%EC%9D%98-%EB%B3%80%ED%99%94%EC%99%80-%EC%A0%84%EB%A7%9D
9. https://www.mohw.go.kr/menu.es?mid=a10709020800
10. https://www.mohw.go.kr/menu.es?mid=a10709020900
11. https://www.korea.kr/special/policyCurationView.do?newsId=148866645#policyCuration
12. 한국보건사회연구원, 2025년 한국의 노인복지 현황, 2025년.

13　통계청, 2025년 고령화 사회 통계 보고서, 2025년.

14　보건복지부, 2025년 노인복지 정책 및 서비스 현황, 2025년

15　https://www.mygoyang.com/news/articleView.html?idxno=80523

16　https://www.dolbom.org/sub/sub01_04.php

17　ibid.

18　https://pmc.ncbi.nlm.nih.gov/articles/PMC9086817/

19　https://seo.goover.ai/report/202501/go-public-report-ko-62e40ccc-88ab-4990-9d84-4572c1e0e3b8-0-0.html

20　이용설, 송승근, 최훈, 「인공지능 기반 노인돌봄서비스 개발 사례 분석 및 전망」, 2023.2, p647 - 656

21　https://www.sideview.co.kr/news/articleView.html?idxno=12851

22　https://www.kspnews.com/2139504

23　https://www.newsfreezone.co.kr/news/articleView.html?idxno=617712

24　https://www.kspnews.com/2071896

25　https://bravo.etoday.co.kr/view/atc_view/15936

26　http://www.cynews.co.kr/news/articleView.html?idxno=81993

27　https://www.index.go.kr/unity/potal/main/EachDtlPageDetail.do?idx_cd=2766

28　https://www.pttimes.com/news/articleView.html?idxno=70820

29　http://xn--o80bjk49qbknqvaytfni7b.net/page/enter/cost.php?contentKey=302

30　https://www.yneb.or.kr/donation/index.asp?page=01

31　http://www.civilreporter.co.kr/news/articleView.html?idxno=416951

32　https://www.koreapolicenews.com/613297

33　http://www.dailydgnews.com/news/article.html?no=139197

34　ibid.

35　http://kwcsw.appcorea.com/bbs/board.php?bo_table=orgnz&wr_id=680

36 https://www.kyeonggi.com/article/20240108580077

37 https://pubmed.ncbi.nlm.nih.gov/25031116/

38 https://www.dosolnoin.or.kr/2_dosolnoin_part/dosolnoin_info/

39 https://www.ibulgyo.com/news/articleView.html?idxno=132592

40 http://ny.kukminusa.com/news/view.php?gisa_id=0924281142

41 https://www.igoodnews.net/news/articleView.html?idxno=28360

42 https://likms.assembly.go.kr/bill/main.do

43 https://www.ikpnews.net/news/articleView.html?idxno=19723

44 https://www.kci.go.kr/kciportal/ci/sereArticleSearch/ciSereArtiView.kci?sereArticleSearchBean.artiId=ART001429899

45 https://cafe.daum.net/knourest/_know/34

46 https://www.kci.go.kr/kciportal/ci/sereArticleSearch/ciSereArtiView.kci?sereArticleSearchBean.artiId=ART001346110

47 https://www.kci.go.kr/kciportal/landing/article.kci?arti_id=ART003158715

48 https://www.peoplepower21.org/welfarenow/1576895

49 https://www.euronews.com/next/2019/10/29/japan-leads-the-way-with-elderly-care

50 https://www.docdocdoc.co.kr/news/articleView.html?idxno=3003618

51 https://m.medigatenews.com/news/1668291330

52 https://time.com/6244484/real-solutions-require-cooperation/

53 https://partners.wsj.com/sompo/solutions-for-a-quickly-graying-planet/

54 ibid.

55 https://www.nippon.com/en/guide-to-japan/gu900180/

56 https://www.kci.go.kr/kciportal/ci/sereArticleSearch/ciSereArtiView.kci?sereArticleSearchBean.artiId=ART002577178

57 https://www.city.toyama.lg.jp/kurashi/foreigners/1010403/1010404/index.html

58 https://librarian.nl.go.kr/LI/contents/L30101000000.do?schM=view&page=1&viewCount=9&id=46941&schBdcode=&schGroupCode=

59 https://www.kwnews.co.kr/page/view/2024111913424020150#google_vignette

60 https://takaoka.jcho.go.jp/introduction/efforts/%E5%9C%B0%E5%9F%9F%E5%8C%85%E6%8B%AC%E3%82%B1%E3%82%A2%E8%AC%9B%E5%BA%A7/

61 https://www.city.toyama.lg.jp/kurashi/foreigners/1010403/1010404/index.html

62 https://www.city.yokohama.lg.jp.e.sj.hp.transer.com/naka/kurashi/fukushi_kaigo/chiikifukushi/shisetsu/cp/nakacpsyoukai.html

63 https://www.ricoh.com/news/stories/articles/innovations-vital-to-enhancing-long-term-care

64 https://www.city.matsumoto.nagano.jp/

65 https://www.city.suita.osaka.jp/

66 https://www.jstage.jst.go.jp/

67 https://eiec.kdi.re.kr/policy/materialView.do?num=213861

68 https://eiec.kdi.re.kr/policy/materialView.do?num=213861

69 https://www.linkedin.com/pulse/japanese-case-study-intergenerational-community-lenferna-de-la-motte/

70 https://english.www.gov.cn/

71 https://csf.kiep.go.kr/issueInfoView.es?article_id=45873&mid=a20200000000

72 https://pmc.ncbi.nlm.nih.gov/articles/PMC9141963/

73 https://pmc.ncbi.nlm.nih.gov/articles/PMC3711106/

74 https://www.eai.or.kr/new/ko/etc/search_view.asp?intSeq=14865&board=kor_workingpaper

75 http://www.snakorea.com/news/articleView.html?idxno=895291
https://yonseisinology.org/articles/economics/2317

76 https://www.zgggws.com/indexen.htm

77 https://issuepress.kr/%E4%B8%AD-%EB%B2%A0%EC%9D%B4%EC%A7%95-

ai-%EA%B8%B0%EB%B0%98-%EB%85%B8%EC%9D%B8%EB%B3%B5%EC%A7%80-%EC%84%9C%EB%B9%84%EC%8A%A4-%EC%84%A0%EB%B3%B4%EC%97%AC/

78 https://csf.kiep.go.kr/newsView.es?article_id=54454&mid=a20100000000

79 kr.xinhuanet.com

80 https://bmcgeriatr.biomedcentral.com/articles/10.1186/s12877-022-03691-3

81 http://www.economyinsight.co.kr/news/articleView.html?idxno=5925

82 https://www.tripadvisor.com/Hotel_Review-g294212-d1440044-Reviews-Fuxing_International_Centre-Beijing.html

83 https://www.frontiersin.org/journals/public-health/articles/10.3389/fpubh.2024.1423173/full

84 https://www.ushamenonasia.com/post/fundraising-landscape-in-china

85 https://www.mdpi.com/2504-2289/5/4/51

86 https://lkyspp.nus.edu.sg/

87 https://www.nlb.gov.sg/main/book-detail?cmsuuid=8243c750-a445-47fa-bce1-f797d83bcee4

88 https://www.straitstimes.com/business/economy/singapore-budget-2016-more-than-140000-seniors-to-get-silver-support-payouts-in

89 https://ireus.nus.edu.sg/silver-support-scheme/

90 https://pmc.ncbi.nlm.nih.gov/articles/PMC6196576/

91 https://montfortcare.org.sg/services/seniors/

92 GIC는 1981년에 설립된 싱가포르의 대표적인 국부펀드로, 싱가포르의 외환 보유고를 관리하고 장기적인 재정적 안정성을 확보하기 위해 설립

93 테마섹은 1974년에 설립된 싱가포르 정부 산하의 투자 지주회사로, GIC와는 달리 주로 싱가포르와 아시아 지역의 기업에 투자하고 있다.

94 2016년 설립 이후 말레이시아와 호주로 사업을 확장했으며, 원격의료, 의약품 배달 등 다양한 헬스케어 서비스를 제공하며 아시아 태평양 지역의 고령화 문제 해결에 기여하고 있다.

95　https://ijic.org/articles/10.5334/ijic.7617

96　https://knowledge.csc.gov.sg/digital-issue-04/kampung-admiralty-building-for-all-ages/

97　https://www.cbo.gov/publication/60875

98　https://www.themckendree.com/blog/the-history-of-assisted-living-facilities

99　https://www.ahcancal.org/Assisted-Living/Facts-and-Figures/Pages/default.aspx

100　원래는 중세 시대 성문을 지키던 사람을 뜻했지만, 현대에서는 호텔, 기업, 또는 기타 서비스 업계에서 고객의 요청을 처리하고 다양한 편의를 제공하는 역할을 의미한다.

101　https://www.webmd.com/a-to-z-guides/what-are-activities-of-daily-living

102　https://hhhinfo.com/blog/understanding-the-difference-between-assisted-living-and-skilled-nursing/

103　https://www.definitivehc.com/resources/healthcare-insights/assisted-living-facilities-us

104　https://creativesolutionsinhealthcare.com/assisted-living-vs-skilled-nursing/

105　https://www.sunboundhomes.com/blog/what-insurance-covers-skilled-nursing-facilities

106　https://www.cdss.ca.gov/inforesources/community-care/continuing-care/annual-reports

107　https://health.usnews.com/best-senior-living/monte-vista-grove-homes-11781

108　https://www.unitedmethodisthomes.org/about-us/

109　https://www.carmelitesystem.org/

110　https://www.statcan.gc.ca/o1/en/plus/7059-older-people-are-all-right

111　www.cma.ca

112　https://canadaexpress.com/news/?p=70507

113　https://dw-1596.tistory.com/8

114　https://esls.ca/about/

115 https://gutentagkorea.com/archives/92469

116 "건강하고 활력 있는 고령화를 위한 독일의 지역사회 정책", Global Social Security Review, 2022. 가을호, 통권 22호 참조

117 https://www.kci.go.kr/kciportal/ci/sereArticleSearch/ciSereArtiView.kci?sereArticleSearchBean.artiId=ART002991313

118 https://www.deutsches-pflegeportal.de

119 https://pflegedienst-birkenallee.de/ambulante-pflege/

120 https://eiec.kdi.re.kr/policy/domesticView.do?ac=0000148793

121 https://www.ohmynews.com/NWS_Web/View/at_pg.aspx?CNTN_CD=A0002787513

122 https://www.kci.go.kr/kciportal/ci/sereArticleSearch/ciSereArtiView.kci?sereArticleSearchBean.artiId=ART002537557

123 https://www.joongang.co.kr/article/22308790

124 https://www.100ssd.co.kr/news/articleView.html?idxno=63811

https://www.bokjitimes.com/news/articleView.html?idxno=31293

125 https://www.dementianews.co.kr/news/articleView.html?idxno=7102

126 http://www.docdocdoc.co.kr/news/articleView.html?idxno=137336

127 https://www.bokjitimes.com/news/articleView.html?idxno=31293

128 https://bravo.etoday.co.kr/view/atc_view/14204

129 https://m.pckworld.com/article.php?aid=7664791545

130 https://diakonia.de/

131 https://www.svmik.org/article/view/svm202403120002

132 https://www.caritas-germany.org/aboutus/servicesandstaff/services-and-staff

133 https://www.voakorea.com/a/5134545.html

134 https://www.kemper-group.com/en-uk/building-technology/references/care-homes-and-nursing-homes/

135 https://passipedia.org/examples/residential_buildings/nursing_homes/central_europe/the_first_passive_house_nursing_home_for_the_elderly_moenchengladbach_germany

136 https://passipedia.org/examples/residential_buildings/nursing_homes/central_europe/the_first_passive_house_nursing_home_for_the_elderly_moenchengladbach_germany

137 https://centreforpublicimpact.org/public-impact-fundamentals/mehrgenerationenhauser-ii-in-germany/

138 https://m.reportworld.co.kr/social/s1235577

139 https://www.scup.com/doi/10.18261/9788215057880-24-05

140 https://www.sciencedirect.com/science/article/abs/pii/S0277953610007951

141 https://e-jgn.org/journal/view.php?viewtype=pubreader&number=34

142 https://nordicwelfare.org/pub/Integrated_Healthcare_and_Care_through_distance_spanning_solutions_v4/health-and-social-care-where-you-are-a-seamless-chain.html

143 https://stadsutveckling.goteborg.se

144 https://academic.oup.com/gerontologist/article-abstract/54/4/525/650763?redirectedFrom=fulltext&login=false

145 ibid.

146 https://en.wikipedia.org/wiki/Ageing_of_the_Netherlands

147 https://academic.oup.com/gerontologist/article/54/3/335/719901

148 https://www.sciencedirect.com/science/article/pii/S0168851018305980

149 https://www.kihasa.re.kr/gssr/v.6/%EA%B0%80%EC%9D%84/66/%EB%84%A4%EB%8D%9C%EB%9E%80%EB%93%9C%EC%9D%98+%EC%9E%A5%EA%B8%B0%EC%9A%94%EC%96%91+%EA%B0%9C%ED%98%81

150 https://ltccovid.org/country/netherlands/

151 https://www.kihasa.re.kr/gssr/v.8/%EB%B4%84/16/%EB%84%A4%EB%8D%9C%EB%9E%80%EB%93%9C+%EC%9E%A5%EA%B8%B0%EC%9A%94%EC%96

%91+%EA%B0%9C%ED%98%81%EC%9D%B4+%EB%8F%8C%EB%B4%84+%EB%85%B8%EB%8F%99%EC%97%90+%EB%AF%B8%EC%B9%9C+%EC%98%81%ED%96%A5

152 https://www.mk.co.kr/news/business/8892782

153 https://www.age-platform.eu/care-farms-provide-nursing-home-care-in-the-netherlands/

154 ibid.

155 https://reasonstobecheerful.world/netherlands-care-farms-aging-dementia-work/

156 https://blog.naver.com/santa_croce/221658337580

157 https://www.hoevekleinmariendaal.nl/winkelen/

158 https://pmc.ncbi.nlm.nih.gov/articles/PMC4311562/

159 https://www.commonwealthfund.org/publications/case-study/2015/may/home-care-self-governing-nursing-teams-netherlands-buurtzorg-model

160 https://www.independentnurse.co.uk/content/news/can-the-buurtzorg-model-of-nursing-transform-the-nhs/

161 https://www.rivm.nl/en

162 https://www.telegraph.co.uk/global-health/climate-and-people/south-korea-elderly-care-robots-artificial-intelligence/

163 https://www.khan.co.kr/article/202501140953011

164 https://news.sktelecom.com/tag/ai%EB%8F%8C%EB%B4%84%EC%84%9C%EB%B9%84%EC%8A%A4

165 https://zdnet.co.kr/view/?no=20230507091635

166 http://klidwz.or.kr/webzine/vol141/sub_3_1.html

167 https://enterprise.kt.com/bt/dxstory/2051.do

168 http://www.atlasreview.co.kr/news/articleView.html?idxno=1866

169 https://www.hankyung.com/article/202408188885i